雅学堂丛书

刘进宝 主编

天马来 早期丝路交通

Tianmalai
Zaoqi
Silu Jiaotong

王子今 著

读者出版传媒股份有限公司
甘肃文化出版社

图书在版编目（CIP）数据

天马来：早期丝路交通 / 王子今著 . -- 兰州：甘
肃文化出版社，2023.7
（雅学堂丛书 / 刘进宝主编）
ISBN 978-7-5490-2716-3

Ⅰ . ①天… Ⅱ . ①王… Ⅲ . ①丝绸之路－交通运输史
－中国－文集 Ⅳ . ①F512.9-53

中国国家版本馆CIP数据核字（2023）第092256号

天马来:早期丝路交通
TIANMALAI ZAOQI SILU JIAOTONG
王子今 I 著

策　　　划 I 郧军涛　周乾隆　贾　莉
项目负责 I 鲁小娜
责任编辑 I 鲁小娜　李　园
装帧设计 I 石　璞

出版发行 I 甘肃文化出版社
网　　　址 I http://www.gswenhua.cn
投稿邮箱 I gswenhuapress@163.com
地　　　址 I 兰州市城关区曹家巷1号 I 730030(邮编)

营销中心 I 贾　莉　　王　俊
电　　　话 I 0931-2131306

印　　　刷 I 广西昭泰子隆彩印有限责任公司
开　　　本 I 880毫米×1250毫米　1/32
字　　　数 I 215千
印　　　张 I 9.875
版　　　次 I 2023年7月第1版
印　　　次 I 2023年7月第1次
书　　　号 I ISBN 978-7-5490-2716-3
定　　　价 I 68.00元

这一代学人的使命与担当（代序）

一

"这一代学人"是指以新三级学人（77、78、79级大学生和78、79级研究生）为代表的跨越时代和年龄的学人群。他们的年龄可能相差比较大，有的出生于20世纪40年代中后期，有的出生于60年代初，中间相差十几年——如果从年龄看，可说是两代人。从社会阅历看，有的插过队，有的当过兵，有的是工人，有的是农民，还有的是刚刚毕业或在校的中学生，可以说是40后、50后和60后在一起上课、讨论。正因为差别很大，他们对社会的感受和认识不一致，对未来的期待也有异，各种不同的思想碰撞交流，有时在某些问题上争论很激烈。那时还有许多自办的刊物，虽然是学生们自掏腰包，印制也比较粗糙，但包含许多真知灼见。"这一代学人"就是在这样的时代环境下成长起来的。

这代学人学术养成期的社会氛围，诚如中华书局原总编辑傅璇琮先生所说："'文革'结束后最初几年，我们这些学者都有一种兴奋的心情，觉得一场噩梦已成过去，我们已经失去得太多，我们要用自己的努力追回失去的一切。而我们又相信，只要靠勤奋，我们肯定会重新获得。"由此可知，虽然他们的年龄和社会阅历不同，但从他们成长的环境来看，又属于同一代学人。

"雅学堂丛书"的10位作者，年龄最大的方志远、王子今教授，是1950年出生，已经73岁了；孙继民、王学典教授出生于1955、1956年，也都超过了65周岁；中间年龄的荣新江、卜宪群、李红岩，都出生于60年代初；年龄最小的鲁西奇、林文勋教授，出生于1965、1966年，将近60岁。年龄最大和最小的相差十五六岁，但大都是"文革"后恢复高考的本科生和研究生，是"科学的春天"到来后，步入学术殿堂的新一代学人。

这些学人，都学有所成，甚至是某一方面的杰出代表。按照常人的眼光来看，他们已功成名就，根本不需要再追求名誉和地位，应该颐养天年，享受生活了。但为何还非常用功？还在夜以继日地不断探索，不断产出新成果，辛勤耕耘在学术前沿？有次和朋友们聊到学界和学人时，说到王子今、荣新江等人，我表达了这种看法，当时有人就问我，他们为什么还如此用功呢？这是什么原因？我突然冒出了一个词——"使命"，即他们不是为了名和利，而是有一种使命意识。

这一代学人将学术视为生命，甚至可以说就是为学术而生的。当他们把学问当成毕生奋斗的事业时，就会时时意气风发、孜孜以求，不再考虑是否退休，更不会为了金钱、名誉和地位，而是为了做这一代学人应该做的事。

时代在他们身上打下了深深的烙印。这一代学人的学术养成期是在20世纪70年代末80年代初，那是一个充满希望的时代，当时的青年学子都怀有远大的志向，将个人的追求与国家的需要紧密结合。在强烈的爱国主义感召下，他们不仅要将失去的时间夺回来，还要将个人的命运与国家的前途紧密结合在一起，要"团结起来，振兴中华"，就要"从自己做起，从小事做起，从现在做起"，力争为国家的发展贡献自己一份微薄之力。正如荣新江在追念邓广铭先生时说："北大往年的辉煌，并不能映照今日的校园；邓先生等一代鸿儒带走的不仅仅是他们个人的学问，而是北大在学林的许多'第一'……追念往哲，痛定思痛，微薄小子，岂可闲哉！"

二

"雅学堂丛书"的作者，都是很有成就的专家，他们的学术论著，我基本上都阅读过一些，有的读了还不止一遍。他们在从事高深学问研究的同时，还撰写了一些面向大众的学术短文、书序、书评和纪念文章等。数学家华罗庚在西南联大授课时，曾说过这样的话：高水平的教师总能把复杂的东西讲简单，把难的东西讲容易。反之，如果把简单的东西讲复杂了，把容易的东西讲难了，那就是低水平的表现。从"雅学堂丛书"的内容可知，这些文章没有太多的史料引文，语言通俗易懂，适合大众阅读。即这些作者是真正把所关注或研究的问题搞懂弄通了，并咀嚼消化为自己知识的一部分，从而才能化难为易化繁为简，用浅显易懂的语言将高深的理论和丰富的内容表达出来。

　　各位作者拟定的书名，本身就是学术史的一部分，也可感受到这些学者的意志、视野和思想。王学典先生的书名是本套丛书中最为宏大的——《当代中国学术走向观察》，因为王老师的学术兴趣是"追踪当代学术的演变，探索其间的起伏之迹，解释每次变动由以发生的原因或背景"。从1988年的《新时期十年的历史学评估》开始，几乎每隔十年，有时更短，他"都要总结归纳一番，回顾展望一番。起初是个人兴趣使然，后来则是几家报刊在特定时间节点的约稿"。方志远先生的书名是《坐井观天》。他说："这个集子之所以取名为《坐井观天》，是因为迄今为止，除了一年半载的短期外出求学及讲学，我的一生都是在江西度过的……从这个角度说，我的一生都是在江西这口'井'中。但是，虽说是'坐井'，却时时想着要'观天'。""我想，这些无目的、非功利的阅读，某种意义上奠定了我后来'观天'的基础。""这个集子收录的30篇文章，几乎都想'坐井观天'。"荣新江先生的是《三升斋三笔》，荣老师在读大学时，听到老师讲《汉书·食货志》，其中有"治田勤谨，则亩益三升；不勤，损亦如之"，认为用以比拟治学，也十分合适，便根据古代文人学士起斋名的习惯，将自己的斋号取名为"三升斋"。此前，他已将自己学术论文之外的学术短文、会议发言和书评等汇集为《三升斋随笔》（"凤凰枝文丛"，凤凰出版社，2020年）、《三升斋续笔》（"问学丛书"，浙江古籍出版社，2021年）。荣先生的这两本随笔集出版后，"颇受读者欢迎""今择取三四年来所写综述、感言、书评等杂文，以及若干讲演稿，辑为《三笔》"。收入本书的文章，"代表了我近年来对相关学科发展的看法，也有一些自己研究成果的表述和经验之谈，还有一些学术史或学林掌故的记录"。这样的学术随笔，既有可读性，又有学术性，肯定能受到读者的喜欢。

有些书名则是作者生活轨迹的反映，如孙继民先生的是《邯郸学步辑存》。"《庄子·秋水》的'邯郸学步'是知名度和使用率极高的成语典故，其中有云寿陵余子'学行于邯郸，未得国能而失其故行'。笔者生在邯郸长在邯郸，1955年出生，1963年上小学，1971年初中毕业，入职邯郸肥皂厂务工，因为比一般工友多读了几本书，曾有师傅戏称'孙教授'。"1977年恢复高考后才离开邯郸。他的人生起点是从邯郸开始的，而又有著名的成语"邯郸学步"，就将书名定为《邯郸学步辑存》。林文勋先生的书名是《东陆琐谈》，这是因为"云南大学最早名东陆大学，这些文章是我在云大读书求学的点滴记录，故名《东陆琐谈》"。笔者的书名是《从陇上到吴越》，这是因为笔者出生并长期生活在甘肃，1983年大学毕业后即留校工作。甘肃简称"陇"，由于受雄厚的陇文化熏陶，在甘肃（陇上）学习、工作期间，选择以敦煌学、隋唐史和西北史地为研究和教学的重点。在兰州学习、工作了23年后，于2002年调入南京师范大学，2013年又从南京师大调入浙江大学。江苏、浙江原为吴、越之地，文化底蕴非常深厚，从宋代以来，经济发展也一直走在前列。从西北到了东南，从陇上到了吴越，虽然自然环境和文化截然不同，但仍然坚守当年的选择，即教学、研究的重点还是敦煌学、隋唐史、丝绸之路与西北史地。

有的则是自己感情的真实流露，如王子今先生的书名是《天马来：早期丝路交通》，为什么是"天马来"？我去年11月向子今先生约稿时，他正在成都，其间恰好生病，"相继在成都经历了两次心血管手术"，回到北京休养期间整理的书稿，2022年12月9日交稿。去年恰是子今先生的本命年，所以他才写道："今晚交稿。希望'天马来'这一体现积极意义的象征，也可以给执笔的已届衰年的老人提供某种激励。"卜宪群先生为何将书名定为《悦己集》？他认为，自己"所撰写的文章，无论水平高低，都是内心世界的真实表达，集子取名'悦己'，就是认为几十年所从事的史学工作，是自己最热爱最喜欢的一项工作，是取悦于己的工作，没有后悔，至今依然"。

虽然这些作者成果丰硕，成就突出，但又非常谦虚，如李红岩先生解释自己的书名《史学的光与影》时说，"收在这里的文章，大部分是我年轻时撰写的。浮光掠影，波影光阴，不堪拂拭，但大体以史学为核心"，故定为《史学的光与影》。鲁西奇先生将书名定为《拾草》，更是让我们看到了一位学人的坦诚和谦虚："我出生在苏北农村。20世纪六七十年代，农村里缺少柴薪。冬天天冷，烧饭烤火都需要柴草。孩子们下午放学后，就会带着搂草的耙和筐，到田旁路边和荒地上去捡拾枯草或树叶，叫作'拾草'。虽然河岸渠道上也有一些灌木，但那是'公家'的，不可以砍。《诗·小雅·车舝》云：'陟彼高冈，析其柞薪。析其柞薪，其叶湑兮。'我既无高冈可陟，亦无柞木可析作薪，连枯叶都不多，更无以蔽山冈。只有一些散乱的杂草。那就收拾一下吧。烧了，也许可以给自己取一会儿暖。故题为《拾草》。"

　　地处西北的甘肃文化出版社，近年来在西夏学、丝绸之路、简牍和西北地方文献等方面的学术著作出版中成绩卓著，多次获得国家出版基金资助，取得了社会效益和经济效益的双丰收。在此基础上，他们又计划出版面向大众的高品位、高质量普及著作。郎军涛社长多次与我联系，希望组织一套著名学者的学术随笔，我被军涛社长的执着而感动，于是商量编辑一套"雅学堂丛书"，并从 2022 年 11 月 19 日开始陆续向各位先生约稿。虽然中间遇上新冠感染潮，我本人也因感染病毒而一个月未能工作，但各位专家还是非常认真并及时地编妥了书稿。

　　在此，我非常感谢方志远、王子今、孙继民、王学典、荣新江、卜宪群、李红岩、鲁西奇、林文勋等诸位先生的信任，同意将他们的大作纳入"雅学堂丛书"；感谢甘肃文化出版社郎军涛社长的信任与支持，感谢甘肃文化出版社副社长周乾隆和编辑部主任鲁小娜领导的编辑团队认真、负责、高效的工作。希望读者朋友能够喜欢这套书。

刘进宝

2023 年 5 月 11 日

前　言

考察丝绸之路史，不能不特别关注中原西北方向的文化交流通道。汉代镜铭有所谓"宜西北万里富昌长乐"文字，或许体现了西北方向的"万里"行旅与当时社会经济生活和文化生活富有积极意义的关联（周新：《论鄂城汉镜铭文"宜西北万里"》，《南都学坛》2018 年 1 期）。

人们都会注意到，自汉武帝时代起，这条通道的文化作用，因具有神异特性的"天马"得到突出的历史显现。"天马"，成为体现汉代东西交通史主流动向的文化符号。这也是这本随笔集借用"天马"为书题的缘由。

1. 西方"马匹进入新疆"与周穆王"八骏"西行

中原面对西北方向，后来被称作"丝绸之路"的经济与文化交流通道，其实在张骞之前已经开通。远古时代的中西文化交流，从早期陶器、青铜器的器型和纹饰已经可以发现有关迹象。西域地方海贝的流入和美玉的输出，都是早期交通联系之空间幅面超出人们想象的非常典型的事例。原产于西亚和中亚的一些畜产，亦可能经由西域地方传入中土。

严文明先生曾经总结新疆青铜时代以后的历史文化演进。他说："新疆各青铜文化的居民大体都是不同类型的欧罗巴人种，蒙古人种只进到东疆的哈密地区。哈密天山北路文化就是两大人种和两种文化会聚所产生的一种复合文化。进入早期铁器时代，情况似乎发生了逆转。与带耳罐文化系统有较多联系的高颈壶文化系统占据了全疆的大部分地区，蒙古人种也逐渐向西移动；而与筒形罐文化系统关系密切的圜底釜文化系统则仅见与帕米尔一小块地方。尔后随着匈奴文化和汉文化影响的加强，新疆各地文化之间的交流更为频繁，作为东西文化交流通道的作用也日益显现出来。早先是西方的青铜文化带着小麦、绵羊和冶金技术。不久又赶着马匹进入新疆，而且继续东进传入甘肃等地；东方甘肃等地的粟和彩陶技术也传入新疆，甚至远播中亚。这种交互传播的情况后来发展为著名的丝绸之路。"（严文明：《〈新疆的青铜时代和早期铁器时代文化〉序一》，韩建业：《新疆的青铜时代和早期铁器时代文化》，第 1 页）

　　中原人通过"西戎"实现了这样的往来。有学者指出："'西戎'与新疆、中亚、南亚之间，相隔遥远"，"'西戎'与西方的贸易等等交往，或许是通过匈奴、羌、月氏那样的人群为'中介'而进行"（史党社：《从考古发现谈前丝路的一些问题》，《秦始皇帝陵博物院》2014 年〔总 4 辑〕，陕西人民出版社 2014 年 9 月版，第 295 页）。《左传·昭公十二年》记述周穆王"周行天下"事。出于汲冢的《竹书纪年》也有关于周穆王西征的记载。今本《竹书纪年》卷下写道："十七年，王西征昆仑丘，见西王母。"同条又可见"其年，西王母来朝，宾于昭宫"。此前则《竹书纪年》卷上记载："（帝舜有虞氏）九年，西王母来朝。"梁沈约注："西王母之来朝，献白环玉玦。"明胡应麟《少室山房笔丛》卷一七《三坟补逸上》："虞九年，西王母来朝。沈约注：'西王母来朝，贡白环玉玦。'西王母已见于此，不始周穆也。以余考之，盖亦外国之君，若上文渠搜、僬侥及下息慎、玄都类耳。《穆天子传》所交外国之君甚众，不止一西王母。"司马迁在《史记》卷五《秦本纪》写道："造父以善御幸于周缪王，得骥、温骊、骅骝、騄耳之驷，西巡狩，乐而忘归。"《史记》卷四三《赵世家》也记述："缪王使造父御，西巡狩，见西王母，乐之忘归。"与《竹书纪年》同出于汲冢的《穆天子传》记载周穆王"命驾八骏之乘"，"造父为御"，"驰驱千里"（《太平御览》卷八九六引《穆天子传》），以及"天子西征"，"至于西王母之邦"，"天子觞西王母于瑶池之上，西王母为天子谣"等事迹，都可以理解为早期中西交通的映像。

在阿尔泰地区发现的公元前5世纪的贵族墓中曾经出土中国丝织品。巴泽雷克5号墓出土了有凤凰图案的刺绣和当地独一无二的四轮马车。车辆的形制和刺绣的风格，都表明来自中国。在这一地区公元前4世纪至前3世纪的墓葬中，还出土了有典型关中文化风格的秦式铜镜（〔苏〕C.H.鲁金科：《论中国与阿尔泰部落的古代关系》，《考古学报》1957年2期）。许多古希腊雕塑和陶器彩绘人像表现出所着衣服细薄透明，因而有人推测公元前5世纪中国丝绸已经为希腊上层社会所喜好。

应当在西方人群"赶着马匹进入新疆，而且继续东进传入甘肃等地"之后，周穆王西行以"八骏""驰驱千里"，实现了中原文化向西的传布。

我们或许可以将发生这些历史文化现象的阶段称为丝路史的前张骞时代（王子今：《前张骞的丝绸之路与西域史的匈奴时代》，《甘肃社会科学》2015 年 2 期）。

2."天马徕，从西极，涉流沙，经万里"

《史记》卷二四《乐书》记载，汉武帝得到西域宝马，曾经兴致勃勃地为"天马来"自作歌诗，欢呼这一盛事。当时受到汲黯的批评："凡王者作乐，上以承祖宗，下以化兆民。今陛下得马，诗以为歌，协于宗庙，先帝百姓岂能知其音邪？"汉武帝歌唱"天马"的歌诗，《汉书》卷六《武帝纪》称《天马之歌》《西极天马之歌》。《史记》卷二四《乐书》写道："（汉武帝）尝得神马渥洼水中，复次以为《太一之歌》。歌曲曰：'太一贡兮天马下，沾赤汗兮沫流赭。骋容与兮跇万里，今安匹兮龙为友。'后伐大宛得千里马，马名蒲梢，次作以为歌。歌诗曰：'天马来兮从西极，经万里兮归有德。承灵威兮降外国，涉流沙兮四夷服。'"

据《汉书》卷二二《礼乐志》记载，后者辞句为："天马徕，从西极，涉流沙，九夷服。天马徕，出泉水，虎脊两，化若鬼。天马徕，历无草，径千里，循东道。天马徕，执徐时，将摇举，谁与期？天马徕，开远门，竦予身，逝昆仑。天马徕，龙之媒，游阊阖，观玉台。太初四年诛宛王获宛马作。"其中"天马徕，从西极，涉流沙""历无草，径千里，循东道"等文句，显示"天马"可以作为远域文化交往之象征的意义（王子今：《张骞事迹与天马象征》，《学习时报》2001 年 9 月 17 日）。

3. "天马"来路的三个空间层次

《史记》卷二四《乐书》记载："（汉武帝）尝得神马渥洼水中，复次以为《太一之歌》。……后伐大宛得千里马，马名蒲梢，次作以为歌。"《史记》卷一二三《大宛列传》则写道："初，天子发书《易》，云'神马当从西北来'。得乌孙马好，名曰'天马'。及得大宛汗血马，益壮，更名乌孙马曰'西极'，名大宛马曰'天马'云。"汉武帝时代在"西北"方向寻求"神马"，曾经有三种出自不同方位的良马先后被称作"天马"。起初"得神马渥洼水中"，裴骃《集解》引录李斐的解释："南阳新野有暴利长，当武帝时遭刑，屯田燉煌界。人数于此水旁见群野马中有奇异者，与凡马异，来饮此水旁。利长先为土人持勒靽于水旁，后马玩习久之，代土人持勒靽，收得其马，献之。欲神异此马，云从水中出。"说屯田敦煌的中原戍人发现当地野马形态资质有与内地马种不同的"奇异者"，捕收献上，被称作"神马""天马"。随后汉武帝接受张骞出使乌孙之后乌孙王所献良马，命名为"天马"。后来又得到更为骁壮健美的大宛国"汗血马"，于是把乌孙马改称为"西极"，将大宛马称为"天马"。

据谭其骧主编《中国历史地图集》第 2 册标示，渥洼水在今甘肃敦煌西南。乌孙国中心赤谷城在今吉尔吉斯斯坦伊什提克，大宛国中心贵山城在今乌兹别克斯坦卡散赛。"天马"所来的三处空间方位，逐次而西。看来，当时人"天马"追求来自神秘文化信仰的理念基础，即所谓"神马当从西北来"之"西北"，是有越来越遥远的变化的。湖北鄂城出土铜镜铭文有"宜西北万里"字样，所体现的文化倾向正与"天马"追求的方向与行程相符。

元封三年（前108），汉王朝出军击破受匈奴控制的楼兰和车师。此后，又以和亲方式巩固了和乌孙的联系。太初元年（前104）和太初三年（前102），为了打破匈奴对大宛的控制并取得优良马种"汗血马"，汉武帝又派遣贰师将军李广利率军两次西征，扩大了汉王朝在西域地区的影响。"天子好宛马，使者相望于道。诸使外国一辈大者数百，少者百余人，人所赍操大放博望侯时。其后益习而衰少焉。汉率一岁中使多者十余，少者五六辈，远者八九岁，近者数岁而反。"（《史记》卷一二三《大宛列传》）可见对"宛马"这种定名"天马"的优良马种的需求，数量相当可观。频繁派出的使团均以满足"天子好宛马"意向为外交主题。"及天马多，外国使来众，则离宫别观旁尽种蒲萄、苜蓿极望。"《索隐述赞》："大宛之迹，元因博望。始究河源，旋窥海上。条枝西入，天马内向。葱岭无尘，盐池息浪。旷哉绝域，往往亭障。"所谓"天马内向"，曾经成为体现丝绸之路交通繁荣的文化风景。

4. "天马""龙为友"

汉武帝对于"天马"的歌颂，涉及行天之"龙"。《史记》卷二四《乐书》载录《太一之歌》有"太一贡兮天马下""今安匹兮龙为友"句。《汉书》卷二二《礼乐志》作"今安匹,龙为友",而"太初四年诛宛王获宛马作"者则有"天马徕,龙之媒"句。颜师古注引应劭曰:"言天马者乃神龙之类,今天马已来,此龙必至之效也。"

名将马援曾说:"夫行天莫如龙,行地莫如马。马者甲兵之本,国之大用。安宁则以别尊卑之序,有变则以济远近之难。"(《后汉书》卷二四《马援传》)"马"与"龙"作为"行地"与"行天"体现最优异交通能力的物种相并列。这样的意识应当产生于草原民族特别尊崇马的理念基础之上。秦人注重养马。据《史记》卷五《秦本纪》,"非子居犬丘,好马及畜,善养息之。犬丘人言之周孝王,孝王召使主马于汧渭之间,马大蕃息"。"于是孝王曰:'昔伯翳为舜主畜,畜多息,故有土,赐姓嬴。今其后世亦为朕息马,朕其分土为附庸。'邑之秦,使复续嬴氏祀,号曰秦嬴。"秦人立国,由于"好马及畜,善养息之"的基础。秦对上帝的祭祀,"春夏用骍,秋冬用駵。畤驹四匹,木禺龙栾车一驷,木禺车马一驷,各如其帝色"(《史记》卷二八《封禅书》)。在他们的信仰世界中,马是最好的祭品。而所谓"木禺龙栾车一驷,木禺车马一驷",体现"马"与"龙"的神秘关系。

汉武帝歌诗,及汉代人意识中"天马""龙为友"的神异形象受到赞美,使我们联想到其他民族古代神话中"马"与"龙"的神异联系。有学者指出,在荷马史诗中,"海神与海马、骏马的形象常常是连在一起的,当希腊人与特洛亚人激战正酣时,海神来到了他的海底宫殿:把他那两匹奔驰迅捷、/长着金色鬃毛的铜蹄马驾上战车，/他自己披上黄金铠甲，抓起精制的/黄金长鞭，登上战车催马破浪；/海中怪物看见自己的领袖到来，/全都蹦跳着从自己的洞穴里出来欢迎他。/大海欢乐地分开，战马飞速地奔驰，/甚至连青铜车轴都没有被海水沾湿/载着他径直驶向阿开奥斯人的船只。"海神与骏马的形象联系在一起，论者归结为"海神、马神"。他们都是希腊人和特洛亚人的保护神。正是在这样的意识背景下，发生了特洛伊"木马"的故事（曾艳兵：《为什么是"木马计"》,《文汇报》2018年2月11日7版"笔会"）。而古代中国的海神，通常是"龙"。关注东西方在交通事业进步的时代海洋与草原条件受到重视的时代背景，思考"天马""龙为友"的神秘形象受到尊崇的深层次的原因，也许是有益的。

5. "天马"的军事史意义、交通史意义和文化史意义

马政开发对于汉王朝军力的增强有非常重要的意义。汉与匈奴军事对比的弱势，首先表现在骑兵的战斗力方面。《史记》卷三〇《平准书》记载："天子为伐胡，盛养马，马之来食长安者数万匹，卒牵掌者关中不足，乃调旁近郡。"养马业的兴起，直接目的在于"伐胡"。有学者指出，"在发展养马业的同时，汉朝政府还大力引进外来马种，对中原原有马匹进行改良"。长期的"选育培养"，"使得内地马种得到根本性的改良，从考古资料看汉代马种较前代大大进步"

（安启义：《汉代马种的引进与改良》，《中国农史》2005 年 2 期）。中原人从草原地方得到好马，是渊源悠久的民族交往形式。如《荀子·王制》所说："北海则有走马吠犬焉，然而中国得而畜使之。"《淮南子·道应》有伯乐推荐九方堙为秦穆公"求马"的故事，说到"相马"的技术与理念。伯乐举荐九方堙为秦穆公求"良马"，"三月而反报""得马""沙丘"，"马至，而果千里之马"，或说"马至，果天下之马也"的故事，使人联想到汉武帝时代向西北方向寻求"天马"以改良马种，提升汉王朝骑兵军团战马作战能力的努力。伯乐、九方堙为秦穆公求"天下之马"的故事，书写了中国古代养马史重要的一页，也可以看作汉武帝时代"天马"追求的历史先声（王子今：《论伯乐、九方堙为秦穆公"求马"》，《重庆师范大学学报》2018 年 2 期）。成书于秦国的《吕氏春秋》有《观表》篇，其中写道"古之善相马者"，"秦之伯乐、九方堙，尤尽其妙矣"，并非孤立的文化信息。

汉武帝的"天马"追求，提升了汉帝国骑兵军团草原作战的动力水准。晁错说："车骑者，天下武备也。"（《汉书》卷二四上《食货志上》）"天马"的引入，强化了汉王朝骑兵的战斗力。汉武帝发军击大宛取良马，"发天下七科谪，及载糒给贰师。转车人徒相连属至敦煌。而拜习马者二人为执驱校尉，备破宛择取其善马云"（《史记》卷一二三《大宛列传》）。对于《汉书》卷六一《李广利传》同样记述，颜师古注："习犹便也。一人为执马校尉，一人为驱马校尉。""执驱"即"择取其善马"的方式，体现汉武帝远征战略的目的是"破宛择取其善马"，其具体措施，也有严密的策划（王子今：《汉代"天马"追求与草原战争的交通动力》，《文史知识》2018 年 4 期）。

人们自然会注意到，"天马"西来，所谓"径千里，循东道"，所经行的正是张骞使团的路径。"天马"远来的汉武帝时代，正是当政者积极开拓中西交通，取得空前成功的历史时期。当时，据说"殊方异物，四面而至"，"赂遗赠送，万里相奉"（《汉书》卷九六下《西域传下》）。新疆罗布泊地区出土汉代锦绣图案中"登高明望四海"的文字，正体现了当时汉文化面对世界的雄阔的胸襟。"天马"，实际上已经成为体现这一时代中西交通取得历史性进步的一种标志性符号。三国魏人阮籍《咏怀》诗："天马出西北，由来从东道。"唐人王维《送刘司直赴安西》诗："苜蓿随天马，蒲桃逐汉臣。"清人黄遵宪《香港感怀》诗："指北黄龙饮，从西天马来。"都反映"天马"悠远的蹄声，为汉代中外文化交流的成就，保留了长久的历史记忆。"天马"作为一种文化象征，体现着以英雄主义为主题的，志向高远、视界雄阔的时代精神。

"天马徕，从西极"，对于中原社会的文化生活也有积极的作用。杨泓《美术考古半世纪——中国美术考古发展史》指出：汉代"具有艺术效果的雕塑品"，"许多被安置在都城长安的宫殿池苑之中"。"至于大型青铜动物雕塑，有武帝得大宛良马后铸造的铜马，立于鲁班门外，并更名为'金马门'。"来自西域的"西极马"和"天马"，对汉代造型艺术产生了明显的影响。"在造型艺术方面，雕塑骏马随之转以'天马'为原型。"从汉武帝时代到东汉时期，"骏马雕塑都一直以'天马'为模写对象，不论是陶塑、木雕还是青铜铸制，也不论是出土于都城所在的西安、洛阳地区，还是河北、甘肃，乃至四川、广西，骏马造型都显示出'天马'的特征，匹匹都塑造得体态矫健，生动传神"（文物出版社，1997年7月版，第119页，第123页至第124页）。"天马"以其俊逸雄奇，成为汉代文化风格的典型代表。

目　录

上　编

下　编

上编

西北方向的"轩辕国""轩辕之丘""轩辕之台"

黄帝以"轩辕"为号，体现早期交通事业的创制与文明起源的关系。而"轩辕国""轩辕之丘""轩辕之台"传说空间方位远在西北的信息，可以给予我们有关西北方向交通之重要性的知识。

1. 黄帝"有征"史事

《文选》卷四八司马相如《封禅文》写道："轩辕之前，遐哉邈乎，其详不可得闻已。五三六经载籍之传，维风可观也。"李善注引《汉书音义》曰："五，五帝也。三，三王也。经籍所载，善恶可知也。"司马相如的原话，应当理解为"轩辕"以前的历史，已经难以确知，而传说时代所谓五帝三王的事迹，也只是片断朦胧的历史遗痕。司马迁著《史记》，以《五帝本纪》冠首，而开篇即言黄帝事迹。对于这一做法历代学者皆有所关注，而各有毁誉。东汉学者张衡说："史迁独载五帝，不记三皇，今宜并录。"（《后汉书》卷五九《张衡传》李贤注引"《衡集》其略曰"）宋代学者苏辙也写道："司马迁纪五帝，首黄帝，遗牺农而黜少昊，以为帝皇皆出于黄帝""后世多以为迁为非者。"（《古史》卷一）罗泌也有这样的说法："其作《史记》也，首于黄帝""学者求之而不得其说，此所以致后世之纷纷。"然而他接着又指出："窃观《太史公记》首黄帝者，特因于《世本》若《大戴礼·帝系·五帝德》""至于羲、炎鲜有闻焉，是以不纪，此太史公之本意也。"（《路史发挥》卷三《论史不记少昊》）叶适也肯定司马迁"特于百家杂乱之中，取其雅驯者而著之"（《习学纪言》卷一九）。柯维骐则明确以为后世注重传说体系的三皇五帝诸说"皆不如太史公之说为有征耳"。而关于黄帝采铜铸鼎、骑龙升天的神话，"太史公纪之《封禅书》，以见汉武之惑。此云崩且葬，所以祛后世之惑也"，认为司马迁在当时的文化基点上尽可能地摈弃了黄帝传说中的神话色彩，而取其相对"有征"之史事（《史记考要》卷一）。而事实上又确如钟惺所说："不作一了语，其一段传疑，不敢自信之意，往往于运笔虚活承转处见之，字字是若存若亡光景，其引证原委又似历历有据，正其不敢自信处，盖多闻而能阙疑，多见而能阙殆也。"（见葛鼎、金燔《史记》卷一）吴见思所谓"开卷第一篇，纯用庄重整练，隐其神奇"（《史记论文》第一册《五帝本纪》），郭嵩焘所谓"太古荒遐，传闻缪悠，史公于此为有断制"（《史记札记》卷一《五帝本纪》），也都指出了这一事实。

顾颉刚在清理传说时代的古史时曾经指出，《礼》家杂记的《五帝德》和《帝系姓》中的历史系统是从黄帝开始的，"司马迁在他自己所立的标准之下，根据了这些材料来写史，所以他的书也起于黄帝。黄帝以前，他已在传说中知道有神农氏（《五帝本纪》），伏羲（《自序》），无怀氏和泰帝（《封禅书》），但他毅然以黄帝为断限，黄帝以前的一切付之不闻不问。这件事看似容易，其实甚难；我们只要看唐司马贞忍不住替他补作《三皇本纪》，就可知道他在方士和阴阳家极活动的空气之中排斥许多古帝王是怎样的有眼光和有勇气了。他虽然承认有黄帝，而好多黄帝的记载他都不信。所以他说：'予读《牒记》，黄帝以来皆有年数。'（《三代世表》）似乎可以在他自己的书中排出一个综合的年表来了，然而他决断地说：'稽其历谱牒，终始五德之传……咸不同，乖异。夫子之弗论其年月，岂虚哉！'（同上）他因为把各种年表比较的结果没有一种相同，觉得与其任意选取一种，不如干脆缺着，所以共和以前但记世数。我们只要看《史记》以后讲古史的书有哪几种是没有共和以前的年数的，就可以知道他的裁断精神是怎样的严厉和确定了"（《战国秦汉间人的造伪与辨伪》，《古史辨》第七册［上编］，第 47 页至第 48 页）。

我们今天所看到的司马迁关于黄帝的记述，是对当时"百家杂乱之中"所见的各种传说予以"严厉"的"裁断"之后而得以保留的，其中虽然依然多有所谓"若存若亡光景"，但是作为了解文明初期的历史的有益资料，仍然是有一定价值的。

2.“轩辕”名号与“雷辐”“雷车”传说

传说黄帝以“轩辕氏”为名号。《史记》卷一《五帝本纪》：“黄帝者，少典之子，姓公孙，名曰轩辕。”所谓“轩辕”得名，一说“居轩辕之丘，因以为名，又以为号”（司马贞《索隐》引皇甫谧云）。一说“作轩冕之服，故曰轩辕”。泷川资言《史记会注考证》：“博士家本《史记异字》引邹诞生音云：‘作轩冕之服，故曰轩辕。’”

“轩辕”，其实原义是指高上的车辕。《说文·车部》：“辕，辀也。”“辀，辕也。”“轩，曲辀藩车也。”段玉裁《说文解字注》：“谓曲辀而有藩蔽之车也。”“小车谓之辀，大车谓之辕。”“于藩车上必云曲辀者，以辀穹曲而上，而后得言轩。凡轩举之义，引申于此。曲辀所谓轩辕也。”

“轩辕氏”以及所谓“轩皇”“轩帝”被用来作为后人以为中华民族始祖的著名帝王黄帝的名号，暗示交通方面的创制，很可能是这位传说时代的部族领袖诸多功业之中最突出的内容。《文选》卷一班固《东都赋》写道：“分州土，立市朝，作舟舆，造器械，斯乃轩辕氏之所以开帝功也。”

“舟舆”等交通工具的创造，被看作“轩辕氏之所以开帝功”的重要条件。交通事业的成就，也被理解为帝业的基础。李善注引《周易》曰：“黄帝、尧、舜氏刳木为舟，剡木为楫。”也将交通工具的发明权归于黄帝等先古圣王。

传屈原所作《楚辞·远游》中，可见“轩辕不可攀援兮”句，王逸在注文中也有比较明确的解释：“轩辕，黄帝号也。始作车服，天下号之，为轩辕氏也。"可见，"作舟舆"，"作车服"，很可能是黄帝得名"轩辕氏"的主要缘由。

黄帝传说往往与"雷"的神话有关，例如，所谓"黄帝以雷精起"（《艺文类聚》卷二引《河图帝纪通》），"轩辕，主雷雨之神也"（《太平御览》卷五引《春秋合诚图》），"轩辕十七星在七星北，如龙之体，主雷雨之神"（《太平御览》卷六引《大象列星图》）等说法，也反映了这样的事实。《淮南子·览冥》说，先古圣王"乘雷车"，《淮南子·原道》又说"雷以为车轮"，雷声，正是宏大车队隆隆轮声的象征。司马相如《上林赋》"车骑雷起，殷天动地"，又张衡《天象赋》"车府息雷毂之声"，以及《汉书》卷八七上《扬雄传上》和班固《封燕然山铭》所谓"雷辐"，焦赣《易林》所谓"雷车"等，同样也可以看作例证。"雷辐""雷车"传说，曲折反映了黄帝交通行为的规模和声势。

3. 黄帝的交通行为："披山通道，未尝宁居"

《史记》卷一《五帝本纪》说："轩辕之时，神农氏世衰。诸侯相侵伐，暴虐百姓，而神农氏弗能征。于是轩辕乃习用干戈，以征不享，诸侯咸来宾从。而蚩尤最为暴，莫能伐。炎帝欲侵陵诸侯，诸侯咸归轩辕。轩辕乃修德振兵，治五气，蓺五种，抚万民，度四方，教熊罴貔貅䝙虎，以与炎帝战于阪泉之野。三战，然后得其志。蚩尤作乱，不用帝命。于是黄帝乃征师诸侯，与蚩尤战于涿鹿之野，遂禽杀蚩尤。而诸侯咸尊轩辕为天子，代神农氏，是为黄帝。天下有不顺者，黄帝从而征之，平者去之，披山通道，未尝宁居。东至于海，登丸山，及岱宗。西至于空桐，登鸡头。南至于江，登熊、湘。北逐荤粥，合符釜山，而邑于涿鹿之阿。迁徙往来无常处，以师兵为营卫。官名皆以云命，为云师。置左右大监，监于万国。万国和，而鬼神山川封禅与为多焉。"

据司马迁的记载，在轩辕所处的时代，各个部族相互"侵伐"，百姓受到残害，轩辕于是习武行兵，征讨好兴不义之战的部族，受到天下的拥戴。在相继战胜炎帝、蚩尤两大敌对部族之后，各地诸侯都尊奉轩辕为天子，是为黄帝。天下有不顺从者，黄帝从而征之，平者去之，"披山通道，未尝宁居"。据说黄帝不惮辛劳，游历四方，行踪十分遥远，他曾经东行至于海滨，登丸山与泰山；又西行至于空桐山，登鸡头山；又南行至于长江，登熊山、湘山；又向北方用兵，驱逐游牧部族荤粥的势力，"合符釜山"，在涿鹿附近的平原修筑城邑。然而长期迁徙往来，没有确定的居地。黄帝行政的主要内容，是所谓"抚万民，度四方"。这位传说中的帝王通过以交通实践为重要内容的行政努力，据说实现了"万国和"的局面。

4. 轩辕之国在"西海""穷山"之际

张衡《思玄赋》："超轩辕于西海兮，跨汪氏之龙鱼。闻此国之千岁兮，曾焉足以娱余？"李善注："《海外西山经》曰：轩辕之国，在穷山之际，不寿者八百岁。龙鱼陵居，在北，状如狸。在汪野北，其为鱼也如狸。汪氏国在西海外，此国足龙鱼也。"

轩辕之国位于远地的传说，除《山海经·海外西经》"轩辕之国在此穷山之际，其不寿者八百岁"而外，又有《大荒西经》："有轩辕之国，江山之南栖为吉，不寿者乃八百岁。""江山之南栖为吉"，郭璞注："即穷山之际也。"又《北山经》说"轩辕之山"在泰头之山东北，《西山经》说"轩辕之丘"在西王母所居之玉山西，《大荒西经》说"轩辕之台"在"王母之山"。

这些传说，也都暗示"轩辕"在文明起源的初期，是东土与"西海""穷山"之间在交通能力方面据有优势地位的圣王。

5. "轩辕国"与"轩辕之丘""轩辕之台"的方位

《淮南子·天文》论述天文与人文的关系时，说到东、西、南、北、中五方形势，而黄帝的基本活动地域，正在交通四方的中枢："中央，土也，其帝黄帝，其佐后土，执绳而制四方。"又说："子午、卯酉为二绳，……东北为报德之维也，西南为背阳之维，东南为常阳之维，西北为蹄通之维。"

"日冬至则斗北中绳"，"日夏至则斗南中绳"，"绳"，作为政治统治的象征，推想或许与远古结绳以确定行期的交通形式有关。所谓"执绳而制四方"，说明这种早期交通的进步，曾经是黄帝成就政治功业的基本条件。后来人们称政治原则、政治法规为"纲纪"，可能也与此有一定联系。

传说时代的先古圣王大多比较重视通过自身的交通实践，增益对于天下的认识，又通过对有关交通行为的控制和对有关交通制度的建置，努力扩充其文化信息的拥有量。

《史记》卷一《五帝本纪》说到黄帝的事迹时，赞美他："旁罗日月星辰水波土石金玉，劳动心力耳目。"也就是对于天地万物的知识，都能够劳心尽力，倾听毕览，于是方能够领导"监于万国"的行政管理机构，实现空前的政治成功。

然而，《山海经·西山经》写道："（玉山）又西四百八十里，曰轩辕之丘，无草木。"《海外西经》又说："穷山在其北，不敢西射，畏轩辕之丘。在轩辕国北，其丘方，四蛇相绕。"又《大荒西经》："有轩辕之台，射者不敢西向射，畏轩辕之台。"

"轩辕"神话发生于传播的方向，有强调"西"的空间位置的说法，是值得重视的。

昆仑神话与西王母崇拜

唐诗所谓"云屯寒色苦，雪合群山高"，"汉垒青冥间，胡天白如扫"（高适诗），所谓"终日风与雪，连天沙复山"，"胡烟白草日光寒"，"平沙莽莽黄入天"（岑参诗）等名句，将人们对西部地区的印象，涂抹了苍凉荒寂的基色。其实，西部的历史文化，原本有辉煌绚丽的色彩。早在远古时代，西部文化在当时社会的神秘主义气氛中已经表现出非同寻常的感染力。

著名文化学者顾颉刚在总结中国早期神话的形成和影响时曾经指出，中国神话有两大系统，就是东方的蓬莱系统和西方的昆仑系统。而昆仑神话系统形成更早。"昆仑的神话发源于西部高原地区，它那神奇瑰丽的故事，流传到东方以后，又跟苍莽窈冥的大海这一自然条件结合起来，在燕、吴、齐、越沿海地区形成了蓬莱神话系统。此后，这两大神话系统各自在流传中发展，到了战国中后期，在新的历史条件下，又被人结合起来，形成一个新的神话世界。"（顾颉刚：《〈庄子〉和〈楚辞〉中昆仑和蓬莱两个神话系统的融合》，《中华文史论丛》1979 年 2 期）

在中原人开始接触西部高原的传说和礼俗时，昆仑神话已经相当成熟。黄河中下游和长江中下游地区的先民，于是很自然地为昆仑神话的魅力所倾倒。昆仑神话向东传播并且实现了某种意义上的文化征服，可能和自春秋以来秦人势力在戎羌地区的发展以及战国时期楚人进据金沙江地区的历史事实有关。

《山海经》一书是中国古代文献中第一部系统而集中地记录昆仑神话的文化经典。在这部书中，昆仑是一个体现出重要地位的神话中心。昆仑有壮丽的宫阙、美丽的园圃，奇花异木丛生，珍禽怪兽群集。而长生的梦想，在昆仑也可以实现。许多精彩生动的古代神话，如夸父逐日、姮娥窃药、黄帝食玉、魅除蚩尤、禹杀相柳等故事，以及烛龙烛九阴故事、西王母三青鸟故事、共工触不周之山故事等，都来源于昆仑。

昆仑神话向东方传播，曾经影响了当时东方意识形态的主流，以海上仙岛为背景的东方神话体系出现了。不过，东方的仙岛，很明显是由西方的神山脱化而出的。唐人储光羲《升天行贻卢六健》中的诗句"天长昆仑小，日久蓬莱深"，反映了昆仑和蓬莱作为两个神秘主义文化中心相互之间的关系。两者之间在体现社会追求方面的共同点，一是寄托着长生的理想，一是寄托着自由的理想。

西王母是传说中的西方女神。西王母所居之西王母山，一说是玉山，一说是昆仑之丘。《汉书》卷二八下《地理志下》说：金城郡临羌"西北至塞外，有西王母石室、仙海、盐池"。"仙海"，又称"西海""鲜水海"，就是青海湖。也有学者推定，西王母瑶池就是天山的天池。《穆天子传》说到周穆王西行见西王母乐而忘归的事迹。这一故事，有天子来到"昆仑之丘"，瞻仰"黄帝之宫"的情节。唐代诗人李华《咏史十六首》之六写道："日照昆仑上，羽人披羽衣。乘龙驾云雾，欲往心无违。此山在西北，乃是神仙国。灵气皆自然，求之不可得。"可见西方昆仑神话有深远的历史影响，以至到了盛唐时代，人们仍然在怀念昆仑"神仙国"的"自然""灵气"。

汉代画像中多见当时人所想象的西王母的形象。见于著录的汉镜铭文更多有说到西王母的。其中常常可以看到所谓"上有仙人不知老""渴饮甘泉饥食枣"等文句。唐代和宋代仿汉镜的铭文也多有"西王母"字样，也说明西王母崇拜在民间影响的久远。

西汉末年，曾经以民间西王母崇拜为背景，衍生出一次声势浩大的流民运动。《汉书》卷一一《哀帝纪》记载，建平四年（前3），天下大旱，关东大批民众以传递西王母号令为名，"经历郡国，西入关至京师"，形成了声势浩大的流民运动。以"祠西王母"为鼓动口号集聚的民众来到长安之后，又在里巷阡陌歌舞狂欢，聚会祭祀西王母。有人甚至夜间持火上屋，击鼓号呼，表现了极度的狂热。《汉书》卷二六《天文志》和《汉书》卷二七下之上《五行志下之上》中，也有相应的记载。迷信西王母的民众冲破禁令，西入关至长安，是因为西部地方是西王母崇拜的信仰基地（王子今、周苏平：《汉代民间的西王母崇拜》，《世界宗教研究》1999年2期）。

《易林》中多见文辞涉及"西王母"的内容。卷二《讼·泰》

"弱水之西，有西王母"，卷五《临·临》"弱水之上，有西王母"，卷一六《既济·大畜》"弱水之右，有西王母"等，都说明关于西方远国"弱水、西王母"之"传闻"，在民间流传十分普遍。而西王母神话发源地的基本方位，也是明确的。

有不少神话学者认为，神话是历史文化的"神圣的叙事性解释"。神话除了是想象力和浪漫思维的体现而外，也是反映文化存在和历史真实的一种观念遗存。神话的发生，必然是以一定的文化基底为条件的。从这样的视角，通过昆仑神话和西王母崇拜来认识中国西部文化早期形态的某一侧面，应当是有意义的。

穆天子行迹与"琅邪"地名的移用

中国历史上最早的远行域外的故事，竟然是君王亲自出行的记录。

晋武帝时，在今天河南新乡一带的汲郡地方有人盗掘战国时期魏王的陵墓，从中得到有文字的简牍数十车。后来经过学者整理，计有简牍图书75篇，包括《竹书纪年》《穆天子传》等重要文献。

《穆天子传》是中国古典文献中具有特殊的文化价值，然而又长期蒙被神秘疑云的一部书。这部书原来的书名已经佚失，现在的书名是出土后整理者所拟定的。有的整理本定名为《穆天子传》，有的整理本则称作《周王游行》或《周王游行记》。

《穆天子传》记载周穆王率领有关官员和七萃之士，驾乘八骏，由最出色的驭手造父等御车，由伯夭担任向导，从处于河洛之地的宗周出发，经由河宗、阳纤之山、西夏氏、河首、群玉山等地，西行来到西王母的邦国，与西王母互致友好之辞，宴饮唱和，并一同登山刻石纪念，又继续向西北行进，在大旷原围猎，然后千里驰行，返回宗周的事迹。其往返行程，大约可达三万五千里，前后经历约两年。许多研究者认为，周穆王西巡行程的终极，按照这部书的记述，大致已经到达中亚吉尔吉斯斯坦的草原地区。有的学者甚至认为，穆天子西行可能已经在欧洲中部的华沙平原地区留下了足迹。

陶渊明《读〈山海经〉诗》写道："泛览《周王传》，流观《山海图》。俯仰终宇宙，不乐复何如？"其中说到的《周王传》，应当就是《穆天子传》。可见《穆天子传》一书很早就已经有了广泛的影响。《太平广记》卷二二六引《大业拾遗记》说，隋炀帝时的大型表演"水饰"七十二势中，有所谓"穆天子奏《钧天乐》于玄池"，"猎于操津，获玄貉白狐"，"觞西王母于瑶池之上"三势，都是直接从《穆天子传》取材以为艺术原型的。

关于《穆天子传》的性质，历来存在不同的认识。有人曾经把它归入"起居注类"，有人则将其列入"别史类"，或者"传记类"之中。大致都看作历史记载。然而清人编纂的《四库全书》却又将其改隶"小说家类"。不过，许多学者注意到《穆天子传》中记录的名物制度一般都与古代礼书的内容大致相合，其中记事记言，形式颇与后世逐日记载皇帝言行的《起居注》和《实录》相当，因此认为内容基本可信。可能正是出于这样的考虑，《四部丛刊》和《四部备要》仍然把《穆天子传》归入"史部"之中。

事实上，周穆王西行事迹，在其他史学经典中是有踪迹可察的。《左传·昭公十二年》说到周穆王"周行天下"的事迹。与《穆天子传》同出于汲冢的《竹书纪年》也有周穆王西征的明确记载。司马迁在《史记》卷五《秦本纪》

和《史记》卷四三《赵世家》中，也记述了造父为周穆王驾车西行巡狩，见西王母，乐而忘归，为平定徐偃王之乱又长驱归周，一日千里的故事。刘师培《穆天子传补释序》说，这部书记载的地名人名以及宾祭礼仪器物等，都可以与其他古籍相印合，其实反映了"今葱岭绝西"地方很早就与中原地区有文化交流，"西周以来，往来互答"的事实（《刘师培全集》，中共中央党校出版社 1997 年 6 月版，第 2 册第542 页）。许多学者又认为，把这部书归于"小说家"一类固然不符合实际，但是如果把它完全看成记录周穆王实际行程的信史，似乎也并不妥当。不少学者将《穆天子传》看作文化空前活跃的战国时期的作品，有人"假定其为中山人之西游记录"（卫聚贤：《穆天子传的研究》，《古史研究》第 2集，商务印书馆 1934 年版）。有人看成"魏人之作"（缪文远：《〈穆天子传〉是一部什么样的书》，《文史知识》1985 年11 期）。也有学者认为，"《穆天子传》的著作背景即是赵武灵王的西北略地"（顾颉刚：《〈穆天子传〉及其著作年代》，《文史哲》1 卷 2 期，1951 年 7 月）。

对于《穆天子传》中"天子西征至于玄池"的文句，刘师培解释说，"玄池"就是今天位于哈萨克斯坦和乌兹别克斯坦之间的咸海。而下文随后说到的"苦山""黄鼠山"等，则更在其西（《刘师培全集》，中共中央党校出版社 1997 年版，第 2 册第 546 页）。顾实《穆天子传西征讲疏》关于穆天子西征路线，又有这样的具体说明：

大抵穆王自宗周瀍水以西首途，逾今河南直隶山西，出雁门关，由归化城西，绕道河套北岸，而西南至甘肃之西宁，入青海，登昆仑。复下昆仑而走于阗，升帕米尔（Pamir）大山，至兴都库士山（Hindukush M.t.s.），再折而北，东还至喀什嘎尔河，循叶尔羌河，至群玉之山。再西逾帕米尔，经达尔瓦兹（Darwarz），撒马尔干（Samarkand），布哈尔（Bokhara），然后入西王母之邦，即今波斯之第希尔（Teheran）也。又自今阿拉特（Ararat）山，逾第弗利斯（Tifris）之库拉（Kura）河，走高加索山之达利厄耳（Dariel）峡道，北入欧洲大平原。盖在波兰（Poland）华沙（Warsaw）附近，休居三月，大猎而还，经今俄国莫斯科（Moscow）北之拉独加（Ladoga）湖，再东南傍窝尔加（Volga）河，逾乌拉尔（Ural）山之南端，通过里海（Caspian Sea）北之干燥地（Ard region），及今阿拉尔海（Aral Sea）中，循吹（Chu）河南岸，至伊锡克库尔（Issik Kul）湖南，升廓克沙勒山，而走乌什，阿克苏，焉耆。再由哈密，长驱千里，还归河套北，逾阴山山脉而南，经乌喇特旗，归化城，走朔平府右玉县，而南逾洪涛山，入雁门关之旁道，南升井陉山之东部，通过瞿道太行山而还归宗周。

对于穆天子西行终点，顾实写道，《穆天子传》记述周穆王西行至于"羽岭"，"惟此羽岭以下文东归所经今地而证之，当在今波兰（Poland）华沙（Warsaw）之间乎？穆王踰春山而西，有两大都会，第一都会在鄾韩氏，今中亚细亚也。第二都会在此，今欧洲大平原也。此亦天然之形势，古今不变者也"。

顾实认为，通过穆天子西行路线，可以认识上古时代亚欧两大陆东西交通之孔道已经初步形成的事实。顾实还提到孙中山曾经在与他交谈东西交通问题时所说的话：

> 犹忆先总理孙公告余曰："中国山东滨海之名胜，有曰琅邪者，而南洋群岛有地曰琅邪（Langa），波斯湾有地亦曰琅邪（Linga），此即东西海道交通之残迹，故三地同名也。"

他回忆说，孙中山当时手持一册英文地图，一一指示。顾实感叹道："煌煌遗言，今犹在耳，勿能一日忘。然上古东西海道之交通，尚待考证；而上古东西陆路之交通，见于《穆传》者，既已昭彰若是。则今言东西民族交通史者，可不郑重宝视之乎哉！"（顾实：《读穆传十论·穆传发见上古东西交通之孔道》,《穆天子传西征讲疏》,中国书店1990年8月据商务印书馆1934年版影印版，第175页，第23页至第24页）

琅邪在今山东胶南南，春秋战国时期越人北上，曾经在这里建港。秦始皇二十八年（前219）东巡，曾经"并海"而行，就是沿海岸线行进。在这里更因海上风光而迷醉，竟"大乐之"，居留长达3个月，又下令移民3万户至琅邪台下，并免除琅邪新户12年赋役。秦始皇刻石纪念，歌颂秦德，其中写道："六合之内，皇帝之土。西涉流沙，南尽北户。东有东海，北过大夏。人迹所至，无不臣者。"(《史记》卷六《秦始皇本纪》）此后，秦始皇又在二十九年（前218）和三十七年（前210）两次行临琅邪。秦始皇在琅邪曾经集合十数名文武权臣"与议于海上"，发表了载录于《琅邪刻石》中的陈明国体与政体的政治宣言。在这里，他又曾查问方士徐福连续数年入海求神药的收获，又有梦见与海神交战的故事。汉武帝也曾经在出巡时多次经行琅邪。海上见闻，对于长期居于内陆的人们来说，显然富有神秘主义的意味。而大一统王朝帝王们的海恋情结，又暗示其内心对未知世界的热切向往，以及如海潮一般不能平息的政治进取意识。秦皇汉武的事迹，说明琅邪久已成为名港，在海上交通史上形成显著影响是必然的。然而对于确实可能发生的启航于琅邪的海船远涉重洋以致"琅邪"港名移用于南洋和西洋的情形，至今尚少有学者进行认真的考察和研究。

先秦时期的中西文化交流，从早期的陶器、青铜器的器型和纹饰已经可以发现有关迹象。在阿尔泰地区发现的贵族墓中曾经出土中国制作的丝织品。这批墓葬的下葬年代，大致都属于公元前5世纪，相当于中国的春秋战国时期。其中最突出的例证是巴泽雷克5号墓出土有凤凰图案的刺绣。这座墓中还发现当地独一无二的四轮马车，有学者认为，从车的形制和随葬的丝织品推测，都应当来自中国。在这一地区公元前4世纪到公元前3世纪的墓葬中，还出土了有典型关中文化风格的秦式铜镜。许多古希腊雕塑和陶器彩绘人像表现出所着衣服细薄透明，因而有人推测在公元前5世纪中国丝绸已经为希腊上层社会所喜好（沈福伟：《中西文化交流史》，上海人民出版社 1985 年 12 月版，第 22 页）。

不过，这些社会文化现象当时并没有进入中国古代史学家的视野，因而在中国正史的记录中，汉代外交家张骞正式开通丝绸之路的事迹，被誉为"凿空"（《史记》卷一二三《大宛列传》）。

"逐日"与"日逐"

古来有"夸父逐日"的传说。而西域方向的民族史料，可见匈奴贵族称"日逐王"事。相关历史文化信息涉及草原民族和中原民族对于西北丝绸之路共同开发的努力，值得关注丝绸之路史的人们重视。

1. "夸父"神话

《山海经·海外北经》记载"夸父与日逐走"的传说："夸父与日逐走，入日，渴欲得饮。饮于河渭。河渭不足，北饮大泽。未至，道渴而死。弃其杖，化为邓林。""大泽"方位在"北"。而上古时代的地理学知识，已经包括对北方和西北方"海"即"泽"的认识。

又《太平御览》卷五七引《山海经》写道："桃林方三百里，在昆仑南、夸父山北。""夸父"事迹与"昆仑"产生了联系。他"与日逐走"的足迹到达了日落的方向，和"入日"的神话情节相衔接。

2. "逐日"的神异意义

《梁书》卷五《元帝纪》写道："挟辀曳牛之侣，拔距礌石之夫，骑则逐日追风，弓则吟猿落雁。"所谓"逐日"，是一种异能。"骑则逐日追风"，形容其行进速度。借助"骑"的交通形式，当然与"夸父与日逐走"不同。《艺文类聚》卷四引周庾信《三月三日华林园马射赋》描述皇家骑射活动，说到"逐日"："于时玄鸟司历，苍龙驭行，羔献冰开，桐华萍合。皇帝幸于华林之园，千乘雷动，万骑云屯。落花与芝盖同飞，杨柳与春旗一色。乃命群臣，陈大射之礼。《驺虞》九节，《狸首》七章。于是选朱汗之马，校黄金之埒。红阳飞鹊，紫燕陆沈。唐成公之骕骦，海西侯之千里。莫不饮羽衔竿，吟猿落雁，钟鼓振地，埃尘涨天。彩则锦市俱移，钱则铜山合徙。实天下之至乐，景福之欢欣者也。岁次昭阳，月在大梁，其日上巳，其时少阳。春吏司职，青祇效祥，征万骑于平乐，开千门于建章。皇帝翊四校于仙园，回六龙于天苑。华盖平飞，风乌细转。帷宫宿设，帐殿开筵。傍临细柳，斜界宜年。河滣薙草，渭口浇泉。埒云五色，的晕重圆。阳管既调，春弦实抚。玉律调钟，金錞节鼓，于是咀衔拉铁，逐日追风。并试长秋之埒，俱下兰池之宫。鸣鞭则污赭，入埒则尘红。变三驱而画鹿，登百尺而悬熊。礼正六耦，诗歌九节。弓如明月对堋，马似浮云向埒。雁失群而行断，猿求林而路绝。乃有六郡雄才，五陵高选，新回马邑之兵，始罢龙城之战。尚带流星，犹乘奔电。始听鼓而唱筹，即移竿而摽箭。熊耳刻杯，浮云画罍。水衡之钱山积，织室之锦霞开。司筵赏至，酒正杯来。既而日下泽宫，筵阑相圃。怅从跸之留欢，眷回銮之余武。"这篇记述宫苑"马射"的赋作，描绘了"皇帝""天苑"骑射的全景式画卷。所谓"乃有六郡雄才，五陵高选，新回马邑之兵，始罢龙城之战"，暗示这种军事体育活动与战争的关系。而"傍临细柳"句，提示周亚夫细柳营故事。而所谓"征万骑于平乐，开千门于建章"，则对应汉武帝驰射上林的事迹。而"选朱汗之马"及"海西侯之千里"句，暗示相关行为与西北方向开拓疆土之军事远征的关系。而形容乘马飞驰之"咀衔拉铁，逐日追风"，说到"逐日"，值得我们特别注意。

其实，所谓与形容骑队驰行速度的"尚带流星，犹乘奔电"诸句类同，"红阳飞鹊，紫燕陆沈"也是记述骏马飞驰情景的。晋张协《七命》也有"驾红阳之飞燕，骖唐公之骦骦"句。李善注认为"红阳飞燕"的意义未能明确，但是他又引录了另一种说法：《骏马图》有"含阳侯骠"，"含阳侯"可能就是"红阳侯"。张铣的解释则明确说"红阳"是"有良马名'飞燕'"的主人。这里所说的"红阳"，应当就是西汉末年的外戚贵族红阳侯王立。《汉书》卷九八《元后传》关于王立有"五侯群弟""狗马驰逐"的记载，又说他"臧匿亡命，宾客为群盗"，可见此人附庸侠风，而又性好"驰逐"，收养骏马是很自然的。"紫燕"，也是骏马名号。《太平御览》卷八九六引文写作："文帝自代还，有良马九疋，皆天下骏足也。名曰：浮云、赤电、绝群、逸骠、紫燕骝、绿螭骢、龙子、骥驹、绝尘。号为'九逸'。"我们现在看到的《西京杂记》，卷二有"文帝良马九乘"条："文帝自代还，有良马九匹。皆天下之骏马也。一名浮云、一名赤电、一名绝群、一名逸骠、一名紫燕骝、一名绿螭骢、一名龙子、一名麟驹、一名绝尘，号为'九逸'。"骏马以"紫燕"名，魏晋南北朝时期多见其例。魏刘邵《赵都赋》说到讲武狩猎形势，其良马有"飞兔、奚斯、常骊、紫燕"。南朝宋颜延之作《赭白马赋》，其中写道："将使紫燕骈衡，绿虵卫毂。"李善注引《尸子》："我得而民治，则马有紫燕、兰池。"颜延之《天马状》又说："降灵骥子，九方是选。""水轶惊凫，陆越飞箭。遇山为风，值云成电。"其中也列有"紫燕"。北周庾信的《谢滕王赉马启》也有"翻逢紫燕"的文句，并以"流电争光，浮云连影"赞美其神速。

据王子年《拾遗记》，周穆王"八骏"之中，有名号为"逐日"者。

《魏书》卷九〇《逸士传》以"御霞乘云而追日月，穷极天地"为志在"超远"的异行奇能。这样的说法，又见《北史》卷八八《隐逸传》。"追日"，当然也就是"逐日"。

《旧唐书》卷四六《经籍志上》中，可以看到这样的说法："使学者孤舟泳海，弱羽凭天，衔石填溟，倚杖追日，莫闻名目，岂详家代？"所谓"衔石填溟，倚杖追日"，以精卫和夸父的故事并列，同样在宣传一种英雄主义精神。

后来史籍文献中又有以"逐日"成为祥瑞象征的文化迹象。

《南齐书》卷一八《祥瑞志》记载："太祖年十七，梦乘青龙西行逐日，日将薄山乃止，觉而恐惧，家人问占者，云

'至贵之象也'。"《南史》卷四《高帝纪》也写道："始帝年十七时，尝梦乘青龙上天，西行逐日。"梦中"乘青龙西行逐日"，被解释为"至贵之象"。

3. "匈奴西边日逐王"事迹

据《汉书》卷九六上《西域传上》记载，"西域诸国"在汉帝国势力介入之前，"皆役属匈奴"。当时，"匈奴西边日逐王置僮仆都尉，使领西域，常居焉耆、危须、尉黎间，赋税诸国，取富给焉"。所谓"匈奴西边日逐王"的活动，直接代表匈奴从事对西域的经营。考察"日逐王""匈奴日逐王""匈奴西边日逐王"事迹，可以深化对汉代匈奴史、西域史，以及汉王朝边疆行政史与民族关系史的认识。

《汉书》卷九六上《西域传上》介绍西域地理条件、交通形势、经济生活与政治关系，涉及匈奴势力的作用："西域诸国大率土著，有城郭田畜，与匈奴、乌孙异俗，故皆役属匈奴。匈奴西边日逐王置僮仆都尉，使领西域，常居焉耆、危须、尉黎间，赋税诸国，取富给焉。"所谓"役属匈奴"，颜师古注："服属于匈奴，为其所役使也。"

"匈奴西边日逐王置僮仆都尉，使领西域"，所谓"领"者，包括"役使"和"赋税"。这一行政形式，陈序经以为"统治西域诸国，收赋税与利用西域诸国的人力物力与汉对抗"（陈序经：《匈奴史稿》，中国人民大学出版社 2007 年 8 月版，第 253 页）。

"匈奴西边日逐王"的权势和地位，应与匈奴其他部有所不同。这是一个依赖"役使"和"赋税","有城郭田畜",即以农耕经济为主要经营形式的"土著"民众为生的游牧族强权势力。

匈奴骑兵对汉地等农耕区的侵犯,其实并不仅仅追求闪击式的劫掠和短暂的占领。他们理想的征服形式,应当是这种"役使"和"赋税"。"匈奴西边日逐王"对西域的控制,或许可以说实现了游牧族军事势力征服农耕区的最完满的境界。这种"役属"形式,是汉帝国北边农耕族与游牧族关系中比较特殊的情形。

所谓"僮仆都尉",应是汉文意译。译文形式突出强调了"役使"的关系。有的辞书解释"僮仆都尉"即强调对西域各国的奴役:"匈奴单于国在西域设置的官员,'僮仆'即指奴隶,僮仆部尉的职责是统管西域各国,从官名可知,匈奴将西域各国居民视为奴隶。"(刘维新主编:《新疆民族辞典》,新疆人民出版社1995年10月版,第41页)

关于"匈奴西边日逐王置僮仆都尉,使领西域"事,《汉书》卷九六上《西域传上》记述:"西域诸国大率土著,有城郭田畜,与匈奴、乌孙异俗,故皆役属匈奴。"所谓"西域诸国大率土著",颜师古注:"言著土地而有常居,不随畜牧移徙也。"也就是说,西域诸国大多"著土地而有常居",与匈奴、乌孙"随畜牧移徙"不同。而"匈奴西边日逐王"部的生存方式应当与匈奴其他部类同,大致是以游牧作为主体经济形式。

然而《西域传上》有"匈奴西边日逐王置僮仆都尉,使领西域,常居焉耆、危须、尉黎间,赋税诸国,取富给焉"

的记载，所谓"取富给焉"，颜师古注："给，足也。"则"日逐王"部的生存方式，竟然是依靠剥夺西域诸国得以维持。

《汉书》卷九四上《匈奴传上》写道："……其明年，西域城郭共击匈奴，取车师国，得其王及人众而去。单于复以车师王昆弟兜莫为车师王，收其余民东徙，不敢居故地。而汉益遣屯士分田车师地以实之。其明年，匈奴怨诸国共击车师，遣左右大将各万余骑屯田右地，欲以侵迫乌孙西域。"是匈奴"右地"曾经有"屯田"经营。

从现有资料看，匈奴日逐王部可能如许多游牧族一样，以"农作"为"辅助性生业"，即"兼事农业"，"从事一些农作"（王明珂：《游牧者的选择：面对汉帝国的北亚游牧部族》，广西师范大学出版社2008年12月版，第33页至第36页）。受西域人和汉人的影响，不排除曾经组织相当规模的"屯田"的可能。

林沄在运用考古资料讨论匈奴族源时指出，"根据在古代戎狄分布地区所出土的同期考古材料，我们所能复原出来的是一种半农半牧的经济类型，而不是典型的游牧方式"（林沄：《关于中国的对匈奴族源的考古学研究》，《内蒙古文物考古》1993年1—2合期，收入《林沄学术文集》，中国大百科全书出版社1998年12月版，第365页至第386页）。武沐《匈奴史研究》引此文，"林沄"均误作"林幹"，篇题误作"《关于中国的对匈奴族源的考古研究》"（民族出版社2005年3月版，第20页）。

我们期待着有关匈奴日逐王部的考古发现。

有学者指出："匈奴境内当时必定有大批汉人，其生产生活方式仍保留或部分地保留着定居农耕的方式……"（马利清：《匈奴、原匈奴：历史与文化的考古学探索》，内蒙古大学出版社2005年3月版，第382页）匈奴日逐王部的情形，则应当是定居从事农耕的西域人的文化影响力更为明显。

据《汉书》卷六四上《匈奴传上》："乌禅幕者，本乌孙、康居间小国，数见侵暴，率其众数千人降匈奴，狐鹿姑单于以其弟子日逐王姊妻之，使长其众，居右地。日逐王先贤掸，其父左贤王当为单于，让狐鹿姑单于，狐鹿姑单于许立之。国人以故颇言日逐王当为单于。日逐王素与握衍朐鞮单于有隙，即率其众数万骑归汉。汉封日逐王为归德侯。单于更立其从兄薄胥堂为日逐王。"

《汉书》卷九六上《西域传上》："至宣帝时，遣卫司马使护鄯善以西数国。及破姑师，未尽殄，分以为车师前后王及山北六国。时汉独护南道，未能尽并北道也，然匈奴不自安矣。其后日逐王畔单于，将众来降，护鄯善以西使者郑吉迎之。既至汉，封日逐王为归德侯，吉为安远侯。是岁，神爵三年也。乃因使吉并护北道，故号曰都护。都护之起，自吉置矣。僮仆都尉由此罢，匈奴益弱，不得近西域。"林幹以为西域史的这一转折，导致"西域的全部统治权由匈奴转入汉朝之手，日逐王所统率的部众亦由匈奴的力量转变为汉朝的力量"（林幹：《匈奴诸王驻牧地考》，《匈奴史论文选集》，中华书局1983年8月版，第98页）。邵台新也指出，自此，"汉朝的号令已行于西域"（邵台新：《汉代对西域的经营》，辅仁大学出版社 1995 年 5 月版，第 77 页）。

通过《汉书》卷八《宣帝纪》"（神爵二年）秋，匈奴日逐王贤掸先将万余人来降"，随即"匈奴单于遣名王奉献，贺正月，始和亲"的记载，可以得知日逐王"归汉"对于匈奴阵营内部形成的强烈的冲击性影响。

不过，所谓日逐王"归汉"后"单于更立其从兄薄胥堂为日逐王"，暗示又有新的匈奴势力填补了联系匈奴与西域的相应空间。

4. 悬泉置汉简遗存有关"日逐王"的信息

《汉书》卷九六上《西域传上》："日逐王畔单于，将众来降，护鄯善以西使者郑吉迎之。既至汉，封日逐王为归德侯，吉为安远侯。是岁，神爵三年也。"《汉书》卷一七《景武昭宣元成功臣表》："安远缪侯郑吉，以校尉光禄大夫将兵迎日逐王降，又破车师，侯。神爵三年四月壬戌封。""归德靖侯先贤掸，以匈奴单于从兄日逐王降，侯，四月戊戌封。"是先贤掸与郑吉受封在神爵三年四月。据《汉书》卷八《宣帝纪》，"（神爵二年）秋，匈奴日逐王贤掸先将万余人来降。使都护西域骑都尉郑吉迎日逐，破车师，皆封列侯"，记载日逐王"来降"及与郑吉"皆封列侯"都在神爵二年秋。

敦煌悬泉置出土简册有关于"县泉厩"接待日逐王的消费记录：

广至移十一月谷簿出粟六斗三升以食县泉厩佐
广德所将助御效谷广利里郭市等七人送日逐王往来
（I91DXT0309③:167）

三食食三升校广德所将御故廪食县泉而出食解何
（I91DXT0309③:168）

郝树声、张德芳已经有所研究（郝树声、张德芳：《悬
泉汉简研究》，甘肃文化出版社 2009 年 8 月版，第 264 页至
第 265 页）。简文为考察"匈奴西边日逐王""至汉"行程以
及当地接待方式提供了新的可靠资料。

5."日逐王"名义

"日逐王"是匈奴诸王名号中极少见可以以汉文字义解
说者之一。

《汉书》卷六四上《匈奴传上》记载："初，且鞮侯两
子，长为左贤王，次为左大将，病且死，言立左贤王。左贤
王未至，贵人以为有病，更立左大将为单于。左贤王闻之，
不敢进。左大将使人召左贤王而让位焉。左贤王辞以病，左
大将不听，谓曰：'即不幸死，传之于我。'左贤王许之，遂
立为狐鹿姑单于。狐鹿姑单于立，以左大将为左贤王，数年
病死，其子先贤掸不得代，更以为日逐王。日逐王者，贱于
左贤王。单于自以其子为左贤王。"《资治通鉴》卷二二"汉
武帝太始元年"取用这一史料，写作："是岁，匈奴且鞮侯
单于死；有两子，长为左贤王，次为左大将。左贤王未至，

贵人以为有病，更立左大将为单于。左贤王闻之，不敢进。左大将使人召左贤王而让位焉。左贤王辞以病，左大将不听，谓曰：'即不幸死，传之于我。'左贤王许之，遂立，为狐鹿姑单于；以左大将为左贤王。数年，病死，其子先贤掸不得代，更以为日逐王。日逐王者，单于自以其子为左贤王。"胡三省注引师古曰："日逐王居匈奴西边，以日入于西，故以为名。至宣帝神爵二年，掸来降。"有学者说，"狐鹿姑单于的继位有一点戏曲化"（武沐：《匈奴史研究》，民族出版社 2005 年 3 月版，第 92 页）。原意当是说有戏剧性，即情节曲折复杂有偶然因素。苗普生同意徐松《汉书西域传补注》卷上日逐王"盖置在太始时"的意见，以为"可以断定，在公元前一世纪之前，匈奴不置日逐王"（苗普生：《匈奴日逐王考》，《新疆文物》1991 年 3 期）。刘维新主编《新疆民族辞典》可能亦取用徐松说，以为"僮仆部尉"也"大约设置于汉武帝后期"（刘维新主编：《新疆民族辞典》，新疆人民出版社 1995 年 10 月版，第 41 页）。这样的判断，也许并不能提供确定的论据。

颜师古所谓"日逐王居匈奴西边，以日入于西，故以为名"，符合"匈奴西边日逐王"领地的方位。也使我们联想到夸父逐日传说。前引《山海经·海外北经》关于夸父逐日的神话："夸父与日逐走，入日，渴欲得饮。饮于河渭。河渭不足，北饮大泽。未至，道渴而死。弃其杖，化为邓林。""大泽"方位在北。而《太平御览》卷五七引《山海经》："桃林方三百里，在昆仑南、夸父山北。"将"夸父山"方位定在西北。《抱朴子·内篇》卷三《辩问》又写道：

"飞廉、夸父,轻速之圣也。"其"轻速"的特质,也与游牧族机动性甚强的习性相合。

现在尚无充备的资料具体说明"日逐王"名号的文化内涵及其发生的文化条件。但是由相关的"僮仆都尉"名号汉文化意味甚为浓厚可以推想,"日逐王"定名或者汉译,或许有熟悉夸父逐日传说的知识背景。

关于秦"封"

　　《说文·土部》："封，爵诸侯之土也。从之土，从寸。寸，守其制度也。公侯百里，伯七十里，子男五十里。"从《说文》的说法直接理解，"封"，似乎是一个行政史的概念。但是许多迹象表明，"封"也是交通史研究应当关注的对象。秦史中的相关事实，值得我们注意。

1. 秦穆公"封殽尸"故事

　　在考察秦国交通文化方面的特点时，不能不注意到秦人善于"远攻"（《史记》卷七九《范睢蔡泽列传》），较早就创造了以重兵军团大规模远征的历史纪录的事实。其最突出的一例，就是秦穆公时出兵谋取郑国，"径数国千里而袭人"一事。

　　秦国历史上一段屈辱的记录，也正是因这次军事行动而引起的。

　　《史记》卷五《秦本纪》记载：秦穆公三十二年（前628），"郑人有卖郑于秦曰：'我主其城门，郑可袭也。'"秦穆公问蹇叔、百里奚，对曰："径数国千里而袭人，希有得利者。"然而秦穆公已经决意出军，命令百里奚的儿子孟明视、蹇叔的儿子西乞术及白乙丙将兵。"三十三年春，秦兵遂东。"秦军由于突袭的意图已经被郑国察觉，于是灭晋国之边邑滑。晋国发兵在殽阻截秦军，"击之，大破秦军，无一人得脱者，虏秦三将以归"。

三将军由晋国回到秦国后，秦穆公素服郊迎，沉痛自责，说："三子何罪乎？子其悉心雪耻，毋怠。"并且"复三人官秩如故，愈益厚之"。

第二年，秦穆公派孟明视将兵伐晋，秦军不利，于是撤回。

秦穆公三十六年（前624），秦军再一次出击。"缪公复益厚孟明等，使将兵伐晋，渡河焚船，大败晋人。"这是早于项羽钜鹿之战破釜沉舟故事的战例。秦军取晋国两城，以报殽之役战败之仇，"晋人皆城守不敢出"。《史记》卷五《秦本纪》还记载："于是缪公乃自茅津渡河，封殽中尸，为发丧，哭之三日。乃誓于军中曰：'嗟士卒！听无哗，余誓告汝。古之人谋黄发番番，则无所过。'以申思不用蹇叔、百里奚之谋，故作此誓，令后世以记余过。君子闻之，皆为垂涕，曰：'嗟乎！秦缪公之与人周也，卒得孟明之庆。'"《史记》卷三九《晋世家》也有这样的记载："四年，秦缪公大兴兵伐我，度河，取王官，封殽尸而去。晋恐，不敢出，遂城守。"《左传·文公三年》则是这样记述这一史事的："秦伯伐晋，济河焚舟，取王官及郊。晋人不出，遂自茅津渡，封殽尸而还。遂霸西戎，用孟明也。"所谓"封殽中尸"，"封殽尸而去"，"封殽尸而还"，杜预解释说，"封，埋藏之"。而裴骃《集解》引贾逵曰："封识之。"分析当时的情形，当以贾逵说为是。

《史记》卷四九《外戚世家》褚先生补述："使者夜持棺往葬之，封识其处。""封"的意义的确主要在于"识"，而并非在于"葬"。

2."封"的原始意义

封，就是筑起高大的土堆以为标识。《管子·形势解》："所谓平原者，下泽也。虽有小封，不得为高。"《列子·杨朱》："积麴为封。"有"聚土为封"的说法。《广雅·释诂三》："封，场也。"王念孙《疏证》："《周官》'封人'注：'聚土曰封。'"封，又被用以形容隆起之状。如《汉书》卷九六上《西域传·大月氏国》："出一封橐驼。"颜师古注："脊上有一封也，'封'，言其隆高，若封土也。"《后汉书》卷六《顺帝纪》："疏勒国献师子、封牛。"李贤注："封牛，其领上肉隆起若'封'然，因以名之。"

封，因为标识显著，往往作为界定的标志。如《小尔雅·广诂》："封，界也。"《吕氏春秋·季春纪》高诱注："封，界也。"《周礼·地官司徒·大司徒》郑玄注："封，起土界也。"《庄子·齐物》说："夫道未始有封。"这里所说的"封"，一般解释为"封域""限域"（成玄英《疏》），也是指某种界限。四川青川郝家坪50号战国墓出土了秦更修为田律木牍，内容是秦武王时关于田制的律令，其中写道："以秋八月，修封埒，正疆畔。"（四川省博物馆、青川县文化馆：《青川县出土秦更修田律木牍》，《文物》1982年1期；

李学勤：《青川郝家坪木牍研究》，《文物》1982年10期）湖北云梦睡虎地秦简中整理者归入《法律答问》的内容中，也可见有关"封"的规定："'盗徙封，赎耐。'可（何）如为'封'？'封'即田千（阡）佰（陌）顷半（畔）'封'也，且非是？而盗徙之，赎耐，可（何）重也？是，不重。"就是说："私自移动'封'，应处以'赎耐'之刑。"什么叫"封"？"封"是农田路界，还是并非如此？私自移动就判处赎耐，是不是太重？回答说："封"就是农田路界。私自移动"封"而判处赎耐，处罚并不重。睡虎地秦墓竹简整理小组断句原作："'封'即田千佰。顷半（畔）'封'也，且非是？"译文作："'封'就是田地的阡陌。百亩田的田界是算作'封'，还是不算'封'？"（《睡虎地秦墓竹简》，文物出版社1978年11月版，第178页至第179页）

《史记》卷二七《天官书》所谓"视封疆田畴之正治"，说的就是这种"封"。

不过，"封"成为界标，已经是后出之义。

"封"的原义是堆聚土石，后来才又作为某种界域的标志，因而又称作"封表"。

秦穆公"封殽尸"，绝不仅仅是简单地掩埋4年前阵亡士卒的尸骨，如杜预所谓"埋藏之"，而是修建了高大的夯土建筑，以作为国耻的永久性的纪念。秦穆公"令后世以记"的用心，是期望通过这种"封"来实现的。

西汉名将霍去病曾率军远征大漠以北，破匈奴，"封狼居胥山"。《史记》卷一一〇《匈奴列传》："骠骑封于狼居胥山，禅姑衍，临翰海而还。"《史记》卷一一一《卫将军骠骑列传》:"封狼居胥山,禅于姑衍,登临翰海。"东汉时,窦宪、耿夔等击溃匈奴,深入北方荒漠追击三千余里,"铭功封石"而还(《后汉书》卷八九《南匈奴列传》),也都是以"封"作为永久性纪念形式的典型史例。

在交通道路上的"封",据说又有分程记里的作用。但是"封"的原始涵义也可以由此得到说明。古代交通道路管理曾经有以所谓"封堠"划界分程的制度。明代学者杨慎《丹铅总录》卷二"封堠壇埒"条写道:"王子年云:禹治水所穿凿处,皆有泥封记,使玄熊升其上。此封堠之始。按《北堂书抄》引《山海经》:黄帝游幸天下,有记里鼓,道路有记里堆。则堠起黄帝,非始于禹。崔豹《古今注》:画界者封土为台,以表识疆境也。马缟曰:为壇埒以画界分程也。十里双堠,五里只堠。"据说五里一封堠,十里双封堠。所谓"有泥封记","道路有记里堆","封土为台","画界分程",可以说明早期"封"的意义。

3. 秦直道的"石关""封峦"

据《史记》卷一一七《司马相如列传》,司马相如《上林赋》写道:"蹶石关,历封峦,过雊鹊,望露寒。"裴骃《集解》:"案:《汉书音义》曰:'皆甘泉宫左右观名也。'"《文选》卷八李善注引张揖曰:"此四观,武帝建元中作,在云阳甘泉宫外。"也就是说,甘泉宫外有石关观、封峦观。汉武帝可能确曾于甘泉宫外置此观,而石关观之定名,当因"石门山"。《三辅黄图》卷五有"石阙观封峦观"条,其中写道："石阙观，封峦观。《云阳宫记》云：'宫东北有石门山，冈峦纠纷，干霄秀出，有石岩容数百人，上起甘泉观。'《甘泉赋》云：'封峦石阙，弥迤乎延属。'"陈直按："'石阙'，今本《汉书·扬雄传》所载《甘泉赋》作'石关'。《铙歌·上之回》亦作'石关'。又《甘泉赋》云：'度三峦兮偈棠梨。'李善注以为'三峦'即'封峦关'。"（陈直：《三辅黄图校证》，陕西人民出版社1980年5月版，第128页）

汉甘泉宫附近确有"石关"，即今陕西旬邑石门乡的石门山。石门山，当地人称"石门关"，至今东西横亘数里，临北石壁陡立，中开一阙，如天设石门。石门关以南不远，就是位于陕西淳化安子哇乡的汉甘泉宫遗址，向北则正当秦始皇时代所开通的由甘泉直抵九原的纵贯南北的"直道"。《史记》卷六《秦始皇本纪》："三十五年，道九原抵云阳，堑山堙谷，直通之。"《史记》卷一五《六国年表》："为直道，道九原，通甘泉。"《史记》卷八八《蒙恬列传》："始皇欲游天下，道九原，直抵甘泉，乃使蒙恬通道，自九原抵甘泉，堑山堙谷，千八百里。"司马迁曾经感叹道："吾适北边，自直道归，行观蒙恬所为秦筑长城亭障，堑山堙谷，通直道，固轻百姓力矣。"直道是蒙恬主持修筑的军事交通工程，至今地面保存的道路遗迹往往宽达50米至60米。而"封峦"，应当是直道左近具有标识意义的可能上有人为建筑设施的高地。

司马相如去世时，"遗札言封禅事"，其中再一次说到"封峦"："厥之有章，不必谆谆。依类托寓，谕以封峦。"（《史记》卷一一七《司马相如列传》）这里所说的"封峦"，很可能也与《上林赋》中所谓"封峦"有关。扬雄《甘泉赋》"封峦石关，施靡虎延属"，刘歆《甘泉赋》"封峦为之东序，缘石阙之天梯"，也都说到"封峦"和"石关""石阙"的关系。

4."封"与"鄂博""敖包"

考虑到"封"曾经作为交通道路里程标志的事实，自然会注意到秦穆公置"封"的殽地，正在秦人东向进取必经的大道旁。

藏族往往在路边堆积石块，称之为"玛尼堆"。有人把"藏族常于过往要道把刻有佛教六字真言的石块垒砌成堆，以供行人巡礼，谓之'嘛呢堆'"，列为"藏族佛教宗教建筑、圣地和场所"的内容之一（《中国各民族宗教与神话大词典》，学苑出版社1990年10月版，第727页），似乎没有察见其原始的文化涵义。但"过往要道"的位置特征值得注意。蒙古族则称之为"鄂博""敖包"。民国三十五年版《绥蒙辑要》写道："所谓'鄂博'者，即垒碎石，或杂柴、牛马骨为堆，位于山岭或大道，蒙人即以为神祇所凭，敬之甚虔。故遇有疾病、求福等事，辄惟'鄂博'是求。寻常旅行，偶过其侧，亦必跪祷，且必垒石其上而后去。"土族则称作"俄博""雷台"。据调查，"凡在土民居住地方的三岔路口或是山壑口处都有这种'俄博'。因为土民相信'俄博'能抵挡恶风与邪气。他们认为在这些容易有邪怪侵入的地方，立了'俄博'便可挡住"。"在土民居住的村口或私人住宅的门口常可见到一个小土台称为'雷台'。认为这是镇压邪魔鬼怪，保佑家宅或全村平安的。"立台的方法和"俄博"相仿（陈永龄等：《青海土族民间信仰》，《青海土族社会历史调查》，青海人民出版社1985年11月版，第42页）。这种"土台"或其他堆积的性质，可能在于设置道路标识。也有人以为有界标的意义："各游牧交界之处，无山河为志者，或平原，或沙碛，皆垒石为志，曰'鄂博'。"（《大清会典》卷六四，光绪二十五年刻本）门巴族把垒这种石堆称作"玛尼朵个"。据调查，"墨脱地区交通不便，路途艰险，门巴人外出时有'玛尼朵个'的习俗，与藏族相同。'玛尼朵个'，意为'垒石堆'。在危险的山口或路段旁，可以看到悬挂着布条、经幡和彩条的大石堆。这是门巴人每路过此地时，人手拾一石块或准备好的布条、经幡等堆挂而成的，民间认为这样做是以求鬼神赐福消灾，沿途平安，交换顺利"（李坚尚等：《关于墨脱县门巴族社会历史若干问题的补充调查》，《门巴族社会历史调查·二》，西藏人民出版社1988年6月版，第55页至第56页）。在山口、村头和许多重要路段，往往都可以看到人工有意堆筑的石堆。人们行旅途经此地，大都手拾石块置放在石堆上，也有人在这里专心系挂上事先准备好的经幡和彩条等。

清人祁韵士《西陲竹枝词一百首》中，有以"鄂博"为题的："告虔祝庇雪和风，垒石施金庙祀同。塞远天空望不极，行人膜拜过残丛。"作者自注："遇者必祭，或插箭，或置财物而去。"（《山右丛书初编·西陲要略附》）方观承《从军杂记》写道："峰岭高处，积乱石成冢，名'鄂博'，谓神所栖，经过必投以物，物无择，马鬃亦可。"阮葵生《蒙古吉林风土记》也说："垒石象山冢，悬帛以致祷，报赛则植木表，谓之'鄂博'。过者无敢犯。"又纪昀《乌鲁木齐杂记》说："'鄂博'者，累碎石为蕞以祀神，番人见之多下马。"

"鄂博""敖包"一般位于大道重要路段，而"垒石""积乱石""垒碎石"的形式，以及"行人""过者"诚心尊事的态度，也都使人很自然地联想到古时的"封"。

有的研究者指出，"敖包所祭，最初自然是祖先的魂灵，逐渐人们又把它看成本地诸神灵的汇聚之所，因之演变成了包罗万象的祭祀场所"（刘小萌、定宜庄：《萨满教与东北民族》，吉林教育出版社1990年3月版，第51页）。

这种道路标识具有宗教意义，可能是时代相对晚近的事。不过，这一事实也可以说明为重要道路建置路标，可能很早就是十分郑重严肃，被赋予某种神秘意义的行为。

古代所谓"封"，性质可能与此类似。

司马迁《史记》说，乌孙、康居、大月氏等国都是草原"随畜移徙"的所谓"不土著"的"行国"。《史记》卷一二三《大宛列传》："乌孙在大宛东北可二千里，行国，随畜，与匈奴同俗。""康居在大宛西北可二千里，行国，与月氏大同俗。""大月氏在大宛西可二三千里，居妫水北，其南则大夏，西则安息，北则康居。行国也，随畜移徙，与匈奴同俗。""行国"，裴骃《集解》："徐广曰：'不土著。'"我们可以看到，"封"以及类似的文化存在，大都出现在以大漠荒原旷野作为主要活动地域的部族中，大都出现在以交通形式作为生产生活主要形式的部族中。

秦人对"封"是予以相当程度的重视的。有的学者甚至认为，"秦俑坑的性质乃是为表彰统一全国的军功所树的纪念碑式的'封'"（林剑鸣：《秦俑之谜》，《文博》1985年1期）。秦人对"封"的重视，可能是以曾经长期从事畜牧业经济为背景的。这一特殊的文化信号，同时也体现出秦人与西北草原游牧民族相互间曾经有较密切的文化交往，彼此又具有一定的文化共同性（王子今：《应当重视秦人与西方北方部族文化交往的研究》，《秦陵秦俑研究动态》1991年3期）。

分析秦史文化信息中有关"封"的内容，可以从新的角度理解文明史的初步发展和交通史的初步发展之间的联系，也有助于我们更真切地认识秦文化的独特面貌。

5. 秦军史和罗马军史的对读

记述公元14年至公元15年间史事的塔西佗《编年史》第1卷中，可以看到日耳曼尼库斯·凯撒率领的罗马军队进军到埃姆斯河和里普河之间的情形：

> 现在他们离开提乌托布尔格森林已经不远了，据说伐鲁斯和他的军团士兵的尸体还留在那里没有掩埋。
>
> 这时日耳曼尼库斯极想对这些阵亡的士兵和他们的统帅表示最后的敬意；他所率领的士兵则想到他们的亲属和友人，想到战争和人类命运的变幻无常，不由得有了感伤怜悯之情。凯奇纳奉令先去探查人迹罕到的林中小道，并在遍处是水的沼泽地和不坚实的地面上架桥铺

路。在这之后，大军就到这块看起来和回想起来都非常阴森可怕的地方来了。他们看到伐鲁斯的第一个营地，营地广阔，每隔一段距离都有安置军官和军旗的地方，这一情况表明这乃是三个军团的劳动成果；此外还可以看到一些已经一半颓圮的土墙和一道浅沟，那是残兵败将们在被击溃之前用作掩护的所在。在这附近的平原上是分散的或是成堆的白骨，因为有的人是分头逃命，有的人则没有跑动。在那里还有残破的投枪和战马的肢体，还有钉在树干上的骷髅，十分显眼。在附近的森林里有一些蛮族的祭坛，罗马军队的军团将领和主力的百人团长就是在这里被日耳曼人处死的。当时逃出战场或挣脱他们的锁链的那些幸免于祸的人则叙述副帅们在什么地方阵亡，军旗在什么地方被夺走，伐鲁斯在什么地方第一次负伤，在什么地方他用自己那不幸的手结束了性命。……

就这样，罗马军队在六年之后，来到这个灾难场所掩埋了这三个军团的士兵的遗骨；谁也不知道自己掩埋的是一个生人还是一个亲人的尸骨，但是他们却把这些尸骨作为朋友和亲人的尸骨埋葬起来，他们在内心满怀对敌人的愤怒，他们感到悲哀和憎恨。

在修建坟山的时候，凯撒放置第一份草土，用以表示对死者的衷心尊敬并与大家一同致以哀悼之忱。

（塔西佗：《编年史》，王以铸等译，商务印书馆1981年4月版，上册，第1卷第51页至第52页）

罗马军队统帅日耳曼尼库斯·凯撒的做法，和秦穆公所谓"封殽尸"何其相像！罗马军人们所"修建"的"坟山"，是不是和秦穆公为"封识之"而修建的"封"属于性质相类的建筑形式呢？

交通与秦汉文明的完整性和开放性

秦汉时期，交通事业得到空前的发展。交通的进步，实际上成为秦汉辉煌的文明创造的重要条件之一。

1. 交通进步为秦汉政体的成立奠定了基础

秦人久有重视交通的传统。造父善御的传说可以理解为某种文化倾向的表征，祭祀献物使用车马，也说明秦人"有车马之好"（《诗·秦风》毛传）。秦人拥有双辕车的发明权。黄河上第一座浮桥，也是秦人营建。秦军善于"远攻"（《史记》卷七九《范雎蔡泽列传》），较早创大军团远征的历史纪录，往往"径数国千里而袭人"（《史记》卷五《秦本纪》）。秦始皇能够实现统一，其实与秦国在交通方面的优势有关。

秦王朝将中央政府统一规划的交通建设视为执政要务之一，除了"决通川防，夷去险阻"之外，还由中央直接主持，进行了"治驰道"的伟大工程（《史记》卷六《秦始皇本纪》）。秦"为驰道于天下，东穷燕齐，南极吴楚，江湖之上，濒海之观毕至"（《汉书》卷五一《贾山传》），全国交通网的基本形成，成为大一统的专制主义王朝施行统治的重要条件。

汉代帝王也同样将交通建设看作执政的首要条件。汉武帝时"治南夷道""治雁门险阻""通回中道"等事，都录入《汉书》帝纪。作褒斜道，通漕渠，也由汉武帝亲自决策动工（《史记》卷二九《河渠书》）。王莽"以皇后有子孙瑞，通子午道"（《汉书》卷九九上《王莽传上》），汉顺帝"诏益州刺史罢子午道，通褒斜路"（《后汉书》卷六《顺帝纪》）等，都说明重要交通工程，往往由最高统治中枢规划组织。

在汉王朝开边斥地的事业中，交通的意义尤为显著。对朝鲜和南越的战争都以"楼船军"为主力。西南地区的开发，亦以"通西南夷道"为基础。"与汉隔绝，道里又远"的西域诸国所以"咸乐内属"，当然与"相属不绝"的使者和"壮健""敢徙"的军人的交通实践有关（《汉书》卷九六下《西域传下》）。而匈奴"戎马之足轻利"（《盐铁论·备胡》），交通方面曾具有较强实力。汉武帝大修马政，使军队的交通能力显著提高，而后方的军需供应亦得到保证之后，终于出师击败匈奴。交通建设的成就，使大一统帝国统治的广度和强度均达到空前的水平。

秦汉时期交通系统的功能对于政治稳定的意义，还表现在其效率之高，可以使中央政府的政令能够迅速及时地传达到各地基层，因而大多可以有效地落实。政务军务紧急时，还可以通过驿传系统提高信息传递的速度。赵充国自金城申奏军事计划至汉宣帝批复后颁下，往返不过7天，驿递行速达到每天 400 公里以上。《汉旧仪》关于汉代驿骑传递的形式，也说到"昼夜千里为程"的行程定额。

驿传制度曾经是中央政府良好的行政效能和坚强的统治力量的交通保障。而东汉末年，随着交通系统的衰落，政府的行政效能也相应受到影响。汉献帝初平五年正月已改元兴平，而《隶释》卷一《益州太守高联修周公礼殿记》记述九月事却仍然使用"初平"年号。《隶释》的编纂者洪适分析，其原因在于"天下方乱，道路拥隔，置邮到蜀稽晚也"。《隶续》卷三《建平郫县碑》以及新疆拜城《刘平国等作列亭诵》，也有反映类似情况的内容。

2. 交通进步为秦汉经济的运行提供了便利

自秦汉大一统体制建立之后，政府移民实边，而"富商大贾周流天下，交易之物莫不通"（《史记》卷一二九《货殖列传》），生产与消费都冲破了原来的地域界限。所谓"农工商交易之路通"（《史记》卷三〇《平准书》）的经济形势的形成，正是以交通建设的成就为条件的。

云梦睡虎地秦简《田律》中有政府要求各地及时上报农田降雨、受灾以及作物生长情况的内容，规定近县由"轻足"专程递送，远县通过邮驿系统传送，必须在限定时间内送达。中央政府于是可以凭借交通条件，严密注视生产进度，进而实施必要的管理与指导，进行具体的规划与部署。例如汉武帝元狩三年（前 120）"遣谒者劝有水灾郡种宿麦"（《汉书》卷六《武帝纪》），汉成帝阳朔四年（前 21）"令

二千石勉劝农桑，出入阡陌，致劳来之"（《汉书》卷一〇
《成帝纪》），汉安帝永初三年（109）"诏长吏案行在所，皆
令种宿麦蔬食，务尽地力"（《后汉书》卷五《安帝纪》）
等，都是政府利用交通条件进行生产鼓动和生产组织的史
例。

　　高度集权的专制政府可以调度各地的运输力量转送当地
农产品以满足军国需用，往往"转漕甚辽远"（《史记》卷
三〇《平准书》），"运行数千里不绝于道"（《汉书》卷五一
《枚乘传》）。汉武帝时，开始推行体制全新的均输制度，以
往重复运输、过远运输、对流运输等不合理运输所导致的
"天下赋输或不偿其僦费"的现象于是有所扭转（《史记》卷
三〇《平准书》）。交通运输的进步，愈益使各经济区都融
并入"财物流通，有以均之"（《盐铁论·通有》）的经济共
同体之中，经济意义上"海内为一"（《史记》卷一二九《货
殖列传》）的局面终于形成。

　　在以发达的交通条件为基础的这种经济体制下，当遭遇
严重的自然灾害时，政府可以调度运输力量"转旁郡钱谷以
相救"（《汉书》卷九《元帝纪》），同时统一组织安置灾民。
如汉武帝元鼎二年（前115）"水潦移于江南"，于是"下巴
蜀之粟致之江陵"（《汉书》卷六《武帝纪》），又"令饥民
得流就食江淮间，欲留，留处"（《汉书》卷二四下《食货志
下》）。正如《盐铁论·力耕》所说，"均输之物"的作用，
可以"流有余而调不足"，"赈困乏而备水旱之灾"。

　　秦汉时期交通成就对于经济发展的有力推动，突出体现
为商运的空前活跃极大地促进了物资的交流，"农商交易，

以利本末"(《盐铁论·通有》)，因而使得经济生活表现出前所未有的活力。当时，"重装富贾，周流天下，道无不通"(《史记》卷一一八《淮南衡山列传》)，"千里游敖，冠盖相望，乘坚策肥"(《汉书》卷二四上《食货志上》)，"船车贾贩，周于四方"(《后汉书》卷四九《仲长统传》)，"东西南北，各用智巧"(《汉书》卷七二《贡禹传》)。以繁忙的交通活动为基础的民间自由贸易，冲决政府抑商政策的重重限遏，对于秦汉经济的繁荣表现出显著的历史作用。

3. 交通进步为秦汉文化的发育创造了条件

汉代学者许慎曾经这样评述战国时代的文化形态："分为七国，田畴异亩，车涂异轨，律令异法，衣冠异制，言语异声，文字异形。"秦始皇多次风尘仆仆巡行东方的动机，其实有追求文化汇同的理想为基点。琅邪台刻石所谓"匡饬异俗"，之罘刻石所谓"远迩同度"，会稽刻石所谓"人乐同则"(《史记》卷六《秦始皇本纪》)，其实都可以理解为克异求同的文化统一的宣言。

不过，秦末至于汉初，仍然可以看到不同地域间文化风格的鲜明差异。刘邦准备任用故秦骑士为骑将，被任用者却以"臣故秦民，恐军不信臣"婉拒(《史记》卷九五《樊郦滕灌列传》)。曹丘生谓季布"仆楚人，足下亦楚人也"，"何足下距仆之深也"(《史记》卷一〇〇《季布栾布列传》)。也体现出当时民间人际情感方面浓重的地方主义色彩。汉并天下后，刘邦以"齐王韩信习楚风俗，徙为楚王"，又封子刘肥为齐王，"民能齐言者皆属齐"（《史记》卷八《高祖本纪》），可见各地民俗方言仍然难以相互沟通。所谓"楚人沐猴而冠"（《史记》卷七《项羽本纪》）以及所谓"齐虏"（《史记》卷九九《刘敬叔孙通列传》）的说法，也表现出交通隔绝的各地区间人们相互鄙视的心理倾向。

各地区间文化的进一步融汇，是在再一次出现交通建设高潮的汉武帝时代实现的。

汉武帝开通多处交通干线，凿通漕渠，使河渭水运达到新的水平。又打通了西域道路，令汉王朝的威德播扬于中亚。发"楼船军"浮海，更是交通史上的壮举。他还多次组织大规模远征和数以十万计的移民运动。其"巡狩所幸郡国凡四十九"（《汉书》卷七五《夏侯胜传》），行旅活动，成为他的政治实践的主要内容之一。正是在汉武帝时代，数十年来多次挑起战争，策动割据的地方分裂势力终于被基本肃清。也正是在这一时期，楚文化、秦文化和齐鲁文化大体完成了合流的历史过程。西汉初年陕西、山西、河南、湖北、内蒙古、四川等地多见的秦式墓葬，这时也已经不复存在。也正是在汉武帝时代，秦隶终于为全国文化界所认可。《礼记·中庸》说到"天下车同轨，书同文"，秦始皇曾经有"车同轨，书同文字"的政治宣传（《史记》卷六《秦始皇本纪》）。然而文字的统一，其实到汉武帝时方得实现。汉武帝推行"罢黜百家，表章《六经》"（《汉书》卷六《武帝纪》）的文化政策，结束了"师异道，人异论，百家殊方"的局面，于是"令后学者有所统一"（《汉书》卷五六《董仲舒传》），中国文化史从此进入了新的历史阶段，这一历史转变的完成，也是与几代学人千里负笈、游学求师的交通现象有关的。

尽管汉武帝时代交通建设的成就为统一的汉文化的发育创造了条件，从司马迁《史记》卷一二九《货殖列传》的记述中仍然可以看到各地文化风情的差异。班固《汉书》卷二八下《地理志下》也有关于各地风俗隔离与演变的记录。其中还特别说到汉以来风俗史的特殊背景，即所谓"汉承百王之末，国土变改，民人迁徙"。秦汉包括交通条件演变在内的历史变迁，确实使社会文化面貌发生了重要的变化。各地区的文化差异，随着交通的进步已经较前代逐渐淡化。黄河流域在西汉晚期至于东汉，已经可以大致归并为关东（山东）、关西（山西）两个基本文化区。《汉书》卷六九《赵充国传》："秦汉以来，山东出相，山西出将。"《后汉书》卷五八《虞诩传》也说："谚曰：'关西出将，关东出相。'"《晋书》卷一一八《姚兴载记下》也可见"古人有言，关东出相，关西出将，三秦饶俊异，汝颖多奇士"的说法。由于各地文化基础的不一致和相互文化交往的不充分，以致两个基本文化区人才素养的倾向也表现出显著的差异。而东汉以后由于军役往来、灾民流徙、异族南下、边人内迁等特殊的交通活动的作用，进一步加速了文化融合的进程。扬雄《方言》中的某些方域语汇，到了郭璞《方言注》的年代，已经成为各地通语，许多关西关东方言，当时已经混化。魏晋以后，于是出现了江南、江北两个文化区并峙的局面。由"关东·关西"到"江南·江北"之文化区划的演变，其实有交通条件的作用。

回顾文化史的进程，应当肯定交通建设对于秦汉文化统一的积极意义。正如孙毓棠曾经指出的："交通的便利，行旅安全的保障，商运的畅通，和驿传制度的方便，都使得汉代的人民得以免除固陋的地方之见，他们的见闻比较广阔，知识易于传达。汉代的官吏士大夫阶级的人多半走过很多的地方，对于'天下'知道得较清楚，对于统一的信念比较深。这一点不仅影响到当时人政治生活心理的健康，而且能够加强了全国文化的统一性，这些都不能不归功于汉代交通的发达了。"（孙毓棠：《汉代的交通》，《中国社会经济史集刊》第7卷第2期）

4. 交通进步为秦汉社会的世界交往开拓了路径

交通进步为秦汉社会的世界认识扩展了视野，也为秦汉社会的世界交往开拓了路径。

《史记》卷一二九《货殖列传》"汉兴，海内为一，开关梁，弛山泽之禁，是以富商大贾周流天下，交易之物莫不通，得其所欲……"类似的表述经济，如上文引述《史记》卷一一八《淮南衡山列传》"重装富贾，周流天下，道无不通"语，言秦汉经济因交通进步获得的便利条件。此伍被与淮南王语，全句曰："重装富贾，周流天下，道无不通，故交易之道行。南越宾服，羌僰入献，东瓯入降，广长榆，开朔方，匈奴折翅伤翼，失援不振。虽未及古太平之时，然犹为治也。"交通的作用，使得经济文化联系扩展至于中原以外"南越""羌僰""东瓯"以及"朔方""匈奴"地方。

汉武帝建元年间，汉中人张骞以郎的身份应募接受联络大月氏的使命，率众自长安出发西行。途中遭遇匈奴人，被拘禁十余年方得逃脱。张骞继续履行使命，又西越葱岭，行至大宛，抵达大月氏。后来在归途中又被匈奴俘获，一年后乘匈奴内乱，于元朔三年（前126）回到长安。张骞出行时随从百余人，最终只有两人生还。他亲身行历大宛、大月氏、大夏、康居诸国，又细心调查了附近国家的国情，向汉武帝作了汇报。张骞的西域之行，以前后13年的艰难困苦为代价，使中原人得到了前所未闻的关于西域的知识，同时使汉王朝的声威和汉文化的影响传播到了当时中原人世界观中的西极之地。张骞又曾跟随大将军卫青出击匈奴。因为了解地理情势及水草资源，为远征军的胜利提供了交通条件的保障，功封博望侯。张骞又奉命出使乌孙。乌孙遣使送张骞归汉，又献马报谢。后来与汉通婚，一起进军击破匈奴。此后，汉与西域的通使往来十分频繁，民间商贸也得到发展。西域地区50国接受汉帝国的封赠，佩带汉家印绶的侯王和官员多至376人。而康居、大月氏、安息、罽宾、乌弋等绝远之国也有使者与汉往来，据说一时诸国"莫不献方奇，纳爱质"（《后汉书》卷八八《西域传》），于是"异物内流则国用饶"（《盐铁论·力耕》）。据《史记》卷一二三《大宛列传》，张骞在大夏见到据说"得蜀贾人市"的"蜀布邛竹杖"，获知巴蜀有通往身毒即今印度的道路。汉武帝"乃令骞因蜀犍为发间使，四道并出"，"皆各行一二千里"，探求更为便捷的联系西域的道路。这一方向交通事业的开创，后人以为西南丝绸之路（王子今：《海西幻人来路考》，《秦汉史论丛》第 8 辑，云南大学出版社 2001 年 9 月版）。

《史记》卷一二三《大宛列传》于"西北国始通于汉矣"句后写道："然张骞凿空，其后使往者皆称博望侯，以为质于外国，外国由此信之。"司马迁以"凿空"一语，高度赞扬张骞的历史功绩。而以徐市东渡事迹为标志的东洋航路的开通，以及南洋航路以"黄金杂缯"换取远国珍宝的贸易活动，都是具有世界史意义的创举（王子今：《秦汉时期的东洋与南洋航运》，《海交史研究》1992 年 1 期）。当时的海洋通道除了经济交往的意义之外，佛教传入，也形成了融汇中华文化的历史潮流。

汉帝国的使团："远而有光华"

《诗经·小雅》中有一篇《皇皇者华》。"我马维骐""载驰载驱"的名句，就出自其中。汉代学者解释《诗经》，认为这一诗篇的主题，是写述君王派遣使臣，以礼乐隆重送行的情形，"言远而有光华也"。历史上的远行使者将中国文化的"光华"播扬至于海外，于是他们的姓名在文化史上也因此发放出永远的"光华"。回顾他们艰辛万里，"载驰载驱"的事迹，既是一种纪念，也可以充实我们对于中国历史的认识。通过中国古代远程出使的记录，也可以发现中国文化传统的若干特质。

1. 张骞"奉使"成功

汉武帝时代是古代中国的英雄时代。

在汉武帝时代，数十年来多次挑起战争，策动割据的地方分裂势力终于被基本肃清。也正是在这一时期，楚文化、秦文化和齐鲁文化大体完成了合流的历史过程。西汉初年陕西、山西、河南、湖北、内蒙古、四川等地多见的秦式墓葬，这时也已经不复存在。也正是在汉武帝时代，秦隶终于为全国文化界所认可。《礼记·中庸》说到"天下车同轨，书同文"，从《史记·秦始皇本纪》中也可以看到，秦始皇曾经有"车同轨，书同文字"的政治宣传。然而文字的真正统一，其实到汉武帝时方得实现。在这一时期，中国以大一统为基本形式的高度集权的专制主义政治体制得以定型，以汉民族为主体的文化共同体得以基本形成，以儒学作为思想定式的制度也开始出现。汉武帝推行"罢黜百家，表章《六经》"（《汉书》卷六《武帝纪》）的文化政策，结束了"师异道，人异论，百家殊方"的局面，于是"令后学者有所统一"（《汉书》卷五六《董仲舒传》），中国文化史从此进入了新的历史阶段。

在帝制时代，作为最高执政者的帝王在位时期的长短，往往会对历史进程有重要的影响。汉武帝是大一统政体实现以来在位时间仅次于清代康熙帝（在位 61 年）和乾隆帝（在位 60 年）的皇帝。当然，在位时间长，未必一定能够实现政权的稳固和社会的安定。但是汉武帝在位的 54 年间，确实是政治取得非凡成功的时代。而当时的文化建设，也取得了突出的进步。班固说，汉武帝时代在文化方面提供了伟大的历史贡献，重要原因之一，是汉武帝能够"畴咨海内，举其俊茂，与之立功"，就是以宽怀之心，广聚人才，给予他们文化表演的宽阔舞台，鼓励他们充分发挥自己的文化才干。班固在《汉书》卷五八《公孙弘卜式儿宽传》后的赞语中列数当时许多身份低下者受到识拔，终于立功立言的实例，指出正是由于汉武帝的独异的文化眼光，使得这些人才不致埋没，于是"群士慕向，异人并出"，形成了历史上引人注目的群星璀璨的文化景观。如班固所说，当时，"儒雅"之士，"笃行"之士，"质直"之士，"推贤"之士，"定令"之士，"文章"之士，"滑稽"之士，"应对"之士，"历数"之士，"协律"之士，"运筹"之士，"奉使"成功之士，"将率"果毅之士，"受遗"而安定社稷之士等，不可胜记。班固所谓"汉之得人，于兹为盛"的总结，是符合历史事实的。也正是因为有这样一些开明干练的"群士""异人"能够焕发精神，多所创建，这一历史时期"是以兴造功业，制度遗文，后世莫及"。

不过，这一现象的出现，并不完全如班固所说，完全是汉武帝个人的作用。群星的闪耀，是因为当时社会文化的总体背景，曾经形成了中国古代历史中并不多见的澄静的晴空。

当时，除了卫青、霍去病、李广等杰出的军事人才而外，司马迁、董仲舒、桑弘羊、司马相如、李延年等人的文化贡献，也使得他们在千百年后，依然声名响亮。在汉武帝时代的英雄谱中，张骞的姓名也是位于前列的。

张骞作为以中原大一统王朝官方使者的身份开拓域外交通道路的第一人，对于发展中西交通的功绩，确实有"凿空"的意义。

西汉时期，玉门关和阳关以西的地域即今新疆乃至中亚地区，曾经被称作"西域"。西汉初年，今新疆地区的所谓狭义的"西域"计有三十六国，大多分布在天山以南塔里木盆地南北边缘的绿洲上。汉武帝听说匈奴的宿敌大月氏有报复匈奴之志，于是招募使者出使大月氏，希望能够形成合力夹击匈奴的军事联盟。汉中人张骞应募，率众100余人在建元二年（前139）出发西行。途中遭遇匈奴人，被长期拘禁，历时10年左右方得逃脱。张骞继续履行使命，又西越葱岭，行至大宛（今吉尔吉斯斯坦、乌兹别克斯坦费尔干纳盆地），经康居（今哈萨克斯坦锡尔河中游地区），抵达已经定居在今乌兹别克斯坦阿姆河北岸，又统领了大夏（今阿富汗北部）的大月氏。然而大月氏因新居地富饶平安，无意东向与匈奴进行复仇战争。张骞只得东返，到大夏，然后改由南道回归。在归途中又被匈奴俘获，扣留1年多，趁匈奴内乱，方于元朔三年（前126）回到长安。张骞出行时随从百余人，13年后，只有2人得以生还。他亲身行历大宛、大月氏、大夏、康居诸国，又对附近五六个大国的国情细心调查了解，回长安后将有关信息向汉武帝作了汇报。张骞的西域之行，以前后13年的艰难困苦为代价，使中原人得到了前所未闻的丰富的关于西域的知识，同时使汉王朝的声威和汉文化的影响传播到了当时中原人世界观中的西极之地。

张骞出使之艰险，是显而易见的。不说匈奴武装力量的威胁，只是自然条件的险恶，已经为一般中原人所惊畏。南朝陈人江总《陇头水》诗写道："陇头万里外，天崖四面绝。人将蓬共转，水与啼具咽。惊湍自涌沸，古树多摧折。传闻博望侯，苦辛持汉节。"（《文苑英华》卷一九八）诗句中所见行旅的危难，并不是没有根据的空言。

汉武帝元朔六年（前123），张骞跟随大将军卫青出击匈奴。司马迁在《史记》卷一一一《卫将军骠骑列传》中写道，张骞从大将军出征，因为曾经出使大夏，在匈奴活动地域长期居留，了解地理情势，熟悉水草资源，于是担任向导，远征军于是没有饥渴之忧。张骞又因为此前有远使绝国之功，被封为博望侯。事实上，张骞的所谓军功，也基于出使时的经验。张骞为将军时，因指挥战事不利而致罪，失侯后，又以对西域地区地理人文的熟悉，建议汉武帝联合乌孙（主要活动地域在今伊犁河流域），汉武帝于是拜张骞为中郎将，率300人出使乌孙，使团携运的用以交结友好的物资相当丰富，牛羊金帛数以万计。张骞抵达乌孙后，又派副使前往大宛、康居、月氏、大夏等国。乌孙遣使送张骞归汉，又献马报谢。后来终于与汉通婚，一起进军击破匈奴。张骞圆满地完成了他的政治军事使命，然而他的历史功绩，主要还是作为文化使者而创造的。

汉军击破匈奴，打通河西通道之后，汉武帝元狩四年（前119），张骞再次奉使西行，试图招引乌孙东归。这一目的虽然没有实现，但是通过此行，加强了汉王朝和西域各国之间的联系。此后，汉与西域的通使往来十分频繁，民间商贸也得到发展。西域地区50国接受汉帝国的封赠，佩戴汉家印绶的侯王和官员多至376人。而康居、大月氏、安息（今伊朗）、罽宾（今克什米尔斯利那加地区）、乌弋（今阿富汗坎大哈地区）等绝远之国也有使者频繁往来，据说一时诸国"莫不献方奇，纳爱质"（《后汉书》卷八八《西域传》），于是"异物内流则国用饶"（《盐铁论·力耕》）。

张骞在中亚的大夏时，曾经见到邛竹杖和蜀布，得知巴蜀有西南通往身毒（今印度）的道路。"身毒"，也作"天竺""贤豆""捐笃"，都是"印度"的音译。从四川、云南进入印度地区，当时确实有再转而西向大秦的交通路线。汉武帝根据这一发现，在元狩元年（前122）派使者从巴蜀启行，试图由此实现和西域的交通。于是，汉王朝和当时称作"西南夷"的西南地区滇、夜郎等部族的文化联系逐渐密切起来。这条道路，有人称之为"西南丝绸之路"。云南晋宁出土的西汉青铜双人盘舞透雕饰件，舞人足踏长蛇，双手各执一盘，舞姿带有明显的印度风格。类似的文物资料，都可以证明这一通路在当时联系着中国西南地区与印缅地方的历史事实。"西南丝绸之路"后来曾经十分畅通，东汉所谓"海西幻人"即西亚杂技艺术家们，就曾多次经由这一通道来到洛阳表演。

由于张骞的努力，西域与汉帝国建立了正式的联系。张骞因此在西域地区享有很高的威望。后来的汉使，多称"博望侯"以取信于诸国。传说许多西域物产，如葡萄、苜蓿、石榴、胡桃、胡麻等，都是由张骞传入中土，这样的说法未必完全符合史实，但是张骞对正式开通丝绸之路的首功，却是永远不能磨灭的。唐人诗作中，"博望侯"已经成为英雄主义的一种文化象征，而与代表当时时代精神的侠风相联系。如虞羽客《结客少年场行》诗写道："寻源博望侯"，"长驱背陇头"。"天山冬夏雪，交河南北流。""轻生殉知己，非是为身谋。"（《乐府诗集》卷六六）也有将张骞事迹作为忠于国家的榜样的，如张说《将赴朔方军应制》诗："胆由忠作伴，心固道为邻。""剑舞轻离别，歌酣忘苦辛。从来思博望，许国不谋身。"（《全唐诗》卷八八）

2. "天马出西北，由来从东道。"

《史记》卷一二三《大宛列传》记载，汉武帝起初以《易》书卜问，得到兆示，说："神马当从西北来。"他接受张骞出使乌孙之后乌孙王所献良马，命名为"天马"。后来又得到更为骠壮的大宛的"汗血马"，于是把乌孙马改称为"西极"，将大宛马称为"天马"。据说汉武帝为了追求西方的良马，派遣使者往来西域，络绎不绝。汉武帝得到西域宝马之后，曾经兴致勃勃地作《天马歌》，欢呼这一盛事：

> 太一贡兮天马下，沾赤汗兮沫流赭。
> 骋容与兮蹈万里，今安匹兮龙为友。

太初四年（前101），汉武帝在得到大宛汗血马之后，又作《西极天马歌》：

> 天马徕，从西极。经万里兮归有德。
> 承灵威兮降外国，涉流沙兮四夷服。

可以看到，汉武帝渴求"天马"，并不是仅仅出于对珍奇宝物的一己私爱，而是借以寄托着一种骋步万里、降服四夷的雄心。而我们也不能忘记，"天马"西来，所循行的正是张骞使团车队的辙迹。

"天马"远来的汉武帝时代，正是当政者积极开拓中西交通，取得空前成功的历史时期。当时，据说"殊方异物，四面而至"，"赂遗赠送，万里相奉"（《汉书》卷九六下《西域传下》）。国外有的汉学家评价当时西域丝绸之路开通的意义时，曾经指出，"其在中国史的重要性，绝不亚于美洲之发现在欧洲史上的重要"（俄罗斯学者比楚林〔Бичурин〕语，见〔苏〕狄雅可夫、尼科尔斯基编：《古代世界史》，日知译，中央人民政府高等教育部教材编审处 1954 年版，第224 页）。新疆罗布泊地区出土的汉代锦绣图案中"登高明望四海"的文字，正体现了当时汉文化面对世界的雄阔的胸襟。

"天马"，实际上已经成为象征这一时代中西交通取得历史性进步的一种文化符号。三国魏人阮籍《咏怀》诗："天马出西北，由来从东道。"（《文选》卷二三）唐人王维《送刘司直赴安西》诗："苜蓿随天马，蒲桃逐汉臣。"（《全唐诗》卷一二六）清人黄遵宪《香港感怀》诗："指北黄龙饮，从西天马来。"（《人境庐诗草》卷一）都反映"天马"悠远的蹄声，为西汉时期中西交通的成就，保留了长久的历史记忆。鲁迅曾经热情盛赞汉代社会的文化风格："遥想汉人多少闳放"，"毫不拘忌"，"魄力究竟雄大"。我们通过对中西交通的考察，可以对当时民族精神的所谓"豁达闳大之风"（鲁迅：《坟·看镜有感》），有更深刻的认识。

3. 长罗侯常惠

在著名的苏武出使故事中，苏武和他的副使常惠一同被匈奴拘禁 19 年，直到汉昭帝始元六年（前 81）方才回到汉地。常惠后来拜为光禄大夫，因为"明习外国事"，转任典属国、右将军。

常惠在本始三年（前 71）护乌孙兵与汉兵五道击匈奴，因功封长罗侯。

常惠曾经六至乌孙，一伐龟兹，又曾出车师北千余里，援救被匈奴围困的侍郎郑吉。在西汉王朝与乌孙之间的往来外交活动中，常惠发挥了重要的作用。

近年甘肃敦煌汉代悬泉置遗址的考古发掘取得重要收获，出土木简所记录的接待长罗侯及其随从往来费用的资料，可以增益我们对这一时期中西交往的认识。

4. "班定远""出入玉门关"

东汉时期，被封为"定远侯"的班超，也曾经为中西交通的发展创立过不朽的历史功绩。

班超少时家贫，常为官府抄录文书以维持生计，长久劳苦不堪，一次，辍业投笔，感叹道：大丈夫没有其他的志略，也应当仿效张骞等人立功异域，以取封侯，难道能够长期在笔砚间消磨生命吗？胸怀"当封侯万里之外"之志的班超，后来果然从军出击匈奴，又使西域，平定 50 余国，以功封定远侯。"投笔从戎"之典，正因班超事迹而为人们所熟知。

匈奴势力西移后，更加强了对西域地区的控制。王莽时代西域 55 国，北道诸国受匈奴控制。莎车（今新疆莎车）

王康曾经屏护受到匈奴攻击的汉王朝西域都护吏士及其眷属千余人，在塔里木盆地西端与临进诸国军队一同抗击匈奴的侵犯。汉光武帝建武五年（29），莎车王康致书河西，询问中原形势。河西大将军窦融承制立康为"汉莎车建功怀德王西域大都尉"。建武十四年（38），莎车王贤与鄯善王安遣使请汉王朝派都护到西域，汉光武帝刘秀无力用兵西北，不得不拒绝。此后匈奴因旱蝗之灾，国力衰竭，莎车骄横一时，攻掠西域诸小国。于是建武二十一年（45）有车师前部（今新疆吐鲁番西北）、鄯善（今新疆若羌）、焉耆（今新疆焉耆）等18国遣王子入侍，再次请求汉王朝派遣都护，汉光武帝以中国初定，北边未服，没有满足这一愿望。因都护不出，莎车王贤致鄯善王安书，令绝汉通道，鄯善王安拒绝，杀其使。莎车发兵攻鄯善，又兼并龟兹。鄯善王上书，再请都护，宣称如果都护不出，则将臣服于匈奴。汉光武帝刘秀答复道："今使者大兵未能得出，如诸国力不从心，东西南北自在也。"表示任由诸国执政者自主，实际上放弃了中央政府对于西域的控制权。于是鄯善、车师（今新疆吐鲁番附近）、龟兹（今新疆库车）等国均归属匈奴。后来攻灭莎车的于阗（今新疆和田南），也为匈奴所控制（《后汉书》卷八八《西域传》）。

汉明帝永平十六年（73），窦固将兵伐北匈奴，班超率部别击伊吾（今新疆哈密西北），战于蒲类海（今新疆巴里坤湖），有功。次年，东汉以陈睦任西域都护。窦固占领伊吾后，派假司马班超率吏士36人出使西域南道诸国，争取他们与东汉军队合力抗击匈奴。

班超先到鄯善，当时也有匈奴使者前来，鄯善王首鼠两端，态度暧昧。班超以"不入虎穴，不得虎子""死无所名，非壮士也"的壮烈言辞激励随行者，夜烧匈奴使者营幕，杀匈奴使者，鄯善"一国震怖"。班超控制鄯善后，又西行于阗，迫使于阗王攻杀匈奴使者，归降东汉。永平十七年（74），班超又前往西域西部的疏勒（今新疆喀什），废亲匈奴的龟兹王所立疏勒王，另立亲汉的疏勒贵族为王。

永平十八年（75），汉明帝去世，焉耆以中国大丧，攻没西域都护陈睦，班超孤立无援。汉章帝建初元年（76），东汉撤销西域都护，召班超归国。疏勒、于阗等国担心匈奴卷土重来，苦留班超。班超于是决意留驻西域。他果断地镇压了疏勒国中亲匈奴的势力，又请得东汉王朝援兵，迫使倾向匈奴的莎车投降，又击败了龟兹援救莎车的军队。西域南道于是畅通。

汉和帝永元二年（90），贵霜（辖地包括今阿富汗、巴基斯坦及印度西部）远征军 7 万越过葱岭入侵。班超坚壁清野，进犯者钞掠无所得，联络龟兹以求救，又为班超伏兵截击，于是被迫撤军。永元三年（91），龟兹、姑墨（今新疆温宿）、温宿（今新疆乌什）都归降东汉王朝。东汉朝廷以班超为西域都护，驻守龟兹。永元六年（94），班超发龟兹、鄯善等 8 国兵 7 万余众征讨焉耆。焉耆王降。

班超以坚定勇毅的风格用兵镇伏反对汉王朝的势力，威震西域。西域 50 余国于是都专心归服，遣质子臣属于汉。东汉王朝封班超为定远侯。

班超在西域从事外交、军事活动 31 年，经历了汉明帝、汉章帝、汉和帝三代皇帝执政的时期，始终能够宽简为政，团结吏士，人心向附，威望甚高。他以艰苦的人生实践，推进了汉文化在西北方向的传播。永元十二年（100），班超"自以久在绝域，年老思土"，上疏请求回归中土，其中有"臣不敢望到酒泉郡，但愿生入玉门关"等语，言辞十分恳切。班超的妹妹班昭也上书请求准许班超入塞回乡。其中也写道，班超以一身转侧绝域，往来各国宣扬汉王朝的国威，至今已经30年。骨肉生离，不复相识。当初相随的友伴，都已经亡故。班超在其中年纪最长，现在已经接近70岁，衰老被病，头发尽白，两手麻痹，耳目迟钝，手扶木杖方能够勉强前行。"妾诚伤超以壮年竭忠孝于沙漠，疲老则便捐死于旷野，诚可哀怜。"汉和帝为她的言辞所感动，终于准许班超返回内地。班超于永元十四年（102）回到洛阳，同年九月病逝，时年71岁（《后汉书》卷四七《班超传》）。唐人胡曾《玉门关》诗写道："西戎不敢过天山，定远功成白马间。半夜帐中停烛坐，唯思生入玉门关。"（《全唐诗》卷六四七）又令狐楚《从军行》诗："暮雪连青海，阴云覆白山。可怜班定远，出入玉门关！"都因这一故事发表感叹。班超在西域的军事外交实践，使这一地区和中原的联系空前密切，为东西文化的交往创造了必要的条件。

5.甘英叹海：读史者的无穷之憾

汉和帝永元九年（97），班超派遣甘英出使大秦（即罗马帝国的东部地区）。甘英的使团来到在今伊拉克境内的条支海滨，安息西界人说到海上航行的艰难："前方海域广阔，往来者如果逢顺风，要三个月方能通过。若风向不理想，也有延迟至于两年之久的，因此入海者都不得不携带三年口粮。海中情境，令人思乡怀土。船行艰险，多有因海难而死亡者。"甘英于是知难而止，没有继续西行。后来有人推测，安息人阻挠汉人西入大秦，是为了垄断丝绸贸易。梁启超后来就此曾经发表言辞深切的感慨：

> 班定远既定西域，使甘英航海求大秦，而安息人（波斯）遮之不得达，谬言海上之奇新殊险，英遂气沮，于是东西文明相接触之一机会坐失。读史者有无穷之憾焉。

历史的偶然事件，或许确实是由必然的规律所决定的。如梁启超所说，"我国大陆国也，又其地广漠，足以资移植，人民无取骋于域外"，"谓大陆人民，不习海事，性使然也"，这应当是"海运业自昔不甚发达"，"航业不振"的主要原因（梁启超：《祖国大航海家郑和传》，《饮冰室合集》专集第3册）。

甘英虽然未到大秦即中止西行，但是也创造了中国古代王朝官方使节外交活动之西行极界的历史纪录。这一极点，在元明时代之前的一千多年间，一直没有被超越。唐代诗人杜牧在《郡斋独酌》诗所谓"甘英穷西海，四万到洛阳"（《全唐诗》卷五二〇），说到甘英的功业。"四万"，是指从汉王朝西境到洛阳的行程计四万里。

虽然甘英作为东汉帝国的正式外交代表对于越海远行的

保守态度留下了永久的历史遗憾，但是这一时期民间商队的往来却并没有中止。罗马著名学者普林尼（Pliny，公元23—79年）在他的名著《博物志》中记载了中国丝绸运销罗马的情形：

> （赛里斯）其林中产丝，驰名宇内。丝生于树叶上，取出，湿之以水，理之成丝。后织成锦绣文绮，贩运至罗马。富豪贵族之妇女，裁成衣服，光辉夺目。由地球东端运至西端，故极其辛苦。赛里斯人举止温厚，然少与人接触，贸易皆待他人之来，而绝不求售也。

当时中原与西亚、非洲乃至欧洲的联系，有许多历史现象可以说明。从徐州贾旺东汉画像石中的麒麟画面看，当时人已经有了对于出产于埃塞俄比亚和索马里的长颈鹿的认识。山东曲阜和嘉祥出土的汉画像石以及江苏连云港孔望山摩崖石刻所见裸体人像，据有的学者研究，"都间接出自希腊罗马的裸体石雕艺术"（沈福伟：《中西文化交流史》，上海人民出版社1985年12月版，第70页至第72页）。

在班超经营西域以及甘英试探西海之后，汉桓帝延熹九年（166），大秦王安敦，即罗马皇帝马可·奥勒留（Marcus Aurelius Antoninus，公元161—180年在位）派使者来到洛阳，实现了中国和罗马帝国的第一次正式接触。罗马帝国和东汉王朝两个大国，东方和西方两个文化系统，于是有了正式的外交往来。

西北古代的交通与长城

班彪《北征赋》写道："涉长路之绵绵兮，远纡回以谬流。过泥阳而太息兮，悲祖庙之不修。释余马于彭阳兮，且弭节而自思。""越安定以容与兮，遵长城之漫漫。剧蒙公之疲民兮，为强秦乎筑怨。"陕西历史博物馆组织的"96'中国西北专线考察"行经陕甘宁。进入甘肃、宁夏的路线，恰与班彪《北征赋》所说的路线相当。所谓"涉长路之绵绵兮""遵长城之漫漫"，正反映了古代交通和长城的关系。

其实，回顾古来重视交通和长城的关系的历史学者，应当首推司马迁。司马迁在《史记·蒙恬列传》中写道："太史公曰：吾适北边，自直道归，行观蒙恬所为秦筑长城亭障，堑山堙谷，通直道，固轻百姓力矣。"司马迁考察了"北边"，即所谓"起临洮属之辽东，城堑万余里"的长城工程，又考察了"直道"工程。他的这段话，既为交通史学者所重视，也为长城史学者所重视。

1. 涉长路·遵长城

1990年夏季，笔者曾经与张在明研究员（陕西文物保

护技术中心）、焦南峰研究员（陕西省考古研究所）、周苏平
教授（西北大学文博学院）等考古专家一同对秦直道南段进
行徒步考察，在陕西旬邑转角镇清理汉墓时发现有打印"泥
亭"戳记的陶罐。"泥亭"设置，应当与"泥阳"以及流经
"泥阳"地域的泥水（今马莲河）有关。秦直道循子午岭直
通南北，发现"泥亭"陶文的转角镇与"泥阳"和泥水分处
子午岭东西，可见直道两侧交通往来的便利。而流经转角镇
的河流，今称马栏河。马莲河和马栏河名称的相近，也说明
了这一事实。

此次"96'中国西北专线考察"，途经陕西永寿、彬县、
长武，西行甘肃平凉。通过了马莲河流域。一路高原大野，
和班彪《北征赋》所谓经行"泥阳""彭阳"，抵达"安定"
沿途的地貌相当。"安定"郡治，即今宁夏固原。

在固原的考察活动，包括踏勘秦长城遗址。观察秦长城
和交通道路的关系，可以察知长城防御系统在保障交通的同
时，本身也成为一种特殊的交通系统的情形。

长城工程在营建时，就促进了交通事业的发展。《史记》
卷一五《六国年表》和《史记》卷八八《蒙恬列传》都说，
"蒙恬将三十万众""筑长城"。《淮南子·人间》说："因发卒
五十万，使蒙公、杨翁子将筑长城"，"中国内地，挽车而饷
之。"所谓"三十万""五十万"者，仅指"卒"而言。长城
工程中作为"徒"的筑城人员更不在少数。张维华在《中国
长城建置考（上编）》中估计，长城工程劳役用工，"总在伍
士兵及戍卒与罪谪计之，当不下数百万人"。

云梦睡虎地出土秦《仓律》："城旦之垣及它事而劳与垣

等者，旦半夕参。"则筑城者每月口粮合二石五斗，每年计30石。由居延汉简中的材料可知，汉代戍边吏卒月食粟三石三斗三升少，计每年40石。姑且不考虑施工时木石等建筑材料的运输以及工程人员来往的需要，仅"中国内地挽车而饷之"的施工人员口粮，以100万人计，每年至少需3000万石以上。《九章算术·均输》："一车载二十五斛。"裘锡圭《汉简零拾》谈居延汉简所反映用车运输的情况，引述每车所载粮食为25石的简文多至十数例（《文史》第12辑）。大概汉时车载25斛是一般的定额。据秦汉运车的一般装载规格每车25斛计，转运这些粮食，每年需要运车120万辆次。施工人员分布长城沿线，连绵数千里，输运给养保证施工必然要求沿线交通道路的畅通。

长城作为军事防御设施必然要以交通道路作为辅助结构。自春秋晚期起，车战走向衰落，但秦汉之际兵车在战争中仍发挥一定的作用。秦始皇陵兵马俑军阵表现为以兵车为主、步骑为辅的形式。秦末及汉匈战争中仍有车战。如《史记》卷四八《陈涉世家》记载：起义军攻陈时，有车六七百乘，周文至关，有车千乘。《史记》卷一〇《孝文本纪》说，汉文帝十四年（前166），匈奴入边为寇，文帝发"车千乘，骑卒十万"往击匈奴。直到汉武帝时代，卫青、霍去病与匈奴战塞北，曾"令武刚车自环为营"（《史记》卷一一一《卫将军骠骑列传》）。李陵困于匈奴围中，也曾经"军居两山间，以大车为营"（《汉书》卷五四《李广传》）。秦汉时长城沿线巡边防卫以及出击，都当有兵车队列，大队兵车的通行必然要求交通道路的平整和畅通。

2. 西北长城的交通条件

秦汉长城防御体系由交通道路连贯为一体。其中最受重视的，应当是与长安的安全有重要关系的西北区段。

《史记》卷六《秦始皇本纪》记载，秦始皇曾"巡陇西、北地，出鸡头山，过回中"。陇西郡正在当时长城的西端，而所谓"鸡头山"，张守节《正义》引《括地志》："《后汉书·隗嚣传》云，'王莽塞鸡头。'即此也。"可见也是著名要塞。秦始皇三十二年（前215）东巡海上，又"巡北边，从上郡入"。5年后，秦始皇出巡途中病故沙丘平台，李斯、赵高秘不发丧，棺载辒凉车中，"从井陉抵九原"而后归，并不急于回归咸阳控制统治中枢，特意绕行北边，说明这次出巡的既定路线是巡行北边后由直道返回咸阳的。汉武帝元鼎五年（前112），曾由雍"至陇西，西登崆峒"（《史记》卷二八《封禅书》），元封元年（前110），汉武帝"行自云阳，北历上郡、西河、五原，出长城，北登单于台，至朔方，临北河"。同年，又北"至碣石，自辽西历北边九原归于甘泉"。元封四年（前107），汉武帝"通回中道，北出萧关，历独鹿、鸣泽，自代而还"（《汉书》卷六《武帝纪》）。司马迁《史记》卷八八《蒙恬列传》中所谓"吾适北边，自直道归，行观蒙恬所为秦筑长城亭障"，可能也是跟随汉武帝出行的经历。帝王出巡，常常随行大队车骑，如《续汉书·舆服志上》所谓"乘舆大驾"，"属车八十一乘，备千乘万骑"。秦始皇、汉武帝皆曾巡行长城防线的西北区段，沿途道路自当有可适应帝王乘舆通过的规模。皇帝出行，往往"郡国皆豫治道"（《汉书》卷二四下《食货志下》）。《盐铁论·散不足》也说到帝王出巡时，"数幸之郡县，富人以资佐，贫者筑道旁"的情形。秦皇汉武巡行西北长城，必然会促进"遵长城之漫漫"的交通道路的建设。

秦汉道路多为土质路面，遇雨雪难以通行，平时也需要经常养护维修。长城防区道路的建设和养护受到充分的重视。居延汉简中有这样的内容："●开通道路毋有章处□"（E.P.T65:173），可见修筑道路并保证其畅通，不使出现阻障，是长城防务人员的职责。又如"□□□车马中央未合廿步溜漉不可［行］"（E.P.T65:230），说明了对长城防区交通道路雨后养护的严格要求。通过"中央""廿步"等字样，也可以推想当地交通干线的规模。居延汉简中可见所谓"除道卒"（87.7、87.8），其身份大约就是专职筑路养路的士兵。甘谷汉简中说到"有警，□［吏］□［民］运给军粮"之外，尚需缴纳所谓"道桥钱"，甚至刘氏宗室也不能幸免，致使"役使不得安土业"（张学正：《甘谷汉简考释》，《汉简研究文集》，甘肃人民出版社 1984 年版，第 88 页至第 89 页）。可见为保证道路通达调发的劳役，成为当地居民的沉重负担。

3."以亭长兼行候事"

在长城防线构成之后，交通体系的作用首先在于强化防务，维持整个防御系统中各个边防城塞之间的联系。西北边地曾经设置最初属于交通系统，同时又有军事意义的"亭"。

《汉书》卷九六下《西域传下》："稍筑列亭，连城而西。"《史记》卷三〇《平准书》说，汉武帝"北出萧关，从数万骑，猎新秦中，以勒边兵而归。新秦中或千里无亭徼，于是诛北地太守以下"。可见"亭"在边防地区的作用。居延汉简中有亭燧、亭障、塞亭、燧亭、关亭、望亭、成亭诸称，"亭"逐渐与障、隧、候、塞等意义混同，由交通设置演化为军事组织的情形，可以说明长城防线上军事防御设施与交通道路的关系。居延汉简29.7"四月丙子肩水 北亭长敏以私印兼行候事"，陈梦家在《汉简考述》一文中指出："以亭长兼行候事犹以隧长兼行候事之例，则亭长属于候官系统。"他又曾根据汉简中的有关资料列出邮站表，指出"邮为传递文书的专门机构，它与亭、传、置、驿并为大道上有关交通的设置，且往往重叠于一处互相通用"，"表中所列，显然与塞隧相联系，因此所谓邮站多数为隧，少数为亭、驿、关"（陈梦家：《汉简缀述》，中华书局1980年12月版，第28页至第29页）。这一现象，可能是西北长城沿线地区与内地不同之处。居延地区亭长与燧长月奉钱均为六百，可归于同一秩别。又"三墩燧长徐宗自言故霸胡亭长"（3.4），"第十八隧长郑强徙补郭西门亭长"（258.15），也说明原本分管交通与警卫的亭燧长官职能相近，可以互调，应属于同一指挥系统。

从居延汉简提供的材料看，当地烽燧等许多防卫建筑确实靠近交通要道。例如金关同时又名"通道厩"（甘肃居延考古队：《居延汉代遗址的发掘和新出土的简册文物》，《汉简研究文集》，甘肃人民出版社1984年版，第486页），简文中还可见"道上亭驿□"（149.27）、"甲渠河南道上塞"
（E.P.F.16:3）、"县索关门外道上燧"（E.P.F16:6）、"临道亭
长"（308.17,E.P.T.52:7）、"当道田舍"（217.16）等字样。烽
燧障塞，如同甲胄零散的铁片，而交通道路就像坚韧的韦
带，将它们牢牢系结为一体。

4. 长城交通运输系统

交通道路有联系长城防线各个据点以加强防务的作用，
尤其对于在长城以外进击匈奴有重要意义。据《汉书》卷六
《武帝纪》，汉武帝时代汉军数十次利用长城道路运动集结兵
力，出击匈奴，其中分多路同时出击的战役凡 11 次，如征
和三年（前 90）贰师将军李广利出五原，御史大夫商丘成出
西河，重合侯莽通（马通）出酒泉击匈奴等，可以体现出北
边道路将整个长城防区联系为一个整体的作用。

秦汉史籍中多见向长城防区"万里运粮"的记载，《盐
铁论·徭役》说，当时转运往往"近者数千里，远者过万
里，历二期"，往返历时可至二年。居延汉简多见"车父"
之称，陈直《史记新证》说："汉代为人御车者称为车父。"
由简文可知，"车父"可能是以私车完成远程运输劳役的服
役者。"车父"可知明确原籍者有南阳、魏郡、淮阳、梁国
等地。劳榦说："运输之车运至塞上者，且远自梁国魏郡诸
境"，"今据汉简之文，山东之车率以若干车编为车队，行数
千里，转运之难，大略可想。"（劳榦：《论汉代之陆运与水
运》，《历史语言研究所集刊》第 16 本）简文可见以 58 辆运

车为一个核算单位的（505.20），很有可能是编队运行的一个运输单位。居延汉简还有"□二百七十五两输居延"，"□三十六两输橐他□"（32.18A），"□九十四两输居延""□七十两输橐他"（32.18B）诸例，而"□有二千两车在居延北汝往当见车"（E.P.F22:449）等，尤可说明西北长城防区运输活动的规模。有的简文中"车父"同时又称"戍卒"（303.6、303.1），或"卒"（E.P.T50:30）、"车卒"（83.5A）、"车父卒"（484.67,E.P.T52:167）以及"车父车卒"（83.5A）等。看来，长城交通运输系统有明显的军事化特征。

在构筑长城边防工事的同时，秦汉政府相当重视西北新经济区的建设。西北长城道路成为西北新经济区的主要动脉。通过甘肃武威磨咀子48号汉墓出土的西汉木牛犁模型，可知牛耕已在西北长城防区推广。居延汉简中可见有关"运粪"的内容，如"□以九月旦始运粪"（73.30）。居延汉简中"代田仓"的仓名，许多专家以为中原先进耕作方法"代田法"已经推广到河西的证据。从西北长城防区汉墓出土车辆模型及汉墓壁画中关于运输活动的画面可以知道，当地经济的繁荣是以交通的发展为条件的，而这一地区经济的发展又进一步促进了交通的发展。

5. 长城"贾车"

除了开辟关市发展贸易之外，长城内外还通过进献、给遗等方式保持经济联系。如前引武帝征和四年（前88）匈奴单于索求"糵酒万石、稷米五千斛、杂缯万匹"，所需运输车至少当在千辆以上。除此之外，长城地区的交通设施还承担了多次向匈奴发送救济物资的运输任务，例如：汉宣帝甘露三年（前51）"（呼韩邪单于）居幕南，保光禄城。诏北边振谷食"（《汉书》卷八《宣帝纪》）。汉光武帝建武二十六年（50）"南单于遣子入侍，奉奏诣阙"，"转河东米糒二万五千斛，牛羊三万六千头，以赡给之"（《后汉书》卷八九《南匈奴列传》）。塞内沿长城各地区的经济联系也借长城交通体系得以加强。居延汉简中有这样的资料："守大司农光禄大夫臣调昧死言守受簿丞庆前以请诏使护军屯食守部丞武□以东至西河郡十一农都尉官二调物钱谷漕转佥为民困乏愿调有余给不□。"（214.33A）以西河以西十一郡物资援运灾区，"调有余给不足"，无疑利用了长城道路的运输能力。

由于西北长城防区经济的进步，又由于与塞外游牧族贸易的发展，当地商业繁盛一时，西北长城道路又成为全国交通网中繁忙的商路。居延汉简中可见有关"贾车"的内容"日食时贾车出，日东中时□过"（甲附14B），正说明了长城交通系统被利用以发展商运的事实。

通过此次实地考察可以看到，西北长城防区的交通道路干线往往与长城并行。宁夏银川—灵武—盐池—陕西定边一线，漫长的路段紧傍明代长城而行。定边—靖边的若干路段，靖边—横山的大部路段，也有相类似的情形。

6. 长城本身的交通功能

中国古代城防工事的主体——城墙，往往兼作战时通过兵员和车马的道路。长城在有条件的地段也以城上道路用于守卒调集运动。通过秦汉长城遗迹的考察，确实可以看到保持这一特点的现象。宁夏固原地区的战国秦汉长城都是"黄土夯筑，夯层坚硬，至今草木难生"，有的地段现在仍作为道路使用（宁夏自治区博物馆等：《宁夏境内战国、秦汉长城遗迹》，《中国长城遗迹调查报告集》，文物出版社1981年2月版）。汉代曾在长城沿线增修复城，其中最著名的就是《史记》卷一一〇《匈奴列传》所载汉武帝太初三年（前102）修筑的"外城"，即世称"光禄城"或"光禄塞"者，现在的遗迹，地上仅存宽4至5米的隆起黑土带。但也有人认为，武帝外城不是长城外的又一道长城，而是一条行军道路（李文信：《中国北部长城沿革考·上》，《社会科学辑刊》1979年1期）。长城遗迹容易与古道路混淆，正可以说明当时城上道路的作用。内蒙古包头北部阴山以外的秦汉长城遗迹，至今仍被作为道路使用，现代公路的许多地段有些就在长城遗迹上（唐晓峰：《内蒙古西北部秦汉长城调查记》，《文物》1977年5期）。这主要是由于墙基坚实的夯土可直接用作道路。

长城防线又有循城垣的道路相通，如《墨子·备水》所谓"周道"及《周礼·考工记》所谓"环涂"。在城上道路条件不良时尤其如此。宁夏境内长城有的地段墙基宽度仅4至5米，顶部宽度自然有限，至少是难以通行车辆的，有的地段甚至只用堑壕和木栅防御。在这种情况下，更需要傍城道路联系交通。秦汉长城许多地段发现城内傍城而行的大道。班彪《北征赋》中记述的由长安西北行至安定的路线，史念海在对有关长城及古道路遗迹考察之后写道："班彪在途中，过了彭阳县后，就循着长城西行。彭阳县故城在今甘肃镇原县东南茹河北岸的井陈家村。茹河河谷为当时的大路。所说的长城正在茹河北岸。"他在谈到甘肃环县、华池和陕西定边、吴旗交界处的秦长城遗迹时还指出："这里是马连河支流元城川与洛河支流二道川、三道川的分水岭，这段长城就筑在分水岭上。这条分水岭本是子午岭的一段，所以后来秦始皇所修的直道在这里就是傍着长城而行的。"（史念海：《黄河中游战国及秦时诸长城遗迹的探索》，《中国长城遗迹调查报告集》）虽然关于直道的走向学术界尚存在争议，但当地存在"傍着长城而行"的道路却是无疑的。《水经注》卷三《河水》说："芒于水西南径白道南谷口，有长城在右，侧带长城，背山面泽，谓之'白道'。"白道"侧带长城"，也体现紧傍长城往往有大道通行的形势。

7. 长城出塞道路与北边联系内地的道路

讨论长城防区的交通道路，不能不注意到出塞道路。《史记》卷一一○《匈奴列传》："匈奴绝和亲，攻当路塞，往往入盗于汉边，不可胜数。"当路塞，司马贞《索隐》："苏林云：'直当道之塞。'"应当就是扼守北向草原大漠交通道路的城塞。长城防线守卫的要点，也是北边道与塞外交通联系的交点。从已经勘察的几处遗址看，这样的当路塞往往利用险要的地形，构筑有较密集的军事建筑群。

长城交通系统又有交通内地的道路与后方保持联系。联系北边道与内地交通的最著名的大道正是秦始皇直道。直道由咸阳北行至九原。现在可见的直道遗迹，往往宽达数十米，与内地驰道的规模相当。陕西历史博物馆组织的"96'中国西北专线考察"经过陕西榆林时，因故未能实现对邻近直道遗迹的实地调查，实在是一件憾事。联通北边长城道路，使之归入全国交通系统之中的另一条重要道路即秦时的陇西北地道，使北边道西段直通关中。居延曾出土记有长安至河西驿置里程的汉简，上列京兆、右扶风、北地、安定、武威、张掖郡20个地名和相距里程。其中第2栏所说正是循行长城的道路：媪围—居延置—觻里—循次—小张掖；删丹—日勒—钧著置—屋兰—垔池。而第1栏的内容可见长安—茂陵—茯置—好止—义置，月氏—乌氏—泾阳—平林置—高平地名里程（E.P.T59:582），体现出西北长城交通系统联络内地的形式。其中有的道路，如途经"高平"者，是丝绸之路著名的重要路段（王子今：《"高平第一城"与丝绸之路"陇道"交通》，《丝绸之路暨秦汉时期固原区域文化国际学术研讨会论文集》，宁夏人民出版社2016年12月版）。

秦汉长城与丝绸之路交通

　　秦汉时期是中国长城史的重要阶段。秦始皇"使蒙恬北筑长城而守藩篱，却匈奴七百余里，胡人不敢南下而牧马，士不敢弯弓而报怨"（《史记》卷六《秦始皇本纪》引贾谊《过秦论》），是统一事业的重要主题。长城防线及邻近地方时称"北边"，因与匈奴战事的激烈与持久，为全社会所关注。长城营筑与长城防卫的直接作用是形成军事意义的"藩篱"。但是长城又有促进交通的历史效应。长城"关市"的繁荣成为游牧区与农耕区的经济贸易的重要条件。河西长城的出现有保障丝绸之路畅通的意义。长城沿线形成东西文化交汇的高热度地区。长城也是秦汉文化向西北方向扩张其影响的强辐射带。

1. 北边道：长城交通体系

　　长城的阻隔作用是明确的。《史记》卷一一〇《匈奴列传》所谓"筑长城以拒胡"，《汉书》卷九四上《匈奴传上》作"筑长城以距胡"。《史记》卷六《秦始皇本纪》及《史记》卷四八《陈涉世家》引贾谊《过秦论》"使蒙恬北筑长城而守藩篱"，《汉书》卷三一《项籍传》引文同。颜师古注："言以长城扞蔽胡寇，如人家之有藩篱。"《汉书》卷五一《贾山传》"筑长城以为关塞"，也是同样的意思。然而另一方面，长城又有促进交通建设、完备交通系统的一面。《史记》卷四三《赵世家》说赵长城的营建致使"北地方从，代道大通"，就是战国长城史的例证。秦汉时期，长城沿线即"北边"多次有高等级交通行为的记录。如汉武帝后元二年（前87）左将军上官桀巡行北边（《汉书》卷七《昭帝纪》），新莽始建国三年（11）"遣尚书大夫赵并使劳北边"，天凤元年（14）"谏大夫如普行边兵"（《汉书》卷九九《王莽传中》）等。帝王亲自巡行"北边"的记载，体现"北边道"的通行条件。《史记》卷六《秦始皇本纪》记载，秦始皇三十二年（前215），东临渤海，又"巡北边，从上郡入"。秦始皇三十七年（前210），出巡途中病故沙丘平台，棺载车中，"从井陉抵九原"而后归，特意绕行北边，可明这次出巡的既定路线是巡行北边后由直道返回咸阳的。汉武帝曾经于元封元年（前110）"行自云阳，北历上郡、西河、五原，出长城，北登单于台，至朔方，临北河"（《汉书》卷六《武帝纪》），巡察了"北边道"西段。同年，又北"至碣石，自辽西历北边九原归于甘泉"（《史记》卷二八《封禅书》），巡察了"北边道"的东段及中段。此外，还有多次巡行"北边道"不同路段的交通实践。司马迁《史记》卷八八《蒙恬列传》所载"吾适北边，自直道归，行观蒙恬所为秦筑长城亭障"，可能就是跟随汉武帝出行的经历。

　　长城本身就构成军事交通系统。上古城建规范，城墙上形成道路以便兵力集结调动。长城也是如此。《周礼·考工记》说，城有"环涂"，也就是环城之道。长城也有完善城防的傍城道路。《水经注》卷三《河水》说："芒于水西南径白道南谷口。有长城在右，侧带长城，背山面泽，谓之'白道'。"此所谓"白道"就是"侧带长城"，与长城构成军事防务策应关系的道路。长城交通系统的道路有两种形制，一种是与长城平行的道路，如"白道"者。另一种是与长城交叉的道路。《史记》卷二〇《建元以来侯者年表》、卷一一〇《匈奴列传》、卷一二〇《汲郑列传》都说匈奴"攻当路塞"。《匈奴列传》司马贞《索隐》："苏林云：'直当道之塞。'"应当就指这种道路。《史记》卷五七《绛侯周勃世家》记述周勃战功，说到"还攻楼烦三城，因击胡骑平城下，所将卒当驰道为多"，证明北边长城防线有驰道沟通。《汉书》卷六《武帝纪》：汉武帝元光五年（前130）夏，"发卒万人治雁门阻险"。颜师古注引刘攽曰："予谓治阻险者，通道令平易，以便伐匈奴耳。"也说到长城与内地的交通条件。这种道路最著名的，是自九原通达甘泉的秦始皇直道。

2. 秦长城的文化意义与长城以外的"秦人"称谓

前张骞时代中原与西域乃至中亚地方的交往，可以追溯到周穆王西行故事。《左传·昭公十二年》说到周穆王"周行天下"。与《穆天子传》同出于汲冢的《竹书纪年》也有周穆王西征的明确记载。司马迁在《史记》卷五《秦本纪》和《史记》卷四三《赵世家》中，也记述了造父为周穆王驾车西行巡狩，见西王母，乐而忘归的故事。造父是秦人的先祖。在阿尔泰地区发现的公元前5世纪的贵族墓巴泽雷克5号墓中出土了有凤凰图案的来自中国的刺绣。在这一地区公元前4世纪至前3世纪的墓葬中，还出土了有典型关中文化风格的秦式铜镜。可知秦文化对西北方向的早期影响。秦宣太后与秦昭襄王解决义渠问题之后，秦占有上郡、北地，直接与草原民族接境。秦昭襄王长城左近地方发现的青铜驴形杖头饰，可以与李斯《谏逐客书》所言秦王外厩中的"骏良駃騠"联系起来理解。"駃騠"，很多学者认为就是骡。驴骡引入的最早的资料，体现秦人在与西北方向文化交流中的活跃。《汉书》卷二七下之上《五行志下之上》说，秦始皇"北筑长城"，"西起临洮，东至辽东，径数千里"，而"有大人长五丈，足履六尺，皆夷狄服，凡十二人，见于临洮"，于是"销天下兵器，作金人十二以象之"。"大人见于临洮"之说，也暗示秦长城西端联系"夷狄"的作用。

《史记》卷一二三《大宛列传》记载李广利语："闻宛城中新得秦人，知穿井……"《汉书》卷九四上《匈奴传上》："卫律为单于谋：'穿井筑城，治楼以藏谷，与秦人守之。'"《汉书》卷九六下《西域传下》记载汉武帝"下诏，深陈既往之悔"，其中也说到匈奴人称汉军人为"秦人"。这是西汉时期匈奴人、西域人习称中原人为"秦人"的史例。从新疆拜城刘平国刻石文字看，东汉时依然使用"秦人"名号。我们不仅看到匈奴人与西域人习称中原人为"秦人"的历史语言现象，西域中原人指代中原人也使用"秦人"称谓的情形，尤其引人注目（王子今：《论西域"秦人"称谓》，

《坚固万岁人民喜：刘平国刻石与西域文明学术研讨会论文集》，凤凰出版社 2022 年 4 月版）。这一文化现象可以说明至于东汉时期，西域地方依然"谓中国人为'秦人'"。丝绸之路的作用在秦人于西北方向形成影响的时代已经显现。作为社会称谓、民族代号和文化标识的"秦人"，是可以说明中华民族交流交往交融历史的具有典型性意义的语言标本（王子今：《应当重视秦人与西方北方部族文化交往的研究》，《秦陵秦俑研究动态》1991 年 3 期）。

顾炎武《日知录》卷二七《汉书注》就此有所讨论，指出："彼时匈奴谓中国人为'秦人'，犹今言'汉人'耳。"汉代北方和西北方向国家与部族称中原人为"秦人"，因秦经营西北联络各族曾经形成长久的历史影响。《史记》卷八八《蒙恬列传》记载："（秦始皇）使蒙恬将三十万众北逐戎狄，收河南。筑长城，因地形，用制险塞，起临洮，至辽东，延袤万余里。"秦王朝的长城经营，使得长城以外的"戎狄"通过这一建筑实体认识了"秦人"的文化，并保持了长久的历史记忆。

3. "关市"的作用

有明确资料可以说明，汉代北部边疆的"关市"自汉文帝时代已经开始发挥活跃经济交流、促进民族往来的作用。自汉武帝时代起，北边"关市"在新的条件下得到了新的发展。《史记》卷一一〇《匈奴列传》说到汉武帝时代汉与匈奴曾经保持和平关系："今帝即位，明和亲约束，厚遇，通关市，饶给之。匈奴自单于以下皆亲汉，往来长城下。"进入战争状态之后，"匈奴绝和亲，攻当路塞，往往入盗于汉边，不可胜数。然匈奴贪，尚乐关市，嗜汉财物，汉亦尚关市不绝以中之。"对于"汉亦尚关市不绝以中之"，张守节《正义》引如淳云："得具以利中伤之。"而《汉书》卷九四上《匈奴传上》同样内容颜师古注的说法可能更为准确："以关市中其意。"贾谊《新书·匈奴》有借"关市"在经济上吸引匈奴、控制匈奴的设计："夫关市者，固匈奴所犯滑而深求也，愿上遣使厚与之和，以不得已，许之大市。使者反，因于要险之所多为凿开，众而延之，关吏卒使足以自守。大每一关，屠沽者、卖饭食者、羹臛炙膹者，每物各一二百人，则胡人著于长城下矣。"当时"关市"对匈奴人的吸引，确实有使得"胡人著于长城下"的效力。

《史记》卷一一〇《匈奴列传》还记载："自马邑军后五年之秋，汉使四将军各万骑击胡关市下。"应当看到，匈奴"攻当路塞"和汉军"击胡关市下"，其实都意味着对"关市"的直接破坏，也都是利用了"关市"吸引多民族群众的经济作用。

匈奴作为草原民族，但是受到中原消费生活影响。"匈奴好汉缯絮"（《史记》卷一一〇《匈奴列传》）即表现之一。汉与匈奴间直接的丝绸贸易，如《太平御览》卷九〇一引《盐铁论》所谓"齐、陶之缣，南汉之布，中国以一端缦，得匈奴累金之物"，主要是通过"关市"实现的。汉使远行，"赂遗赠送，万里相奉"（《汉书》卷九六下《西域传下》），丝绸是所奉送最重要的物资。迎合匈奴"好汉缯絮"需求，汉帝国有提供相关物资以求边境安定的策略。从汉高祖时代开始，就有"岁奉""絮缯"事。《汉书》卷九四下《匈奴传下》记载，匈奴单于来朝，汉王朝大量"赐以""衣被""锦帛"：汉宣帝甘露二年（前52），"呼韩邪单于款五原塞"。甘露三年（前51），"单于正月朝天子于甘泉宫，汉宠以殊礼"，"赐以冠带衣裳，……衣被七十七袭，锦绣绮縠杂帛八千匹，絮六千斤"。汉宣帝黄龙元年（前50），"呼韩邪单于复入朝，礼赐如初，加衣百一十袭，锦帛九千匹，絮八千斤"。"竟宁元年，单于复入朝，礼赐如初，加衣服锦帛絮，皆倍于黄龙时。"成哀时代，这种"礼赐"的数量又大为增益。汉哀帝时代一次"赐""遗"匈奴织品相当于汉文帝时代的375倍。这种丝绸输出，是通过长城"当路塞"外运的。

匈奴得到超出消费需要数额的"锦绣缯帛"和"絮"，当然是可以利用草原交通的便利及自身富于机动性的交通优势通过转输交易的方式获取更大利益的。林幹《匈奴通史》写道："匈奴族十分重视与汉族互通关市。除汉族外，匈奴与羌族经常发生商业交换；对乌桓族和西域各族也发生过交换。""（匈奴）并通过西域，间接和希腊人及其他西方各族人民发生交换。"丝绸由此通道西运的最初的路段，就是长城交通带。

4."骡驴驼驼，衔尾入塞"与"商胡贩客，日款于塞下"

汉墓壁画中关于运输活动的画面可以说明，北边经济的繁荣是以"北边道"的交通效能为条件的，而这一地区经济的发展又进一步促进了"北边"交通的发展。

丝绸之路促进的物资流通，不仅可见丝绸向西的输出，也有与此反方向的由西向东输送的草原民族提供的物产。《盐铁论·力耕》载大夫言已经说到"异物内流"情形："……骡驴𩣡驼，衔尾入塞，䮝𬴊𬴊马，尽为我畜。罽韬狐貉，采旄文罽，充于内府。而璧玉珊瑚瑠璃，咸为国之宝。是则外国之物内流，而利不外泄也。异物内流则国用饶，利不外泄则民用给矣。"除各种珍宝外，皮毛织品以及"采旄文罽"等毛织品得以东来。而所谓"骡驴𩣡驼，衔尾入塞"，指出西方"奇畜"由长城大规模进入汉地，成为生产动力与交通动力的情形。

自西汉中期，即有西域商人活跃于"北边"的史实记录。如陈连庆所说："在中西交通开通之后，西域贾胡迅即登场。"（陈连庆：《汉唐之际的西域贾胡》，《中国古代史研究：陈连庆教授学术论文集》，吉林文史出版社1991年12月版）《后汉书》卷八八《西域传》写道，"汉世张骞怀致远之略，班超奋封侯之志，终能立功西遐，羁服外域"，于是形成了"商胡贩客，日款于塞下"的局面。有的西域使团夹杂"行贾贱人，欲通货市买"者（《汉书》卷九六上《西域传上》）。长安的"西域贾胡"（《太平御览》卷二六四引《东观汉记》），洛阳的"西域贾胡"（《后汉书》卷三四《梁冀传》）都有在社会生活中颇为活跃的记录。通过"塞下"而东来，是他们商业生涯重要的经历。

5. 长城是丝路畅通的保障

《后汉书》卷九〇《鲜卑传》载蔡邕上书："天设山河，秦筑长城，汉起塞垣，所以别内外，异殊俗也。"指出长城隔绝"别""异"的直接作用。《史记》卷一二三《大宛列传》："匈奴右方居盐泽以东，至陇西长城，南接羌，鬲汉道焉。"霍去病河西告捷，打破了这一格局，相反实现了隔绝"胡""羌"的战略优势。《史记》卷一一〇《匈奴列传》："西置酒泉郡，以鬲绝胡与羌通之路。"《汉书》卷二八下《地理志下》："初置四郡以通西域，鬲绝南羌、匈奴。"河西长城经营，对敌方的通路务求"鬲绝"，对"以通西域"的"汉道"，则力保通达。在丝绸之路的许多路段，长城起到了保障安全畅通的作用。河西地区尤为典型。

从居延汉简提供的材料看，当地烽燧等许多防卫建筑确实靠近交通要道。由简文所见"通道厩""临道亭""道上亭""道上亭驿""道上塞""道上燧""当道田舍"等字样，可知长城烽燧障塞及军屯据点，保护着"道"，即"汉道"。据《后汉书》卷八八《西域传》论曰，当时长城一线，"立屯田于膏腴之野，列邮置于要害之路"，是汉家长城英雄"立功西遐，羁服外域"，实现"兵威""肃服"的基本策略。丝绸之路就是在这样的军事背景下实现沟通东西文化的效用的。

《史记》卷一二三《大宛列传》说临近丝绸之路干道的小国阻碍交通的情形："楼兰、姑师，小国耳，当空道，攻劫汉使王恢等尤甚。"《汉书》卷六一《张骞传》同样记载，颜师古注："空即孔也。"王念孙《读书杂志·汉书杂志》"孔道"条提出"'孔道'犹言大道"的说法。地湾汉简可见"当空道便处禀食"简文，行文方式与《史记》卷一二三《大宛列传》及《汉书》卷六一《张骞传》"当空道"完全相同，体现河西长城军事设置"当"丝绸之路"大道"的空间位置关系。长城保护此"汉道""大道"的意义是十分明朗的。

6. 长城戍守人员间接参与丝绸贸易

汉代丝绸西输的复杂的路径与方式，是丝绸之路史研究的重要主题。我们看到《史记》记载汉王朝往西域使团成员有"来还不能毋侵盗币物"情形，即以作为国家礼品的丝绸为赃物的贪污犯罪。又说："其使皆贫人子，私县官赍物，欲贱市以私其利外国。"（《史记》卷一二三《大宛列传》）敦煌汉简中有关于"出牛车转绢如牒毋失期"（1383）的记录，可知河西地方织品供应成为重要运输内容。考古资料表明，河西边塞军人私人拥有的丝绸数量异常丰富。甘肃考古学者在总结敦煌西部汉代长城烽燧遗址出土实物时，列言"生产工具、兵器、丝绸……"（岳邦湖：《丝绸之路与汉塞烽燧》，《简帛研究》第 1 辑，法律出版社 1993 年 10 月版），丝绸位居第三。据贝格曼在额济纳河流域的考察，许多汉代烽燧遗址发现织品遗存。如烽燧 A6 与汉代封泥、木简同出有"敞开的、织造精美的覆盖有黑色胶质的丝织品残片；丝质纤维填料；细股的红麻线"等文物。障亭 A10 发现包括"褐色、红色、绿色和蓝色"的"不同颜色的丝绸残片"。台地地区"地点 1"标号为 P.398 的遗存，发现"（天然）褐色、黄色、深红色、深蓝色、浅蓝色、深绿色、浅绿色"的"丝绸残片"。"地点 7"标号为 P.443 的遗存也发现丝织物，"色泽有褐色（天然）、黄褐色、浅绿色、深绿色、蓝绿色和深蓝色"。金关遗址 A32"地点 A"发现"有朱红色阴影的鲜红丝绸残片"，"地点 B"发现"玫瑰红、天然褐色丝绸和丝绸填料残片"，"地点 C"发现"天然褐色、褐色和酒红色丝绸残片"。地湾遗址 A33"地点 4"发现的丝绸残片，色彩包括"褐色、浅红色、深红色、绿黄棕色、黄绿色和黄色"，又据记述，"色度为：接近白色、褐色、红色、绿色、普鲁士蓝"。地湾遗址 A33"地点 6"发现的丝绸残片中，"第 2 件和第 19 件保留了完整的宽度，其宽分别为 45 厘米和 40 厘米"（〔瑞典〕弗克·贝格曼考察；〔瑞典〕博·索马斯特勒姆整理；黄晓宏等翻译；张德芳审校：《内蒙古额济纳河流域考古报告：斯文·赫定博士率领的中瑞联合科学考查团中国西部诸省科学考察报告考古类第 8 和第 9》，学苑出版社 2014 年 3 月版），符合《汉书》卷二四下《食货志下》关于"布帛广二尺二寸为幅"的规格。这可能是成匹的衣料的遗存。马圈湾烽燧遗址出土纺织品 140 件，其中丝织品 114 件，"品种有锦、罗、纱、绢等"。所谓"绿地云气菱纹锦"，"以绿色作地，黄色为花，蓝色勾递，基本纹样为云气和菱形几何图案"，"织锦的工艺技术要求是相当高的"。"马圈湾出土的四经绞罗，是一个不多见的品种，其经纬纤度极细……"，"轻薄柔美，是少见的精品"。"黄色实地花纱"1

件，"是目前我国所见最早的实地花纱，在丝绸纺织史上占有一定的地位"。出土绢92件，研究者分析了其中61件标本，"其特点是经纬一般均不加拈，织物平挺、紧密，色彩丰富、绚丽"。"颜色有：红、黄、绿、蓝、青、乌黑、紫、本色、青绿、草绿、墨绿、深绿、朱红、桔红、暗红、褪红、深红、绯红、妃色、褐黄、土黄、红褐、藕褐、蓝青、湖蓝等二十五种。"（甘肃省文物考古研究所：《敦煌马圈湾汉代烽燧遗址发掘报告》，《敦煌汉简》，中华书局1991年6月版）这些织品的色彩和质料，都达到很高的等级。

汉代制度礼俗，色彩的使用依身份尊卑有所不同。如《续汉书·舆服志下》规定，自"采十二色""采九色""五色采""四采"至所谓"缃缥"，有明确的等级差别。"公主、贵人、妃以上，嫁娶得服锦绮罗縠缯，采十二色，……特进、列侯以上锦缯，采十二色。"而"贾人，缃缥而已"，很有可能就是不加漂染的原色织品。在这样的服饰文化背景下，河西边塞遗址发现的织品之色彩纷杂绚丽，如果以为普通军人自身服用，显然是不好理解的（王子今：《汉代河西市场的织品——出土汉简资料与遗址发掘收获相结合的丝绸之路考察》，《中国人民大学学报》2015年5期）。参考河西汉简所反映的"士卒赍卖衣财物"现象，推想这些长城边防军人很可能以家乡出产的织品，辗转出卖，间接参与了丝绸对外贸易（王子今：《汉代丝路贸易的一种特殊形式：论"戍卒行道赍卖衣财物"》，《简帛研究汇刊》第1辑"第一届简帛学术讨论会论文集"，中国文化大学历史系、简帛学文教基金会筹备处2003年5月版）。

"勒功燕然"的文化史回顾

　　汉和帝永元元年（89），汉王朝远征军与南匈奴合击北匈奴，取得决定性的胜利。《后汉书》卷四《和帝纪》记载："夏四月，车骑将军窦宪出鸡鹿塞，度辽将军邓鸿出稠阳塞，南单于出满夷谷，与北匈奴战于稽落山，大破之，追至私渠比鞮海。窦宪遂登燕然山，刻石勒功而还。北单于遣弟右温禺鞮王奉奏贡献。"《后汉书》卷二三《窦宪传》的记述更为具体："会南单于请兵北伐，乃拜宪车骑将军，金印紫绶，官属依司空，以执金吾耿秉为副，发北军五校、黎阳、雍营、缘边十二郡骑士，及羌胡兵出塞。"窦宪和耿秉与南匈奴左谷蠡王师子所率部众出朔方鸡鹿塞，南单于所部出满夷谷，度辽将军邓鸿及缘边义从羌胡骑兵，左贤王安国的部队出稠阳塞，各部"皆会涿邪山"。于是以"精骑万余，与北单于战于稽落山，大破之"，北匈奴军"崩溃，单于遁走"。窦宪军追击北匈奴残部，"遂临私渠比鞮海"。这一战役"斩名王已下万三千级，获生口马牛羊橐驼百余万头"，北匈奴"八十一部率众降者，前后二十余万人"。窦宪、耿秉于是"登燕然山，去塞三千余里，刻石勒功，纪汉威德"。燕然山"刻石勒功"，文字由班固起草。燕然勒铭成为标志军事史、边疆史、民族关系史重要事件的文化符号，长久为历代铭记。近期这处刻石实际遗存的发现，对于注意相关历史文化进程的人们，无疑是好消息。

1. 上古刻石纪功传统

《宋书》卷六四《谢元传》回顾窦宪、班固事迹，说到"铭功于燕然之阿"。"铭功"，是中国政治文化传统。起先有铭于青铜器的做法，后来则通行刻铭于石的方式。秦始皇、秦二世东巡刻石，既是政治宣言的发表，也有纪功的意义。汉代刻石"铭功"尤为普及。政绩军功，均习惯以此纪念。著名的《开通褒斜道摩崖》《石门颂》等，都是工程完成后的纪功石刻。《曹全碑》明确说，碑文的主题，在于"刊石纪功"。《郙阁颂》"勒石示后"，《石门颂》"勒石颂德"，《裴岑纪功碑》"以表万世"，都表露刻石动机在于"今而纪功，垂流亿载，世世叹诵"（《石门颂》），力求实现永久追念的效应。

勒石燕然摩崖位置大致确定，是具有重要意义的考古收获。不过，燕然山石刻是否这种战功纪念最早的实例，可能还难以断言。《宋书》卷七〇《袁淑传》："俾高阙再勒，燕然后铭。"似乎在南北朝人的历史认识中，高阙也曾经有勒石纪念的先例。

明人张吉将两汉进击匈奴取得的胜利一并称颂："武帝、和帝始命卫、霍、耿、窦诸将，穷兵极讨，登临瀚海，勒功燕然。"（《古城集》卷三）胡应麟《从军行》诗也写道："扬旌耀汉月，吹角飞边霜。一战摧月支，再战款名王。弯弓月在手，鸣镝星流光。勒功燕然石，传檄瀚海傍。归来拜骠骑，恩宠冠长杨。"所谓"勒功燕然石，传檄瀚海傍"，在颂扬两汉军事英雄时，其事迹相互交叉。《汉书》卷六《武帝纪》记录元狩四年（前119）出击匈奴取得的重大胜利："大将军卫青将四将军出定襄，将军去病出代，各将五万骑。步兵踵军后数十万人。青至幕北围单于，斩首万九千级，至阗颜山乃还。去病与左贤王战，斩获首虏七万余级，封狼居胥山乃还。"所谓"封狼居胥山"，颜师古注："登山祭天，筑土为封，刻石纪事，以彰汉功。"可知虽然《汉书》没有记载"刻石纪事"情节，但是唐代《汉书》学名家理解，在狼居胥山，霍去病曾经勒石纪功。"封"，是纪念性建筑。著名的有关"封"的历史记录，见于《左传·文公三年》："秦伯伐晋，济河焚舟，取王官及郊。晋人不出，遂自茅津渡，封殽尸而还。"杜预解释说："封，埋藏之。"而《史记》卷五《秦本纪》相同记载，裴骃《集解》引贾逵曰："封识之。"秦穆公"封殽尸"，绝不仅仅是简单地掩埋4年前阵亡士卒的尸骨，而是修建了高大的夯土建筑，以作为国耻的永久性纪念。秦穆公"令后世以记"（《史记》卷五《秦本纪》）的用心，是期望通过这种"封"来实现的。霍去病在狼居胥山的"封"，则有炫耀军功，"令后世以记"的动机，也不能排除如颜师古所说，曾经"刻石纪事，以彰汉功"的可能。而燕然山"纪汉威德"的活动，除"刻石勒功"外，据班固铭文，也是包括"封神丘兮建龙碣"的。而这篇"勒功"文字，在编入《文选》卷五六，列为"铭"的第一篇，就题名为《班孟坚封燕然山铭一首》，突出显示了"封"字。

燕然山在今蒙古国杭爱山。据班固《燕然山铭》，窦宪军"经碛卤，绝大漠"，终于"乘燕然"，实现"恢拓境宇"的新局面。然而在漫长的汉匈战争史中，窦宪部未必最早抵达燕然山这一汉帝国北边"境宇"的著名坐标。《汉书》卷九四上《匈奴传上》记载，李广利曾经"引兵还至速邪乌燕然山"，为匈奴单于"将五万骑遮击"。据颜师古注："速邪乌，地名也。燕然山在其中。"既言"还至"，其部队向北运动还曾达到更远的位置。

2."振大汉之天声"：英雄主义时代精神的纪念

考察两汉在北边及西域的经营，体现出当时英雄主义的时代精神与奋勇进取的文化倾向。鄂州出土汉镜铭文"宜西北万里"，体现出汉代社会对于西北方向特别的关注。对匈奴作战的胜利，如班固《燕然山铭》所说："蹑冒顿之区落，焚老上之龙庭。上以摅高、文之宿愤，光祖宗之玄灵；下以安固后嗣，恢拓境宇，振大汉之天声。兹所谓一劳而久逸，暂费而永宁者也。"称颂此战可以雪汉高帝、汉文帝之耻，得以"恢拓境宇"，实现"久逸""永宁"之功。后世并非强势的君王在军力增益时可能"勃然有勒燕然之志"（《宋史》卷三九五《王质传》），说明勒功燕然事，表现出强大而长久的激励力量。

然而应当了解，燕然山"封神丘兮建龙竭"是汉武帝时代"封狼居胥山"军事成功的继续，并非窦宪一时之成就。

明人吴讷《文章辨体序题》"铭"条写道:"汉班孟坚之燕然山,则旌征伐之功。"我们必须注意到,匈奴退却,并非仅仅由于汉军"征伐之功",而有复杂的因素。《续汉书·天文志中》:"汉遣车骑将军窦宪、执金吾耿秉,与度辽将军邓鸿出朔方,并进兵临私渠北鞮海,斩虏首万余级,获生口牛马羊百万头。日逐王等八十一部降,凡三十余万人。追单于至西海。"汉与羌胡联军四万余众,而敌方降者前引《窦宪传》说"二十余万人",此说则达"三十余万人",可知战争形势的复杂。应当说,文化态度的端正,经济实力的竞争,民族关系的调整,甚至生态环境的变迁等,都构成了导致匈奴削弱的合力。我们理解什么是可以引为自豪并努力发扬的"大汉之天声",首先应当关注鲁迅曾经感叹的"遥想汉人多少闳放","毫不拘忌","魄力究竟雄大"。他热情肯定的当时民族精神之所谓"豁达闳大之风"(《坟·看镜有感》)的历史价值,应当超过《燕然山铭》表现为战争征服的所谓"斩温禺以衅鼓,血尸逐以染锷"。

我们看到,"去塞三千余里","大破"北匈奴,是汉军与南匈奴及"羌胡"武装力量联合作战的胜利。远征发起的契机,是"南单于请兵北伐"。据《后汉书》卷二三《窦宪传》记载:"宪与秉各将四千骑及南匈奴左谷蠡王师子万骑出朔方鸡鹿塞,南单于屯屠河,将万余骑出满夷谷,度辽将军邓鸿及缘边义从羌胡八千骑,与左贤王安国万骑出稒阳塞,皆会涿邪山。"简略估算远征军的构成,"度辽将军邓鸿及缘边义从羌胡八千骑"不易区分汉军骑兵与"羌胡"骑兵所占比例,其余共计三万八千骑中,南匈奴各部合计三万骑，窦宪部与耿秉部合计仅八千骑。可以说，窦宪远征军的主力，是草原游牧民族骑兵。

3. 中护军班固：文人生涯与军人生涯的交集

班固是《汉书》的主要作者。《汉书》作为《史记》之后又一部史学名著，在"二十四史"中列居第二。《汉书》是中国第一部完整的断代史，就保存西汉与新莽时代的历史资料来说，《汉书》是最全面、最完备的史籍。《汉书》撰述完成后，"当世甚重其书，学者莫不讽诵焉"（《后汉书》卷四〇上《班固传》）。班固曾受命完成《白虎通德论》的撰集。据说皇帝"每行巡狩，辄献上赋颂"，而"朝廷有大议，使难问公卿，辩论于前，赏赐恩宠甚渥"。对于当时作为朝廷最重要国是的边疆与民族问题的决策，班固也曾经提出过政策建议。班固是一位具有全面才华的学者，也是一位丰产的作家。"固所著《典引》、《宾戏》、《应讥》、诗、赋、铭、诔、颂、书、文、记、论、议、六言，在者凡四十一篇。"（《后汉书》卷四〇下《班固传》）据明代学者张溥辑《班兰台集》，班固《汉书》以外各种文体的作品41篇中，"铭"有3篇，列于最先的就是《封燕然山铭》。

宣示军事成功，"昭铭""大汉""圣德"的这篇文字，是班固文化生命的亮点。《后汉书》卷四〇下《班固传》记载，窦宪出征匈奴时，以班固为中护军，"与参议"军事决策。《燕然山铭》所记述"玄甲耀日，朱旗绛天"，"征荒裔"，"剿凶虐"，"四校横徂，星流彗扫，萧条万里，野无遗寇"

的战争实践，班固曾经亲身参加。后来北匈奴单于"遣使款居延塞，欲修呼韩邪故事，朝见天子，请大使"，窦宪又建议派遣班固以"行中郎将事"身份，率领数百骑兵与北匈奴使者出居延塞迎接北匈奴单于。班固抵达私渠海，得知北匈奴内乱，于是回到汉地。班固能够出入北边，稳健处理情势复杂的民族事务与外交事务，与他曾经随窦宪北上，"逾涿邪，跨安侯，乘燕然"的野战体验有直接的关系。宋人彭汝砺《送颖叔帅临洮》诗写道："昔夸禁中得颇、牧，今见南阳称召、杜。前席宣室疑已暮，勒功燕然无可慕。""勒功燕然"者，与留下"前席宣室"故事的贾谊形成对应关系。而班固当然与窦宪不同，他身为军事"参议"，然而对大局又有高才贾谊般的思考，其文武兼备的能力，一如彭诗写述的"颇、牧"与"召、杜"的结合。

窦宪"既平匈奴，威名大盛"，有心网罗私人势力，于是班固"置幕府，以典文章"（《后汉书》卷二三《窦宪传》）。后来窦宪受到惩处，班固"先坐免官"，又因"诸子多不遵法度"被捕入狱，最终死在狱中。班固的政治命运和窦宪捆绑在一起，这种亲密依附关系最典型最极端的标志，或许就是燕然山窦宪"令班固作铭"。唐杨巨《送张相公出征》："愿将班固笔，书颂勒燕然。"宋陆游《塞上》："不应幕府无班固，早晚燕然刻颂诗。"明贝琼《李将军歌》："定知班固文章在，为勒燕然示不磨。"尽管班固人生归于悲剧结局，但后世人们心目中勒功燕然这样的"班固文章"，千百年并未磨灭。

4.燕然石刻发现的意义

庾信《杨柳歌》:"君言丈夫无意气,试问燕山那得碑。"注家言:"《后汉书》曰:窦宪与北单于战于稽落山,破之。刻石燕然山。"(《庾子山集》卷五)杜甫诗句"待勒燕山铭",王洙注:"窦宪勒功燕然,班固为之铭。"(〔宋〕黄希原本,黄鹤补注:《补注杜诗》卷一三)"燕然山"略写为"燕山",以致有对于勒功燕然空间定位的误会。明栾尚约撰嘉靖《宣府镇志》卷八《镇旧志》有"燕然山"条:"燕然山。城东南三十里,相传为窦宪纪功处。山有迭翠岩,雨霁岚气,青翠可爱。"又录明王崇献诗:"阅武场中倚将坛,燕然山势老龙盘。窦君出塞三千里,寄语英雄仔细看。"熊伟《燕然迭翠》诗:"燕然形胜枕长千,翠入层霄万迭寒。……老我忧时思汉将,凭谁勒石照巇岏。"即使以为燕然山在漠北远方者,其实也长期不能明确这一文化遗存的具体位置。勒石燕然摩崖遗存在蒙古国杭爱苏木的发现,对于这一重要文物的保护和研究,提供了基本条件。对于古代文献记录的《燕然山铭》文字的校正和理解,也有了新的学术基础。应当肯定,这一发现所具有的历史地理学和历史文献学的意义都是明确的。就历史地理学而言,于民族地理、军事地理和交通地理诸方面都开启了新的学术视窗。中国和蒙古国学者合作取得的这一考古收获,也可以看作中国考古学界正在逐步开展的国外合作调查发掘工作的新的学术契机。

遗迹发现地点杭爱山,有学者以为与古书常见之"瀚海”有关。元代学者刘郁《西使记》写道："今之所谓'瀚海'者，即古金山也。"岑仲勉《自汉至唐漠北几个地名之考定》赞同刘郁之说，认为"瀚海"是"杭海""杭爱"的译音。柴剑虹进一步发现维吾尔语汇中突厥语的遗存，"确定'瀚海'一词的本义与来历"，以为"两千多年前，居住在蒙古高原上的突厥民族称高山峻岭中的险隘深谷为'杭海'"，"后又将这一带山脉统称为'杭海山'、'杭爱山'，泛称变成了专有名词"（《"瀚海"辨》，《学林漫录》二集）。不过，诸多文献遗存中，"瀚海"作为自然地理符号指代的是平坦的草原荒漠地貌。《魏书》卷二四《白伦传》："饮马瀚海之滨，镂石燕然之上。"既言"瀚海之滨"，"瀚海"似乎不会是指山脉。而唐代诗作中，李世民《饮马长城窟行》"瀚海百重波"，王维《燕支行》"迭鼓遥翻瀚海波"，以及李白《塞上曲》"萧条清万里，瀚海寂无波"，钱起《送王使君赴太原行营》"不卖卢龙塞，能消瀚海波"，"瀚海波"诗句，也与"瀚海""山脉"之说不能相合。杭爱山《燕然山铭》及周边相关历史文化迹象的综合研究，也许也有益于我们对"瀚海"意义的准确理解。

蒙古国高勒毛都2号墓地的考古发现

　　蒙古国高勒毛都 2 号墓地考古发掘 M1 和 M189 的重要收获，反映了汉代匈奴与中原王朝密切的文化交往。随葬多辆车体装饰彩绘云纹的马车，直径达 18 厘米的极其华贵的玉璧，有汉字铭文的铜镜等文物遗存的发现，告知我们这处匈奴高等级贵族墓葬的文化内涵中，有非常醒目的汉文化的构成。匈奴与汉王朝长期处于敌对、竞争乃至战事频仍状态，"兵连而不解"，"而干戈日滋"（《史记》卷三〇《平准书》），然而正如克劳塞维茨所说，"战争是一种人类交往的行为"。而即使在相互杀伐期间，双方的经济文化交往仍未断绝。匈奴"好汉物"，即倾心中原物质文明，以致战时仍"尚乐关市，嗜汉财物，汉亦尚关市不绝以中之"（《史记》卷一一〇《匈奴列传》）。在和亲交好时代，双方联系尤为密切。M1 地面石堆与《史记》卷一一〇《匈奴列传》所说"无封树"的传统葬俗有异，墓道与墓室构成的甲字形结构，间隔为三部分的棺室形式，也不能排除受到汉地葬式影响的可能。

　　具有典型草原民族文化特征的文物在高勒毛都 2 号墓地的发现，增益了我们对匈奴文化的认识。镶嵌绿松石的金器，长度至于近 30 厘米的马饰，雕饰以雪豹、羚羊为原型的动物纹饰的金银器，都是值得珍视的遗存。而独角兽形象的纹样，可以帮助我们理解河西汉墓出土随葬品所见独角兽模型的文化渊源。

陪葬墓中出土的一件相当完整的玻璃碗值得特别注意。这件玻璃器有蓝白相间的纹饰，形制与以往多见罗马帝国产品十分接近，可能来自丝绸之路的西端。我们有关匈奴在草原丝路贸易史中曾经有活跃表现的推断，或许可以因此得到助证。

在主墓旁侧呈弧形分布的陪葬墓的发现也非常重要。其中未成年人墓葬特别值得关注。《史记》卷一一○《匈奴列传》说，匈奴"送死"，"近幸臣妾从死者，多至数千百人"，《汉书》卷九四上《匈奴传上》写作"数十百人"。"从死者"的安葬，可能在这种陪葬墓中，也可能取其他形式。M1 发现的盗洞以及死者骨骸被残毁移弃的现象，体现了古来出于仇怨动机的墓葬破坏形式。这在部族战争中颇为多见。山东泗水尹家城新石器时代墓葬中，已经有此类情形的早期发现。《汉书》卷九四上《匈奴传上》写道："乌桓尝发先单于冢，匈奴怨之，方发二万骑击乌桓。"《后汉书》卷九○《乌桓传》说："昭帝时，乌桓渐强，乃发匈奴单于冢墓，以报冒顿之怨。"蒙古国高勒毛都 2 号墓地的相关考古发现，或许可以与民族史上这种"发""冢"现象联系起来分析。

新疆汉烽燧——西域英雄时代的纪念碑

　　盛唐边塞诗人的杰出代表岑参曾经写道："热海亘铁门，火山赫金方。白草磨天涯，胡沙莽茫茫。"(《武威送刘单判官赴安西行营便呈高开府》,《唐百家诗选》卷三)诗人于今天新疆地区"热海""火山""白草""胡沙"诸自然地理景观之外，又叙写了人文历史风景："浑驱大宛马，系取楼兰王。曾到交河城，风土断人肠。寒驿远如点，边烽互相望。赤亭多飘风，鼓怒不可当。"其中有关"城""驿""烽""亭"的文字，都是对汉代中原人西域活动的追忆。季羡林曾经说："世界上唯独一个汇聚了古代四大文明的地区就是西域。""这是西域研究之所以如此吸引人的地方，也是西域研究之所以如此困扰人的缘由。"(荣新江：《季羡林先生主持的"西域研究读书班"侧记》,《人格的魅力——名人学者谈季羡林》, 延边大学出版社, 1996 年 7 月版, 第 241 页至第 245 页)

　　汉代可以说是西域的英雄时代。汉文化的影响向西扩展，促成了这一地区不同文化的冲激、碰撞、融合与进步。西域文明冲突激烈、历史进步鲜明的英雄时代的创造者，是各民族群众。西域史漫长进程多数时段的主流表现，是和平条件下的经济开发和文化交流。

1. 烽台屹屹百丈起

李白《发白马》诗言战士出塞远征，"萧条万里外"经历，描述了"边烽列嵯峨"的景况（《李太白文集》卷四）。烽燧，是边疆古代军事设施最常见的遗存，在历代边塞诗文中，也成为纪念战争生活的特殊的文化符号。新疆大地挺拔屹立的汉代烽燧，体现了工程史和战争史上的创造，又有特别的见证民族交往和文化融合的意义。今天，烽燧的实用价值早已丧失，如古人诗句所谓"烽静"（〔宋〕韩琦《初伏柳溪》，《安阳集》卷七《律诗四十五首》）、"烽灭"（〔唐〕王棨《耀德不观兵赋》，《麟角集》。又〔唐〕翁绶《关山月》，《乐府诗集》卷二三）、"烽息"（〔宋〕阮阅《诗话总龟》卷一三《警句门中》）、"烽熄"（〔元〕徐明善《千户王恭甫咏史并百将诗》，《芳谷集》卷下《说》）、"烽戍断无烟"（〔唐〕王维《陇西行》，《乐府诗集》卷三七），然而当我们仰望似乎被朝晖或者夕照重新点燃的高矗的烽燧顶端时，总是会想到这些用汗水和黄土凝积而成的古老的夯土建筑所见证的边疆开发史、民族交往史和文化交流史。

宋代诗人苏舜钦有"烽台屹屹百丈起"的诗句（《瓦亭联句》，《苏学士集》卷五），可借以表抒人们在新疆面对汉代烽燧遗存的观感。

新疆汉代烽燧中最著名的是库车克孜尔尕哈烽燧。这座高大雄伟的烽燧夯土遗存位于库车县伊西哈拉镇道来提巴格村西北 3 千米盐水沟台地上。在淡淡远山和飘飘白云的衬托下，矗立的土墩直指天空。高处残存的木质梁架一如烽燧建造者和使用者们不朽的精神，面对千顷沙碛，应和万里长风，似乎诵唱着无言的歌。这座矗起"百丈"的古代建筑好像一座高大的纪念碑，让瞻仰者体会到古来边疆开拓者的雄心、勇气和辛劳。这烽燧也像一件标尺，可以比量不同政治力量西域政策的成败得失。

新疆汉代烽燧遗存数量相当多。除了著名的克孜尔尕哈烽燧之外，已经列入文物保护单位的还有位于巴音郭楞蒙古自治州和硕县乌什塔拉乡硝井子村南荒漠之中的四十里大墩遗址。和硕县的塔哈其烽燧，也值得注意。巴音郭楞蒙古自治州轮台县群巴克镇群巴克牧业村西约二三千米的拉依苏西烽燧遗址，建筑和使用年代在汉晋之际。若羌县的两处烽燧遗存与克孜尔尕哈烽燧同样，也是全国重点文物保护单位。位于巴音郭楞蒙古自治州若羌县铁干里克乡果勒吾斯塘村，米兰镇（36 团）安乐村东偏北 4.1 公里的米兰东北烽燧遗址，修造年代也在汉晋。若羌县的米兰西南烽燧遗址，也是汉晋遗存。若羌县的汉晋烽燧还有卡拉乌里干烽燧、库如克托海烽燧、墩里克烽燧、吾塔木烽燧等。列入全国重点文物保护单位的汉晋烽燧遗址在尉犁县多至 7 处，即兴平乡的亚克仑烽燧、孙基烽燧，阿克苏甫乡的沙鲁瓦克烽燧，古勒巴格乡的脱西克西烽燧、脱西克烽燧、克亚克库都克烽燧，阿克苏甫乡的萨其该烽燧。尉犁县的汉晋烽燧还有苏盖提烽燧、阿克吾尔地克烽燧、库木什烽燧等。且末县的汉晋烽燧有坚达铁日木烽燧、下塔提让烽燧、苏伯斯坎烽燧、布滚鲁克烽燧等。

这些高大的夯土遗存就像站立在岗位上的倔强刚强的武士，迎逆千年烈风暴雪，守望着这片各民族共同开发的土地。

2. 白日登山望烽火

烽燧是重要的军事设施，主要用以传递敌情警报。《墨子·号令》曾经说到烽燧这种军事情报信息传递的特殊方式："出候无过十里，居高便所树表，表三人守之，比至城者三表，与城上烽燧相望，昼则举烽，夜则举火。"《墨子·杂守》又写道："寇烽、惊烽、乱烽，传火以次应之，至主国止，其事急者引而上下之。烽火以举，辄五鼓传，又以火属之，言寇所从来者少多，且彝还，去来属次烽勿罢。"烽的数量依敌情的变化各有等级差别。例如，"望见寇，举一烽；入境，举二烽；……"战国时期使用烽燧备边的史例，有《史记》卷八一《廉颇蔺相如列传》记载的"赵之北边良将"李牧"备匈奴"的故事："习射骑，谨烽火，……匈奴每入，烽火谨，辄入收保。"秦国调兵所用虎符铭文中，可以看到"燔燧"字样。

《说文·人部》写道："候，伺望也。"银雀山汉简《孙膑兵法·陈忌问垒》说："去守五里置候。"居延汉简有《塞上烽火品约》，明确规定了烽燧报警的制度（参看薛英群：《居延汉简通论》，甘肃教育出版社1991年5月版，第464页至第484页；李均明、刘军：《简牍文书学》，广西教育出版社 1999 年 6 月版，第 195 页）。《后汉书》卷一下《光武帝纪下》记载，骠骑大将军杜茂率领部众"屯北边，筑亭候，修烽燧"。李贤注："亭候，伺候望敌之所。"又引《前书音义》说明了烽燧报警方式："边方备警急，作高土台，台上作桔皋，桔皋头有兜零，以薪草置其中，常低之，有寇即燃火举之，以相告，曰烽。又多积薪，寇至即燔之，望其烟，曰燧。昼则燔燧，夜乃举烽。"《后汉书》卷八九《南匈奴列传》写道："增缘边兵郡数千人，大筑亭候，修烽火。"都说"亭候"作为"伺候望敌之所"，使用"烽燧""烽火"传递信息。

汉代西域烽燧，也有承担警戒任务，服务于屯田和邮驿的作用。

《汉书》卷九六下《西域传下》记载，汉武帝征和年间，桑弘羊等建议在轮台建立屯田基地，"益垦溉田，稍筑列亭，连城而西，以威西国，辅乌孙"。这一建议虽然被汉武帝否决，却说明了屯田往往是以"列亭""连城"等防卫体系的构筑为保障的。作为长城防务重要结构之一的烽燧建设，也应当在西域屯田事业开发的同时在新疆兴起。而"列亭""连城"往往循交通道路修建，也有保障邮驿往来安全的意义。

李颀的《古从军》开篇第一句就说到"烽火"："白日登山望烽火，昏黄饮马傍交河。行人刁斗风沙暗，公主琵琶幽怨多。野营万里无城郭，雨雪纷纷连大漠。胡雁哀鸣夜夜飞，胡儿眼泪双双落。闻道玉门犹被遮，应将性命逐轻车。年年战骨埋荒外，空见蒲桃入汉家。"（《唐百家诗选》卷五）所谓"饮马傍交河""玉门犹被遮""蒲桃入汉家"，都指示了诗意是以西域为背景的。《宋诗纪事》卷一二收录了鲁交的《经战地》诗。诗人写道："西边用兵地，黯惨无人耕。战士报国死，塞草迎春生。沙飞贼风起，昼黑阵云横。夜半烽台望，旄头星尚明。"也说到于"西边用兵地""夜半烽台望"的情景。

3. 羌女轻烽燧，胡儿掣骆驼

　　明人唐之淳《野营曲》有言及"烽堆"的诗句："野营无城复无栅，掘水为濠倚沙碛。乌旗焰焰起中军，毡帐重重插戈戟。""幕府深沉昼刻迟，烽堆寂静羽书稀。""东飞金乌西走兔，九州四海皆王土。"（《唐愚士诗》卷一）最后一句，体现出儒学正统的天下观。其实，西域地方因民族构成的复杂和文化渊源的别异，走向儒家"九州四海皆王土"的路途，较其他区域要曲折得多。

　　在汉文化的影响介入之前，西域曾经为匈奴所控制。《史记》卷一二三《大宛列传》有"匈奴西域"的说法。《汉书》卷九六上《西域传上》："西域以孝武时始通，本三十六国，其后稍分至五十余，皆在匈奴之西……"所谓"皆在匈奴之西"，也反映了"匈奴西域"语源的政治地理和民族地理背景。据《史记》卷一一〇《匈奴列传》记载"单于遗汉书曰"，匈奴在"夷灭月氏"之后，曾经控制了西域地方："定楼兰、乌孙、呼揭及其旁二十六国，皆以为匈奴。诸引弓之民，并为一家。"《汉书》卷九六上《西域传上》写道："西域诸国大率土著，有城郭田畜，与匈奴、乌孙异俗，故皆役属匈奴。匈奴西边日逐王置僮仆都尉，使领西域，常居焉耆、危须、尉黎间，赋税诸国，取富给焉。"匈奴对西域以"赋税"形式进行经济剥夺。《汉书》卷九六下《西域传下》又说："西域诸国，各有君长，兵众分弱，无所统一，虽属匈奴，不相亲附。匈奴能得其马畜旃罽，而不能统率与之进退。"说匈奴虽然可以得到西域的物资，却不能全面统治西域。但是班固又说到匈奴"兼从西国"情形，可知"不能统率，与之进退"的说法，可能并不符合汉武帝时代之前的情形。而此后匈奴贵族征发西域军人发起战事，历史记载也并不罕见。

　　霍去病在河西击破匈奴之后，汉武帝"乃表河西，列四郡，开玉门，通西域，以断匈奴右臂，隔绝南羌、月氏"，汉与匈奴开始了对西域的争夺。出使、和亲、留质、贸易，甚至屯田，都是汉王朝和匈奴军事集团领袖共同采取的竞争策略。张德芳等编撰《敦煌悬泉汉简释粹》，举列了敦煌悬泉置遗址出土的接待"鄯善王副使者""大宛车骑将军长史""大月氏使者""山王副使""乌孙、莎车王副使""于阗王以下千七十四人""精绝王诸国客凡四百七十人"等记录，又有《康居王使者册》，都反映了汉与西域使团往来的频繁（张德芳、胡平生编撰：《敦煌悬泉汉简释粹》，上海古籍出版社2001年8月版，第103页至第119页）。当然，直接的军事攻夺也是经常发生的。唐人钱起有记述"登高愁望"的诗句："黄云压城阙，斜照移烽垒。汉帜远成霞，胡马来如蚁。"（〔唐〕钱起：《广德初銮驾出关后登高愁望》，《钱仲文集》卷二）形象地描绘了当时"汉""胡"战争情境。高高的"烽垒"，曾经直接目击了汉民族、匈奴民族和西域各民族英雄们精彩的历史表演。

《汉书》卷七〇《常惠传》记载："乌孙公主上书言：'匈奴发骑田车师，车师与匈奴为一，共侵乌孙，唯天子救之！'"匈奴屯田车师，是体现出高明的战略眼光的举措。《汉书》卷九四上《匈奴传上》的记载涉及汉王朝与匈奴双方在车师以"屯田"为形式的竞争，"汉益遣屯士分田车师地以实之。其明年，匈奴怨诸国共击车师，遣左右大将各万余骑屯田右地，欲以侵迫乌孙西域"。宋超著《汉匈战争三百年》分析了这一历史过程（宋超：《汉匈战争三百年》，华夏出版社 1996 年 12 月版，第 115 页至第 117 页）。张德芳等编撰《敦煌悬泉汉简释粹》也可见记录"将田车师戊己校尉""将田渠犁军候千人""将田渠犁校尉史""伊循田臣"出入塞或者文书往来的简文（《敦煌悬泉汉简释粹》，第 115 页，第 124 页）。总的说来，汉人因农耕经验的丰富，屯田的经济收益和军事作用，大概都要超过匈奴人。新疆的汉烽燧，很多都是屯田事业取得成功的见证。

杜甫《寓目》诗写道："一县蒲萄熟，秋山苜蓿多。关云常带雨，塞水不成河。羌女轻烽燧，胡儿掣骆驼。自伤迟暮眼，丧乱饱经过。"赵彦材注："'关云'、'塞水'、'羌女'、'胡儿'，皆所寓目之事。"（《九家集注杜诗》卷二〇）既然诗题"寓目"，赵注所说可能是正确的。但是杜甫似乎并没有行历唐代以前规模最宏伟的最典型的长城即汉代"关""塞"的体验。所谓"关云""塞水"，或许与他可能在鄘州曾经"寓目"的战国秦魏长城有关。也许将"羌女轻烽燧，胡儿掣骆驼"理解为历史记忆也是适宜的。如果将"羌女""胡儿"句读作汉代西域风景的写绘，笔法堪称真切生动。西域当时正是多民族活跃演出的舞台。

战事毕竟短暂，相对安定的所谓"治世"的和平生产与和平贸易，是社会历史的常态。所谓"羌女轻烽燧"，体现了烽燧设置的直接的军事意义在承平之世很快就已经不再为人重视。我们今天在这里寻访古烽燧遗迹，凭吊各民族英雄，想象这百丈高台俯瞰着平沙荒草，千百年来看到了怎样的沧桑演变呢？元代诗人袁桷有诗句曰"烽台阅废兴"（〔元〕袁桷：《鲁子翬御史分按辽阳作长律五十韵爱其精密予今岁亦虑眅开平因次其韵》，《元诗选》卷一九）。烽台览阅的历史，主体内容应当并不是唐人释贯休"单于烽火动，都护去天涯"诗句（〔唐〕释贯休：《古塞曲三首》之一，《禅月集》卷一一）形容的战争场面，而是在各民族和谐交融背景下的平静从容的经济进步和文化发展。

丝路西来的"驴"

　　"驴"作为西域畜产，因匈奴曾经控制西域，被中原人视为匈奴"奇畜"（《史记》卷一一〇《匈奴列传》）。草原民族大致在战国时期已经将有关"驴"的动物学知识与畜牧业经验，传播到中原北边的秦国、赵国、燕国地方。张骞"凿空"（《史记》卷一二三《大宛列传》），交通动力的引进，如《盐铁论·力耕》所谓"骡驴䭾驼，衔尾入塞，驒騱騵马，尽为我畜"，提升了中原地区的交通运输效率。考察、理解并说明丝绸之路史，应当关注西来物种引进史中具有典型意义的标本"驴"。

1. "驴骡驮骎"与"驮骎驴骡"

　　因韩国利用"秦之好兴事"，策动秦人"作注溉渠"即经营"郑国渠"以损耗国力的阴谋败露，秦有"一切逐客"之议。来自楚上蔡的客卿李斯也在被遣退之列，于是上书劝止。此即著名的政论杰作《谏逐客书》。据《史记》卷八七《李斯列传》，其中说到秦王所喜爱外来的消费生活形式，如"随、和之宝"，"明月之珠"，以及"犀象之器"和"郑、卫之女"等。特别说到"必秦国之所生然后可",则是"骏良駃騠不实外厩"。所谓"駃騠",司马贞《索隐》:"决提二音。《周书》曰:'正北以駃騠为献。'《广雅》曰:'马属也。'郭景纯注《上林赋》云:'生三日而超其母也。'"

《史记》卷一二九《货殖列传》:"乌氏倮畜牧,及众,斥卖,求奇缯物,间献遗戎王。戎王什倍其偿,与之畜,畜至用谷量马牛。秦始皇帝令倮比封君,以时与列臣朝请。"乌氏倮受到秦始皇爱重的情形,也是可以说明秦与北方民族关系的实例。明代学者王世贞《弇州四部稿》卷一四二《说部》"《短长上》二十三条",说到古墓发现简牍文书,叙战国秦至汉初事。其中有涉及"乌氏倮"的一段文字:"乌倮以所畜駃騠百足、橐驼十双献。而始皇封之戎王之瓯脱,使比列侯以朝。"这段记录虽然并非出自信史,但是符合秦于西北方向主动沟通精于"畜"的北方民族,亦可能因此接近成熟的驯畜技术的历史真实。有学者正确地指出,乌氏倮的贸易实践与丝绸之路交通有关(晋文:《官商乌氏倮与正史记载最早丝路贸易》,《光明日报》2017年3月27日)。所谓"正北""为献",说"駃騠"所产在北方民族地区。《史记》卷一一七《司马相如列传》载《上林赋》也可以看到"駃騠驴骡"字样:"其北则盛夏含冻裂地,涉冰揭河;兽则麒麟角端,騊駼橐驼,蛩蛩驒騱,駃騠驴骡。"也说"駃騠"生于北方寒冷地带。《淮南子·齐俗》高诱注也说:"駃騠,北翟之良马也。"《太平御览》卷九一三引《史记》曰:"匈奴畜则駃騠、驒騱。"直接称之为"匈奴畜"。《史记》卷一一〇《匈奴列传》司马贞《索隐》引《说文》云:"駃騠,马父赢子也。"按照段玉裁《说文解字》注的提示，应作"马父驴母赢也"："谓马父之骡也。言'马父'者，以别于驴父之骡也。今人谓马父驴母者为马骡，谓驴父马母者为驴骡。不言'驴母'者，疑夺。盖当作'马父驴母赢也'六字。"按照段玉裁的理解，"驶骒"是"马父驴母"生育的"赢"。"赢"，现在通常写作"骡"。《吕氏春秋·爱士》赵简子的宠物有"白骡"。据《史记》卷八三《鲁仲连邹阳列传》引录邹阳文字，燕王也有"驶骒"。有关"驶骒"的畜牧学知识的载录，透露出当时人们对于"驴"，不可能完全无知。《史记》卷一一〇《匈奴列传》记载："（匈奴）其奇畜则橐驼、驴、骡、驶骒、驹𫘧、𫘝骒。"在骆驼之次，说到"驴"。鄂尔多斯青铜器博物馆收藏有战国"圆雕立驴青铜竿头饰"（秦始皇帝陵博物院编，曹玮主编：《萌芽·成长·融合——东周时期北方青铜文化臻萃》，三秦出版社2012年8月版，第142页，第145页），是体现草原地方"驴"的存在的文物实证。发现地点，正是秦汉帝国"缘边"区域（《史记》卷一一〇《匈奴列传》）。

西域地方出产"驴"。据《汉书》卷九六上《西域传上》记述，鄯善国"有驴马"，乌秅国"有驴无牛"，罽宾国"驴畜负粮"，"又历大头痛、小头痛之山，赤土、身热之阪，令人身热无色，头痛呕吐，驴畜尽然"。"驴畜"的说法，透露"驴"是用作交通动力的重要畜种。康居国"敦煌、酒泉小郡及南道八国，给使者往来人马驴橐驼食，皆苦之"。据《汉书》卷九六上《西域传下》，汉与乌孙联军合击匈奴、车师，仅汉军就缴获"马牛羊驴橐驼七十余万头"。与前引

《史记》卷一一〇《匈奴列传》言匈奴"奇畜"首先说"橐驼、驴"不同，"驴"则列于骆驼之先。

中原人首先通过匈奴人认识了"驴"，应当与匈奴曾经占有西域，即所谓"西域本属匈奴"（《汉书》卷七〇《陈汤传》）有关。

2. "衔尾入塞"，成为重要交通动力

顾炎武《日知录》卷二九有"驴骡"条，注意到秦汉时期驴、骡的引进："自秦以上，传记无言驴者。意其虽有，而非人家所常畜也。""尝考驴之为物，至汉而名，至孝武而得充上林，至孝灵而贵幸。然其种大抵出于塞外。""其种""出于塞外"的"驴"，可能起初只是因珍奇而名贵，以观赏价值畜养，尚未进入社会经济生活。

我们曾经讨论在张骞"凿空"之前的丝绸之路交通（王子今：《前张骞的丝绸之路与西域史的匈奴时代》，《甘肃社会科学》2015 年 2 期）。除了上文说到的鄂尔多斯青铜"驴"形杖首而外，还有其他迹象可以说明秦人因西北方向的交通优势较早积累了有关"驴"的知识。天水放马滩《日书》乙种曾经被读作《三十六禽占》的内容中，"三十六禽"列名有："日中至日入投中菉宾间殹长面长颐尖耳行□□殹白皙善病项。"（乙 225）（张德芳主编，孙占宇著：《天水放马滩秦简集释》，甘肃文化出版社 2013 年 3 月版，第 49 页，第 234 页）。有学者指出，其中"长面、长颐、尖耳"的"间"应为"驴"（程少轩：《放马滩简所见式占古佚书的初

117

步研究》,《中央研究院历史语言研究所集刊》第八十三本第二分,2012 年 6 月)。

贾谊《吊屈原赋》:"腾驾罢牛兮骖蹇驴。"《史记》卷一二七《日者列传》:"骐骥不能与罢驴为驷。"东方朔《七谏·谬谏》:"驾蹇驴而无策。"刘向《九叹·愍命》:"却骐骥以转运兮,腾驴骡以驰逐。"扬雄《反离骚》:"骋骅骝以曲囏兮,驴骡连蹇而齐足。"颜师古解释说:"言使骏马驰骛于屈曲艰阻之中,则与驴骡齐足也。""驴"或说"驴骡"作为文学象征,是以"蹇""罢"形象出现的。

敦煌所出西汉晚期简中,可以看到有关"驴"入献的内容,如"回降归义乌孙女子」复幂献驴一匹骍牡」两拔齿□岁封颈以」敦煌王都尉章"(1906),"□□武威郡张掖长□□驴一□"(1913)。大致自汉武帝时代起,沿着丝绸之路,"骡驴馲驼,衔尾入塞"(《盐铁论·力耕》)。"驴"得以大规模引入之后,往往用于交通运输。

"驴""衔尾入塞"是丝路令人瞩目的风景,也直接充实了运输动力。《史记》卷一二三《大宛列传》记载,汉武帝太初三年(前 102),益发军再击大宛,"岁余而出敦煌者六万人,负私从者不与。牛十万,马三万余匹,驴骡橐它以万数。多赍粮,兵弩甚设,天下骚动"。说明"驴"在交通运输活动中已经表现出相当重要的作用。又如汉武帝轮台诏宣布:"朕发酒泉驴橐驼负食,出玉门迎军。"(《汉书》卷九六下《西域传下》)可知河西军运较早役使"驴"。而被看作匈奴"奇畜"的"驴",应当也是主要经由丝绸之路的河西路段走向"正北""北翟"方向的蒙古草原(王子今:《骡驴驮驼，衔尾入塞——汉代动物考古和丝路史研究的一个课题》，《国学学刊》2013 年 4 期）。

敦煌汉简可见"官属数十人持校尉印绂三十驴五百匹驱驴士五十人之蜀名曰劳庸部校以下城中莫敢道外事次孙不知将"（981）简文，记载了"驴五百匹，驱驴士五十人"组成的运输队由敦煌前往"蜀"地的交通史信息。而肩水金关简又可见"西海轻骑张海 马三匹驴一匹 丿"（73EJF3:149）。这里说的"驴一匹"可能用以驮负，也可能适时换作骑乘。

东汉时期，"驴"用于交通运输的情形非常普遍。杜笃《论都赋》中，有"驱骡驴，驭宛马，鞭駃騠"的文辞。武都"运道艰险，舟车不通"，曾使"驴马负载"（《后汉书》卷五八《虞诩传》）。《说文·木部》所谓"极，驴上负也"正可以作为"驴""负载"的证明。段玉裁解释说："当云'驴上所以负也'。《广韵》云'驴上负版'，盖若今驮鞍。"东汉时北边"建屯田"，"发委输"供给军士，并赐边民，亦曾以"驴车转运"（《后汉书》卷二二《杜茂传》）。汉明帝永平年间（58—75）曾计划从都虑至羊肠仓通漕，"太原吏人苦役，连年无成，转运所经三百八十九隘，前后没溺死者不可胜筭"。于是汉章帝建初三年（78）"遂罢其役，更用驴辇"，成功地承担起转运任务，"岁省费亿万计，全活徒士数千人"（《后汉书》卷一六《邓禹传》）。这一史例说明"驴辇"曾经成为大规模运输的主力。汉灵帝中平元年（184），北地先零羌及枹罕河关人起义，夜有流星光照营中，"驴马尽鸣"（《后汉书》卷七二《董卓传》），诸葛恪败曹魏军，"获车乘牛马驴骡各数千"（《三国志》卷六四《吴书·诸葛恪传》），都说明"驴"普遍用于军运。

王褒《僮约》以"食马牛驴""调治马驴"作为庄园农
奴的主要劳作内容，又体现出"驴"在更普遍的社会经济生
活中的作用。河内向栩"骑驴入市"（《后汉书》卷八一《独
行列传·向栩》），蓟子训"驾驴车"诣许下（《后汉书》
卷八二下《方术列传下·蓟子训》），说明短程和长途交通
均役用"驴"。也有用"驴"挽车情形，如成都人张楷"家
贫无以为业，常乘驴车至县卖药"（《后汉书》卷三六《张楷
传》）。"驴"较适宜于"屈曲艰阻"的山地运输，又堪粗饲，
寿命长于马，抗病力也较其他马属动物强，因而很快在交通
运输中成为普及型动力。

3."驴"与上层社会生活

由丝路西来的"驴"，以稳健的蹄声逐渐加入中原经济
生活的交响曲，甚至对上层社会的文化表现也形成了影响。

陕西咸阳汉昭帝平陵二号从葬坑东西两侧呈对称形式
各开凿有 27 个拱形顶长方形洞室，共计 54 个。经陕西省考
古研究院 2001 年发掘，发现每个洞室都分别放置一头牲畜。
"通过鉴定，全部动物可以分为骆驼、牛和驴三大类。其中
骆驼 33 匹，牛 11 头，驴 10 匹。"昭帝平陵从葬坑发现驴的
骨骼，是汉代有关"驴"的最重要的考古发现。据动物考古
学家袁靖介绍："驴和马在不少地方有相似之处。但是它们
之间的区别也是很明显的。比较典型的区别在于牙齿。如驴
的齿列比马的短，驴的臼齿无马刺，马的臼齿有马刺。驴的

臼齿下后尖和下后附尖呈 U 字形，马的则呈 V 字形。驴可以分为非洲野驴和亚洲野驴两种，根据动物学家的研究，世界上所有家养的驴都来自非洲野驴，亚洲野驴没有被驯化为家养的驴。"袁靖指出，"由于汉昭帝死于公元前 74 年。我们可以断定至少在公元前 74 年以前"，"出自非洲的驴已经作为家养动物，通过文化交流传到了陕西西安一带"（袁靖：《动物考古学揭密古代人类和动物的相互关系》，《西部考古》第 2 辑，三秦出版社 2007 年 12 月版，第 94 页）。平陵发现的"驴"，是中国内地迄今最早的有关"驴"的文物资料。取得帝陵从葬的资格，可能因远方"奇畜"特质成为皇族的宠物（王子今：《论汉昭帝平陵从葬驴的发现》，《南都学坛》2015 年 1 期）。作为"出自非洲的驴"，应当是一步步踏行丝绸之路经由西域进入中土的。

王莽时代，刘秀曾在长安求学。《后汉书》卷一上《光武帝纪上》记载："王莽天凤中，乃之长安，受《尚书》，略通大义。"李贤注引《东观记》："受《尚书》于中大夫庐江许子威。资用乏，与同舍生韩子合钱买驴，令从者僦，以给诸公费。"说明"驴"在长安地方社会地位和文化等级相当高的人群中已经用于盈利性营运。

汉灵帝光和四年（181）于后宫"驾四驴，帝躬自操辔，驱驰周旋，京师转相放效"（《后汉书》卷八《灵帝纪》），史书录为丑闻。司马彪曾经严厉批评道："夫驴乃服重致远，上下山谷，野人之所用耳，何有帝王君子而骖服之乎！"并以为"迟钝之畜，而今贵之"，是"国且大乱，贤愚倒植"的征兆（《续汉书·五行志一》）。西晋曾经流行"宫中大马几作驴"童谣（《晋书》卷二八《五行志中》，《晋书》卷三三《石苞传》），也说到"宫中"的"驴"。

孙吴史迹有"诸葛子瑜""之驴"故事。《三国志》卷六四《吴书·诸葛恪传》："恪父瑾面长似驴，孙权大会群臣，使人牵一驴入，长检其面，题曰'诸葛子瑜'。恪跪曰：'乞请笔益两字。'因听其笔，恪续其下曰：'之驴。'举坐欢笑，乃以驴赐恪。"裴松之注引恪《别传》又写道，"（孙）权尝飨蜀使费祎"，事先指示群臣"使至，伏食勿起"，费祎于是有嘲讽之语"驴骡无知，伏食如故"。恪又为趣答。"孙权大会群臣，使人牵一驴入"故事，说"驴"的蹄迹已经踏上朝堂。蜀使费祎在孙吴殿上言及"驴骡"，可知"驴"在长江流域的上游和下游地区都已经为社会熟知。

汉末魏晋文化层次颇高的群体中多有喜好"驴鸣"者，如《后汉书》卷八三《逸民传》说戴良"母憙驴鸣"。《世说新语·伤逝》写道：王粲安葬时，"（魏）文帝临其丧，顾语同游曰：王好驴鸣，可各作一声以送之，赴客皆一作驴鸣"。《晋书》卷四二《王济传》说王济去世，"将葬"，其孙王楚致哀，"哭毕，向灵床曰：卿常好我作驴鸣，我为卿作之"。这些故事，也是"驴"介入上层社会生活的例证。

以往分析汉帝国以畜力作为运输动力形势的改善，多重视马政的经营。现在看来，通过丝绸之路正常贸易获得"驴"这类"外国之物"的方式，也是不宜忽视的。

秦交通考古及其史学意义

交通考古成为学界重视的学术方向，俞伟超的《三门峡漕运遗迹》可以看作重要标志。近年秦“厎柱丞印”封泥的发现，大致可以说明黄河漕运在秦时已经起始。对交通开发与交通建设的重视，是秦崛起于西北，并逐步强盛，得以实现统一的重要因素之一。对于秦史与秦文化的诸多认识，可以通过秦交通考古的收获得以深化。

1. 秦人经营交通线路的考古发现

考古学者 20 世纪 80 年代对蓝桥河栈道遗存的发现与研究（王子今、焦南峰：《古武关道栈道遗迹调查简报》，《考古与文物》1986 年 2 期），进而对商鞅封地商邑遗址的调查与发掘（王子今、周苏平、焦南峰：《陕西丹凤商邑遗址》，《考古》1989 年 7 期），使得秦楚之间“武关道”的交通效能与交通形制得以认识（王子今：《“武候”瓦当与战国秦汉武关道交通》，《文博》2013 年 6 期；《武关·武候·武关候：论战国秦汉武关位置与武关道走向》，《中国历史地理论丛》2018 年 1 期）。蓝桥河栈道遗迹的发现，提供了比较早的山区交通道路开发形式的考古资料（王子今：《武关道蓝桥河栈道形制及设计通行能力的推想》，《栈道历史研究与3S技术应用国际学术研讨会论文集》，陕西人民教育出版社2008年8月版）。考古学者发现的子午道栈道遗存（王子今、周苏平：《子午道秦岭北段栈道遗迹调查简报》，《文博》1987年4期），据刘邦南下汉中"道由子午"（《石门颂》）分析，可能也是秦道路工程的遗迹。

内蒙古考古学者较早对秦始皇直道北段线路进行了考古调查，史念海发表《秦始皇直道遗迹的探索》一文之后，陕西、甘肃、内蒙古的秦直道考古工作多有发现。陕西省考古研究院张在明研究员主持的富县桦树沟口秦直道发掘，列名2009年度全国十大考古新发现。

秦统一后的第二年，即开始了"治驰道"的宏大工程。据西汉人贾山的追述，秦"为驰道于天下，东穷燕齐，南极吴楚，江湖之上，濒海之观毕至"（《汉书》卷五一《贾山传》）。秦汉之际战争中周勃等人"当驰道"的军功记录，反映驰道连接各地的实际作用。考古学者通过钻探和试掘等方式，在秦咸阳宫附近以及秦都咸阳以南方向发现了秦驰道的遗存。在陕西咸阳窑店镇南的东龙村以东150米处，考古工作者曾发现一条南北向古道路遗迹，路宽50米，筑于生土之上，两侧为汉代文化层（孙德润、李绥成、马建熙：《渭河三桥初探》，《考古与文物》丛刊第3号《陕西省考古学会第一届年会论文集》）。这条可能连通咸阳北阪宫殿区与阿房宫的道路，以秦宫布局"象天极"的规划意图分析，应当属于驰道交通系统。

据《战国策·赵策一》记载，赵豹警告赵王与秦国军事对抗的危险性，称"秦以牛田，水通粮"，"不可与战"。秦开发水运的成功，见于李冰"通正水道"，"以行舟船"与秦军"大舶船万艘""浮江伐楚"的文献记录（《华阳国志·蜀志》）以及灵渠等遗存。而考古发现的确定信息，有天水放马滩秦墓出土木板地图对水运航路与水路"关"的明确标示。

2. 秦人的车辆发明

陕西凤翔战国初期秦墓 BM103 出土 2 件形制相同的牛车模型，牛一牡一牝。出土时陶车轮置于牛身后两侧，其间有木质车辕及轴、舆等车具朽痕，可以看到车辕为 2 根（吴镇烽、尚志儒：《陕西凤翔八旗屯秦国墓葬发掘简报》，《文物资料丛刊》第 3 辑）。这是中国考古资料所见的最早的双辕车模型，也是世界最早的标志双辕车出现的实物资料。只需系驾一头牵引牲畜的双辕车的出现，体现了交通工具史上的重大进步。两件牛车模型出土于同一座小型墓葬中，且牛为一牡一牝，可以说明秦国民间运输生产资料的普及程度。

刘仙洲研究中国古代交通运输机械，曾经指出汉代文献所见"鹿车"就是独轮车。其创始年代应在西汉晚期。史树青就此也有所论证。据秦始皇陵兵马俑坑 2 号坑发掘资料，当时地面有"印痕清晰，辙与辙之间无明显对应关系"的车辙印迹，发掘报告执笔者说，这些车辙"疑为独轮车遗迹"，相应图版直接标明为"独轮车印"（秦始皇兵马俑博物馆：《秦始皇陵二号兵马俑坑发掘报告》第一分册，科学出版社 2009 年 1 月版，第 113 页至第 118 页，图版四一）。如果"独轮车印"的判断成立，可以证明这种车型当时已经投入使用，则独轮车的发明和使用，可以提前到秦代。

3. 秦人交通动力开发的文物实证

秦人重视养马业，"好马及畜，善养息之"。"息马"的技术优势，是秦文化传统的特色之一。在马作为最先进的交通动力的时代，"马大蕃息"成为秦立国进而迅速富强的重要条件（《史记·秦本纪》）。秦人畤祠最早使用"木禺车马"（《史记·封禅书》）即木制车马模型作为祭品，实物证明可以通过考古工作获得。而数量颇多的仿拟社会生活中实用骏马形象的最生动、最强壮的陶制马匹模型等文物的出土，也是相关历史迹象的直接反映。

《史记·匈奴列传》介绍匈奴历史人文与经济生活，说："其奇畜则橐驼、驴、骡、駃騠、騊駼、驒騱。"一些学者以为"駃騠"是"嬴"，即通常所谓"骡"。《盐铁论·力耕》言张骞"凿空"之后，"骡驴馲驼，衔尾入塞"。而李斯《谏逐客书》已经说到秦王的"外厩"有"骏良駃騠"。明代学者王世贞《弇州四部稿》卷一四二《说部》"《短长上》二十三条"，说到古墓发现简牍文书，叙战国秦至汉初事，推测可能是"战国逸策"。其中有涉及"乌氏倮"的一段文字："乌倮以所畜駃騠百足、橐驼十双献。而始皇封之戎王之瓯脱，使比列侯以朝。"这段记录虽然并非出自信史，但是与秦于西北方向主动沟通精于"畜"的北方民族，亦可能因此接近成熟的驯畜技术的历史真实是相符的。"所畜驮骡百足"者，可以在我们讨论与"驮骡"相关的问题时引为有参考价值的信息。在交通动力的开发方面，秦人较早引入骡和骆驼，是可能的。许雄志编《秦代印风》收录"王驴"印，为刘钊所关注。放马滩《日书》中十二生肖列名，程少轩指出其中的"阊"应当读为"驴"（《放马滩简所见式占古佚书的初步研究》，《中央研究院历史语言研究所集刊》第八十三本第二分）。这也是秦人较早对驴有所认识的实证。鄂尔多斯青铜器博物馆藏征集品"圆雕立驴青铜竿头饰"，长8.9厘米，高11.5厘米。另外一件类同器物，驴的形象也是明确无疑的。注意到"戎王"部族经"乌氏倮"等为中介对秦畜牧生产形成积极影响的情形，则可以理解汉代成为内地重要交通动力的"驴"由秦人较早利用的可能。

4. 秦交通考古多方面成就对秦史研究的推进

以秦人社会活动遗存为对象的考古工作，收获是多方面的。历年由国家文物局委托中国文物报社和中国考古学会评选的全国十大考古新发现中，相关成就得到学界普遍肯定。被评为2013年十大考古新发现的"陕西西安西汉长安城渭桥遗址"，其文化内涵包括战国至秦代遗存。厨城门一号桥桥桩年代的上限在公元前370年。这座南北向木梁柱桥长达880米，其发现与考察对于桥梁史研究有重要学术意义。黄河上最早的临时性浮桥与常设浮桥都为秦人修建。厨城门一号桥的秦工程史的元素，也值得学界重视。陕西凤翔孙家南头村发掘了西汉汧河码头仓储建筑遗址。附近地方考古调查所获同类建筑材料说明，春秋战国时期汧河沿岸已经建造了仓储设施以及水运码头。汧河水文条件的历史变化与仓储码头的使用与废弃有关。考古学者认为这样的建筑可以看作秦都雍城交通格局的一部分，应当是合理的判断。

秦始皇陵从葬铜车的形制，体现了当时制车技术的高峰。秦陵兵马俑军阵中步兵服用的鞋履与行縢，也为交通史学者所关注。龙岗秦简有关"驰道"制度的内容，里耶秦简水驿资料，睡虎地秦简"轻足"身份与里耶秦简"邮利足"身份，岳麓书院藏秦简"马甲"简文，北京大学藏秦简水陆里程记录等，也都反映了秦交通史的重要信息。相关考古工作，同时也为说明秦行政建设的规范设计与效率追求，说明秦文化坚持实用原则，讲求进取性、机动性的传统，提供了生动具体的例证。

5. 考古新发现的秦交通文化元素

近年来，考古新发现对于秦史重要情节的揭示，对于秦文化重要特征的认识，在公布新的信息、发表新的实证的同时，也开启了新的路径，提示了新的线索。若干重要收获得到学界的普遍肯定。在历年由国家文物局委托中国文物报社和中国考古学会评选的全国十大考古新发现中，就有涉及秦史与秦文化的多项收获。如"湖南里耶古城及出土秦简牍"（2002），"甘肃张家川战国墓地"（2006），"甘肃礼县大堡子山遗址"（2006），"陕西富县秦直道遗址"（2009），"湖南益阳兔子山遗址"（2013），"陕西凤翔雍山血池秦汉祭祀遗址"（2016），"陕西西安秦汉栎阳城遗址"（2017）等。其实，其他如"重庆三峡工程淹没区考古调查"（1994），也是包括秦代巴人遗址和墓葬的。又如"重庆三峡库区云阳李家坝遗址"（1998），也包含受到秦文化明显影响的巴文化的因素。

这些有关秦文化的考古新发现，颇多与交通史及交通文化相关的信息，值得研究者重视。其中里耶秦简和兔子山秦简所见交通史料，张家川战国墓出土车辆，富县桦树沟口秦直道遗存，都体现出直接的交通文化元素。而陕西凤翔雍山血池秦汉祭祀遗址所见未成年马驹用作祭品，涉及驹犊羔的神秘象征意义，也是与交通文化相关的神学迹象。而栎阳发现的"栎市"陶文，可以作为司马迁《史记》卷一二九《货殖列传》所谓"栎邑北却戎翟，东通三晋，亦多大贾"之说的文物实证，自然也为当时的商业交通提供了具体的说明。

康巴民族考古与交通史的新认识

交通史与民族史有特殊的学术渊源。岑仲勉《中外史地考证》说，交通与"民族动态""有密切关系"。严耕望《唐代交通图考》说，交通影响"民族感情之融合"。李学勤《〈秦汉交通史稿〉序》也写道，"交通史"与"民族关系""有着相当密切的联系"。就中国古代交通史与民族史相交叉的领域而言，还存在许许多多未知的现象，有相当广阔的学术空间。以交通文化的视角面对民族考古的课题，也会有新的发现。

康巴地区可以看作古代中国西北地区和西南地区的交接带。东部地区的若干影响，也经过这里影响西部地区。有的学者称相关地域为"藏彝走廊"，这一定名是否合理，还可以讨论。然而进行康巴地区的民族考古，确实不能不重视交通的作用。

司马迁在《史记》卷一一六《西南夷列传》中说，张骞在大夏看到蜀布、邛竹杖，得知"邛西可二千里有身毒国"，与蜀地有交通往来，于是汉武帝派使节"间出西夷西，指求身毒国"。《汉书》卷六一《张骞传》又记载，"天子欣欣以骞言为然。乃令因蜀犍为发间使，四道并出：出駹，出筰，出徙、邛，出僰，皆各行一二千里。其北方闭氐、筰，南方闭巂、昆明。"所谓"出西夷西"，所谓"其北方闭氐、筰"，都说明汉武帝时代曾经试图经过康巴及其邻近地区打通国际通路（王子今：《汉武帝"西夷西"道路与向家坝汉文化遗存》，《四川文物》2014 年 5 期）。事实上，炉霍石棺墓出土的海螺，说明高原古代居民很早就与滨海地区有所往来。

甘孜地区各地所发现数量颇多的古石棺墓，其方向、规格、形制以及随葬品组合，都说明其文化共性。由西北斜向西南的文化交汇带，正是以这一埋葬习俗，形成了历史标志。汤因比在《历史研究》中曾经说，就便利交通的作用而言，草原和海洋有同样的意义。草原为交通提供了极大的方便。草原这种"大片无水的海洋"成了不同民族"彼此之间交通的天然媒介"。已经有研究者指出："炉霍石棺墓出土的羊、虎、熊、马等形象与鄂尔多斯文化系统同类形象相似。""炉霍石棺墓出土的铜牌，也是北方草原民族特有的文化样式，尤其是虎背驴铜牌与宁夏固原出土虎背驴铜牌几乎一模一样。"炉霍县石棺葬的主人"可能来自北方草原，而且与鄂尔多斯文化系统联系十分紧密"（《中国西部石棺文化之乡——炉霍》）。炉霍石棺墓出土带有典型北方草原风格特征的青铜动物纹饰牌，构成了这种文物在西北西南地区分布的中间链环。草原民族在交通能力方面的优势，是众所周知的历史事实。康巴地方的古代民族利用这种优势在历史文化进程中发挥的特殊作用，已经通过多种考古文物迹象得以显现。

克劳塞维茨在《战争论》中说："战争是一种人类交往

的行为。"古代民族的文化交往史，有通过战争而实现的情形。据《平定金川方略》记述金川形势："其地崇山复岭，春夏积雪，与中国道路不通。据险设碉，恃以自固。"而大小金川战事爆发的原因，竟然包括金川土司莎罗奔"修路造船"的交通行为。战争之后，大小金川地区和汉地的交通联系更为密切了。碉楼是康巴地区许多地方最醒目的古建筑遗存。其性质，不仅在于"防御工事"和"界隔标志"，也是"通讯设施"。碉楼曾经以烽燧形式传递敌情与军令。

藏族聚居区称作"嘛呢"的石经堆积，往往在交通线的交叉点或重要路段，从某种意义上说，和古代汉地的"封"有关，既有宗教意义，又发挥着某种交通指示的作用。四川石渠长达 1.7 公里的"巴格嘛呢"石经墙，正在四川通向青海的大路旁侧。康巴地区类似的遗存还有许多，都反映了人们交通意识中的神秘主义成分。许多相关遗存，似有指示道路方向的作用。相关现象，当然都是民族考古工作中不应当忽视的。

河套地区：民族交往的枢纽

在血与火书写的战争历史的背后，也有文化交往与民族融合，实现共同进步的光明的一面。战争是一种人类交往的行为（[德]克劳塞维茨：《战争论》，商务印书馆1978年版，第135页）。秦汉王朝与匈奴的战争，促进了民族文化的交流。而河套地区当时是实现这种交流的主要通道。

《史记》卷一一〇《匈奴列传》说，"孝景帝复与匈奴和亲，通关市，给遗匈奴"，"今帝即位，明和亲约束，厚遇，通关市，饶给之。匈奴自单于以下皆亲汉，往来长城下"。关市是联系农耕区和畜牧区经济往来的重要形式。即使在敌对条件下，匈奴和汉王朝之间的关市贸易依然长期维持。这就是司马迁所说："匈奴绝和亲，攻当路塞，往往入盗于汉边，不可胜数。然匈奴贪，尚乐关市，嗜汉财物，汉亦尚关市不绝以中之。"

我们没有明确的历史资料可以说明河套地区的关市贸易状况。但是这种商业往来应当是比较密切的。《后汉书》卷九〇《乌桓传》记载，汉顺帝阳嘉四年（135）冬，乌桓侵扰云中，一次即"遮截道上商贾车牛千余两"。云中、五原、朔方，由北边交通道路相连接（王子今：《秦汉长城与北边交通》,《历史研究》1988 年 6 期)。这一历史记录,或许也可以作为说明包括朔方的北边经济往来异常繁荣的旁证。

当时的北边,还有关市以外的贸易形式(王子今:《汉代河西长城与西北边地贸易》,《长城国际学术研讨会论文集》,吉林人民出版社 1995 年 12 月版),推想河套地区作为长城防线的中间地段,应当具备更为优越的商业交通条件。

"亡人",是当时对内地逃往匈奴居地的民人的通行称谓。居延汉简中的相关资料,提示我们这种情形曾经相当普遍。如"乃今月三日壬寅居延常安亭长王阆子男同攻虏亭长赵常及客民赵闳范翕一等五人俱亡皆共盗官兵臧千钱以上带刀剑及铍各一又各持小尺白刀篋各一兰越甲渠当曲燧塞从河水中天田出○案常等持禁物兰越塞于边关傲逐捕未得它案验未竟兰越塞天田出入"(E.P.T68:59—65)(王子今:《居延简及敦煌简所见"客"——汉代西北边地流动人口考察札记》,《秦汉社会史论考》,商务印书馆 2006 年 12 月版)。于是汉文帝和匈奴单于外交文书中有"亡人不足以益众广地"的说法(《史记》卷一一○《匈奴列传》)。

《汉书》卷九四下《匈奴传下》记载,呼韩邪单于"上书愿保塞上谷以西至敦煌,传之无穷,请罢边备塞吏卒,以休天子人民"。于是,"天子令下有司议,议者皆以为便"。而"郎中侯应习边事,以为不可许"。他提出了认定长城不可撤防的十条理由:

周秦以来,匈奴暴桀,寇侵边境,汉兴,尤被其害。臣闻北边塞至辽东,外有阴山,东西千余里,草木茂盛，多禽兽，本冒顿单于依阻其中，治作弓矢，来出为寇，是其苑囿也。至孝武世，出师征伐，斥夺此地，攘之于幕北。建塞徼，起亭隧，筑外城，设屯戍，以守之，然后边境得用少安。幕北地平，少草木，多大沙，匈奴来寇，少所蔽隐，从塞以南，径深山谷，往来差难。边长老言匈奴失阴山之后，过之未尝不哭也。如罢备塞戍卒，示夷狄之大利，不可一也。今圣德广被，天覆匈奴，匈奴得蒙全活之恩，稽首来臣。夫夷狄之情，困则卑顺，强则骄逆，天性然也。前以罢外城，省亭隧，今裁足以候望通烽火而已。古者安不忘危，不可复罢，二也。中国有礼义之教，刑罚之诛，愚民犹尚犯禁，又况单于，能必其众不犯约哉！三也。自中国尚建关梁以制诸侯，所以绝臣下之觊欲也。设塞徼，置屯戍，非独为匈奴而已，亦为诸属国降民，本故匈奴之人，恐其思旧逃亡，四也。近西羌保塞，与汉人交通，吏民贪利，侵盗其畜产妻子，以此怨恨，起而背畔，世世不绝。今罢乘塞，则生嫚易分争之渐，五也。往者从军多没不还者，子孙贫困，一旦亡出，从其亲戚，六也。又边人奴婢愁苦，欲亡者多，曰'闻匈奴中乐，无奈候望急何！'然时有亡出塞者，七也。盗贼桀黠，群辈犯法，如其窘急，亡走北出，则不可制，八也。起塞以来百有余年，非皆以土垣也，或因山岩石，木柴僵落，溪谷水门，稍稍平之，卒徒筑治，功费久远，不可胜计。臣恐议者不深虑其终始，欲以壹切省繇戍，十年之外，百岁之内，卒有它变，障塞破坏，亭隧灭绝，当更发屯缮治，累世之功不可卒复，九也。如罢戍卒，省候望，单于自以保塞守御，必深德汉，请求无已。小失其意，则不可测。开夷狄之隙，亏中国之固，十也。非所以永持至安，威制百蛮之长策也。

这位"习边事"的"郎中侯应"对于呼韩邪单于"请罢边备塞吏卒"的建议"以为不可许"所述列十条理由中，第四条、第五条、第六条、第七条、第八条，都指出了长城防务对内的功效。居延汉简所见"逐捕搜索部界中听亡人所隐匿处"，"捕验亡人所依倚匿处"，"搜索部界中□亡人所依匿处"等，都体现了长城防务的这一功能。特别是：

第六条："往者从军多没不还者，子孙贫困，一旦亡出，从其亲戚"

第七条："又边人奴婢愁苦，欲亡者多，曰'闻匈奴中乐，无奈候望急何！'然时有亡出塞者"

第八条："盗贼桀黠，群辈犯法，如其窘急，亡走北出，则不可制"

所谓"亡出"，"亡出塞"，"亡走北出"，显然都是针对"亡人"的。而国务军务最高决策集团对于北边国防体系的经营，是有控制境内编户齐民"亡出"，"亡出塞"，"亡走北出"的考虑的。

呼韩邪单于"上书愿保塞上谷以西至敦煌"，所言即北边西段，然而所关注的，应当主要是河套地区。

汉的"亡人"曾经在民族文化交流中发挥过明显的作用（王子今：《论西汉北边"亡人越塞"现象》，《暨南史学》第5辑，暨南大学出版社2007年12月版）。如果我们摆脱狭隘的民族道德观和狭隘的民族主义意识的束缚，观察这一现象，应当有客观的判断。

　　同样，汉王朝也往往"得匈奴降者"（《汉书》卷九四上《匈奴传上》）。可以作为与汉"亡人"反方向人口流动的历史例证的，还有胡巫（王子今：《西汉长安的"胡巫"》，《民族研究》1997年5期）、胡贾（王子今：《汉代的"商胡""贾胡""酒家胡"》，《晋阳学刊》2011年1期）、胡骑（王子今：《两汉军队中的"胡骑"》，《中国史研究》2007年3期）在中原的活跃表现。而较大规模的游牧族内迁史事，是匈奴的内附。

　　元狩二年（前121）秋，匈奴浑邪王杀休屠王，率四万余众降汉。霍去病奉命受降，又在极复杂的情况下，坚定果敢地平定了匈奴部众的内部叛乱，使安置匈奴内附的计划得以成功。当时，汉分徙匈奴之归附者，"置五属国以处之"（《汉书》卷六《武帝纪》），其地皆在河南。

　　《汉书》卷八《宣帝纪》记载，甘露二年（前52）冬十二月，"匈奴呼韩邪单于款五原塞，愿奉国珍朝三年正月"。单于罢归，"居幕南，保光禄城。诏北边振谷食"。《汉书》卷九四下《匈奴传下》说："呼韩邪单于款五原塞，愿朝三年正月。汉遣车骑都尉韩昌迎，发过所七郡郡二千骑，为陈道上。单于正月朝天子于甘泉宫。""单于就邸，留月余，遣归国。单于自请愿留居光禄塞下，有急保汉受降城。

汉遣长乐卫尉高昌侯董忠、车骑都尉韩昌将骑万六千，又发边郡士马以千数，送单于出朔方鸡鹿塞。诏忠等留卫单于，助诛不服，又转边谷米糒，前后三万四千斛，给赡其食。"呼韩邪单于入与出，都经过河套地区。这里所说的"诏北边振谷食"，"转边谷米糒，前后三万四千斛，给赡其食"，所调运的，很可能主要是河套地区的粮产。"元帝初即位，呼韩邪单于复上书，言民众困乏。汉诏云中、五原郡转谷二万斛以给焉"，即明确说是河套"转谷"。

呼韩邪后来数次入朝，以及"元帝以后宫良家子王墙字昭君赐单于"，应当都是经由河套地区。

东汉初年，匈奴地方连年遭受旱蝗之灾，草木尽枯，赤地数千里，人畜饥疫，死耗大半。匈奴贵族集团内部又发生争夺统治权的内讧，此外，又有东方乌桓势力的逼迫，建武二十四年（48），匈奴日逐王比被南边八部拥立为南单于，并袭用其祖父呼韩邪单于的称号，率部众到五原塞，请求内附，为东汉王朝所接受。从此匈奴分为南北两庭。河套地区成为内附匈奴人安居的乐土。

北匈奴依然经常侵扰北边郡县，掳掠汉人和南匈奴人，并且以武力控制了西域地区。南匈奴逐渐转为定居生活，从事农耕经济，并且逐渐向东向南迁移。

内附的匈奴部族又有经过河套地方向南移动逐渐定居的可能。

从关市贸易、和亲关系、人口流动、物资转运以及匈奴内附等历史事实看，河套地区确实曾经成为民族文化交往与融合的友好的走廊。

丝绸贸易史视角的汉匈关系考察

考察丝绸之路史，可以发现中原出产的丝绸，曾经以多种方式实现输出。草原民族在丝绸贸易活动中取积极的态度。在中土丝绸向西运输的过程中，匈奴也发挥过重要的作用。考察汉与匈奴的关系，不仅可以看到血火刀兵，也能通过丝绸绚丽的色泽和轻柔的质感，感受经济交流史与文化融合史平缓亲和的一面。

1. 匈奴"好汉缯絮"与关市交易

西汉中期，朝廷关于商业政策与外交政策导向存在争论。《盐铁论·力耕》记录了"大夫"与"文学"的辩议。大夫的发言涉及"中国"与"外国"、"敌国"的贸易交往："汝、汉之金，纤微之贡，所以诱外国而钓胡、羌之宝也。夫中国一端之缦，得匈奴累金之物，而损敌国之用。是以骡驴馲驼，衔尾入塞，䮚騱騵马，尽为我畜，鼲貂狐貉，采旄文罽，充于内府，而璧玉珊瑚琉璃，咸为国之宝。"说"中国"依靠矿产和织品，可以通过贸易获取绝大的利益。而《太平御览》卷九〇一引《盐铁论》曰："齐陶之缣，南汉之布，中国以一端之缦，得匈奴累金之物。是以骡驴驼驼衔尾入塞。"则说"中国"在贸易中表现的经济实力的优越，完全体现于纺织品，即所谓"齐陶之缣，南汉之布"。

中行说评说匈奴民间消费倾向，指出"匈奴好汉缯絮"，而逐渐舍弃原先服用的"旃裘"（《史记》卷一一〇《匈奴列传》），警告对汉地产品的依赖将危害匈奴国力。可见"汉缯絮"确实影响了匈奴经济生活。匈奴得到汉地织品的重要途径是关市。据《汉书》卷下《匈奴传下》，汉文帝时对匈奴的政策就包括"与通关市"。"孝景帝复与匈奴和亲，通关市。"汉武帝即位后，"明和亲约束，厚遇，通关市，饶给之。匈奴自单于以下皆亲汉，往来长城下"。甚至在双方正式进入战争状态之后，匈奴仍贪求汉地物产，希图由此得到经济物资的补充，"尚乐关市，嗜汉财物，汉亦尚关市不绝以中之"（《史记》卷一一〇《匈奴列传》）。汉王朝也有意通过"关市"对匈奴社会施加经济影响。

"齐陶之缣，南汉之布"，可能有相当数量通过"关市"贸易流入匈奴。所谓"夫中国一端之缦，得匈奴累金之物"的交换行为，成为丝绸之路贸易的重要形式之一。

2. 西域丝绸市场与匈奴"赋税诸国"

在汉王朝占有河西地方之前，匈奴曾经长期控制西域。《汉书》卷九六上《西域传上》记载，"匈奴西边日逐王置僮仆都尉，使领西域"，"赋税诸国，取富给焉"。所谓"赋税"，应体现以强劲军力维护的掠夺式制度化经济关系。"赋税诸国"的征收内容，除畜产、农产外，亦包括矿产、手工业制品和其他物产。匈奴向"乌桓民"征收"皮布税"的情形（《汉书》卷九四下《匈奴传下》），可以在讨论匈奴于西域"赋税诸国"时参考。《后汉书》卷八八《西域传》说到两汉之际西域再次"役属匈奴"，而匈奴"敛税重刻"竟然导致西域诸国不堪承受，于是外交方向因此而变换的情形："哀平间，自相分割为五十五国。王莽篡位，贬易侯王，由是西域怨叛，与中国遂绝，并复役属匈奴。匈奴敛税重刻，诸国不堪命，建武中，皆遣使求内属，愿请都护。"

匈奴雄劲的军事强势，使得利用西域交通地理条件发展贸易成为可能。匈奴史学者林幹曾经指出，"匈奴族十分重视与汉族互通关市。除汉族外，匈奴与羌族经常发生商业交换；对乌桓族和西域各族也发生过交换"。此说匈奴"和西域各族也发生过交换"，在另一处则说，"匈奴还可能和西域各族发生交换"。一说"发生过交换"，一说"可能""发生交换"，似乎表述不同。前说应当是确定的意见。林幹还指出："（匈奴）并通过西域，间接和希腊人及其他西方各族人民发生交换。"（林幹：《匈奴通史》，人民出版社 1986 年 8 月版，第 3 页，第 146 页至第 147 页）考察丝绸之路贸易行为中匈奴的作用，应当重视这样的认识。

西域许多部族具备从事贸易的经济传统，善于商业经营。如"自宛以西至安息，其人……善贾市，争分铢"，安息"有市，民商贾用车及船，行旁国或数千里"，大夏"善贾市"，都城"有市贩贾诸物"（《史记》卷一二三《大宛列传》）等，都是引人注目的历史记录。《汉书》卷九六上《西域传上》说到罽宾国、乌弋国的"市列"，又说疏勒国"有市列"，指出西域诸国商品经济的活跃和市场建置的成熟。对于这一时期匈奴以军事力量扼制丝路商贸通路的情形，有的学者曾经有如下分析："匈奴人……企图控制西域商道，独占贸易权益。""越来越强的贪欲，使他们亟欲控制商道，垄断东西贸易，以取得暴利。"（殷晴：《丝绸之路与西域经济——十二世纪前新疆开发史稿》，中华书局2007年12月版，第111页）如果不使用"贪欲""暴利"之类贬斥语意过强的说法，客观说明匈奴对于"西域商道""贸易权益"的"控制"，显然是有意义的。《后汉书》卷八九《南匈奴传》记载："（建武）二十八年，北匈奴复遣使诣阙，贡马及裘，更乞和亲，并请音乐，又求率西域诸国胡客与俱献见。""西域诸国胡客"和匈奴使团同行"与俱献见"，体现匈奴对于西域胡商贸易活动的鼓励和支持。这很可能是以经济利益为出发点的。或许匈奴对西域之"敛税重刻"，包括商业税征收。

有学者以为，匈奴也直接参与丝绸买卖："匈奴贵族""做着丝绸贸易"，"匈奴人""进行丝绸贸易"，或说"丝绢贸易"。亦有关于"当时匈奴贵族向西方贩运的丝绸的道路"的分析（苏北海：《汉、唐时期我国北方的草原丝路》，张志尧主编：《草原丝绸之路与中亚文明》，新疆美术摄影出版社1994年11月版，第28页）。然而现在看来，这样的意见似乎需要确切的史料的支持。在考古发掘收获中寻求文物实证，尤其必要。"匈奴人"在西域及邻近地方"进行丝绸贸易"、"丝绢贸易"的经济行为可能性极大，如果得到证实，当然可以推进匈奴史和西域史的认识。

亦有学者说，匈奴面对西域繁盛的商业，有"抢劫商旅"的行为（齐涛：《丝绸之路探源》，齐鲁书社1992年8月版，第52页）。这样的情形，当然是很可能发生的。"抢劫"所得，有可能直接"进行丝绸贸易"。

3. 汉王朝厚赂匈奴织品的去向

"汉使者持黄金锦绣行赐诸国"（《汉书》卷七〇《傅介子传》），是汉王朝维护与"诸国"关系的通常形式。这一策略也应用于匈奴。《史记》卷一一〇《匈奴列传》言汉王朝维护"和亲"的同时"给遗匈奴"，这是"汉物"流入匈奴的重要形式。《汉书》卷九四下《匈奴传下》回顾与匈奴的交往，言刘邦时代"约结和亲，赂遗单于"。"逮至孝文"，更"增厚其赂，岁以千金"。汉武帝时代苏武出使，也有"厚币赂遗单于"的记录。汉武帝元光二年（前133），"春，诏问公卿曰：'朕饰子女以配单于，金币文绣赂之甚厚，单于待命加嫚，侵盗亡已。边境被害，朕甚闵之。今欲举兵攻之，何如？'"（《汉书》卷六《武帝纪》）《说文·巾部》："币，帛也。"所谓"金币文绣赂之甚厚"，体现出汉对于匈奴"赂"这种物资输出形式中丝绸的意义。

汉王朝以"赐"的形式对于匈奴的物资输送，多有丝绸织品、"絮"以及较高等级的成衣等。以具有计量统计意义的记载为例，汉宣帝甘露三年（前51），"(呼韩邪)单于正月朝天子于甘泉宫"，"赐以冠带衣裳，……衣被七十七袭，锦绣绮縠杂帛八千匹，絮六千斤"。汉宣帝黄龙元年（前

50），"呼韩邪单于复入朝，礼赐如初，加衣百一十袭，锦帛九千匹，絮八千斤"。"竟宁元年，单于复入朝，礼赐如初，加衣服锦帛絮，皆倍于黄龙时。"汉成帝河平四年（前25），"（单于）入朝，加赐锦绣缯帛二万匹，絮二万斤，它如竟宁时"。"（汉哀帝）元寿二年，单于来朝，……加赐衣三百七十袭，锦绣缯帛三万匹，絮三万斤，它如河平时。"（《汉书》卷九四下《匈奴传下》）自汉宣帝甘露三年（前51）至汉哀帝元寿二年（前1）50年间，多次赐匈奴"锦帛"及"絮"，数量逐次增加。仅简单累计，至于"锦绣缯帛"8万匹，"絮"8万斤。比较汉文帝时所谓"遗单于甚厚"，仅不过"服绣袷绮衣、绣袷长襦、锦袷袍各一，……绣十匹，锦三十匹，赤绨、绿缯各四十匹"（《史记》卷一一〇《匈奴列传》），数量颇为悬殊。如此惊人的数额，应已超过满足匈奴服用需求的数额。当时在汉地经济生活中，出现了"以实物计价发给官吏替代俸钱"的现象（何德章：《两汉俸禄制度》，黄惠贤、陈锋主编：《中国俸禄制度史》，武汉大学出版社1996年10月版，第47页至第48页）。大量高等级的纺织品"礼赐"单于，或许也可以理解为在汉地推行"禄帛""禄布""禄絮"制度的背景下，有经济作用更值得注意的"赂"的意义。也就是说，丝绸作为一般等价物，在汉与匈奴的经济关系中实现了特殊的价值。可以推想，匈奴得到超出实际消费需要数额的"锦绣缯帛"和"絮"，是可以通过转输交易的方式获取更大利益的。前引有学者分析"匈奴贵族""做着丝绸贸易"，"匈奴人""进行丝绸贸易"、"丝绢贸易"，"当时匈奴贵族向西方贩运""丝绸"的现象，货源有可能包括汉王朝"礼赐"的高级纺织品。

4.汉匈军事前线的丝绸发现

　　考古学者在河西汉代边塞的发掘，获得了数量颇多的丝绸残片。据贝格曼在额济纳河流域考察汉代烽燧遗址的收获，包括织品遗存的发现。如烽燧 A6 与汉代封泥、木简同出有"敞开的、织造精美的覆盖有黑色胶质的丝织品残片；丝质纤维填料；细股的红麻线"等文物。通称"破城子"的城障 A8 与诸多汉代文物同出"天然丝，丝绸纤维填料"，"植物纤维织物"，"不同颜色的丝织物、丝绸填料、植物纤维材料残片"。烽燧 A9 发现"红丝绸"。障亭 A10 发现包括"褐色、红色、绿色和蓝色"的"不同颜色的丝绸残片"。台地地区地点 1 标号为 P.398 的遗存，发现"（天然）褐色、黄色、深红色、深蓝色、浅蓝色、深绿色、浅绿色"的"丝绸残片"。地点 7 标号为 P.443 的遗存也发现丝织物，"色泽有褐色（天然）、黄褐色、浅绿色、深绿色、蓝绿色和深蓝色"。金关遗址 A32 地点 A 发现"有朱红色阴影的鲜红丝绸残片"，地点 B 发现"玫瑰红、天然褐色丝绸和丝绸填料残片"，地点 C 发现"天然褐色、褐色和酒红色丝绸残片"，地点 E 发现"丝质服装、丝绸填料和纤维织物残片"，"丝绸为天然褐色、绿色、蓝绿色、蓝色和红色"。地湾遗址 A33 地点 4 发现的丝绸残片，色彩包括"褐色、浅红色、深红色、绿黄棕色、黄绿色和黄色"。又据记述，"色度为：接近白色、褐色、红色、绿色、普鲁士蓝"。大湾遗址 A35 地点 1、地点 2、地点 5、地点 12 发现"丝绸残片",地点 4、地点 6、地点 7、地点 8、地点 9、地点 10 发现"纺织物残片"。地点 1 标号为 P.66 的遗存,发现"各种颜色(浅黄色、灰色、褐色、绿色和玫瑰红色)的丝绸残片"([瑞典]弗克·贝格曼考察;[瑞典]博·索马斯特勒姆整理;黄晓宏等翻译;张德芳审校:《内蒙古额济纳河流域考古报告:斯文·赫定博士率领的中瑞联合科学考查团中国西部诸省科学考察报告考古类第 8 和第 9》,学苑出版社 2014 年 3 月版,第 34 页至第 35 页,第 60 页,第 86 页,第 94 页,第 284页,第 288 页,第 333 页,第 334 页,第 339 页,第 350 页,第 376 页至第 377 页)。

有的丝绸残片是在鼠洞里发现的。额济纳河流域汉代遗址的丝绸遗存普遍经过鼠害破坏,因此每多残碎。但是台地地区"地点 7"标号为 P.402 的发现,据记录:"黄色(天然)丝绸残片,其中一块的整体宽 51.5–51.7 厘米。"地湾遗址 A33"地点 6"发现的丝绸残片中,"第 2 件和第 19 件保留了完整的宽度,其宽分别为 45 厘米和 40 厘米"(《内蒙古额济纳河流域考古报告:斯文·赫定博士率领的中瑞联合科学考查团中国西部诸省科学考察报告考古类第 8 和第 9》,第275 页,第 288 页,第 359 页)《汉书》卷二四下《食货志下》说到"布帛广二尺二寸为幅"的统一规格,以西汉尺度通常 23.1 厘米计,应为 50.82 厘米,"整体宽 51.5—51.7 厘米"的形制与此接近。而以东汉尺单位量值 23.5 厘米计(丘光明编著《中国历代度量衡考》,科学出版社 1992 年 8 月版,第 55 页),"广二尺二寸为幅"恰好为 51.7 厘米。也就是说,这些织品遗存，当时有相当数量并非成衣，而是以全幅形式出现，很可能是以"匹"为单位的丝绸。

汉代礼俗制度，色彩的使用依身份尊卑高下有所不同。如《续汉书·舆服志下》："公主、贵人、妃以上，嫁娶得服锦绮罗縠繒，采十二色，重缘袍。特进、列侯以上锦繒，采十二色。六百石以上重练，采九色，禁丹紫绀。三百石以上五色采，青绛黄红绿。二百石以上四采，青黄红绿。贾人，緗缥而已。"自"采十二色""采九色""五色采""四采"至所谓"緗缥"，形成了等级差别。"緗缥"，是极普通的单一之色。除了为下层人士服用的这种"天然褐色"织品之外，河西边塞遗址发现的色彩纷杂绚丽的织品，不大可能制作普通军人亲身衣物。有经济史研究者注意到，"至今仍不时在沿丝路沙漠中发现成捆的汉代丝织品"。当时丝路交通形势十分复杂，"所谓通西域的丝路，实际上是在亭障遍地、烽墩林立和烟火相接的严密保护下才畅通无阻的"（傅筑夫：《中国封建社会经济史》第2卷，人民出版社1982年12月版，第440页，第439页）。而河西烽燧遗址发现的大量的"汉代丝织品"，也成为丝绸之路贸易史的生动见证。不过，"汉代的丝织品"流通与"亭障""烽墩"的关系，未必可以简单以"严密保护"说明。河西边塞戍卒有"贳卖衣财物"的经济行为。他们从家乡带来的织品通过出身当地的军人进入河西市场复杂的流通程序。这种流通不排除匈奴人参与的可能。

居延汉简可见边塞军人逃亡事件的记录。典型的一例，即所谓"持禁物兰越塞"的五人中，有常安亭长王闳父子、攻房亭长赵常以及"客民赵闳范翁"。他们"兰越甲渠当曲燧塞，从河水中天田出"，"于边关儌逐捕未得"，可以说是叛逃成功。所谓"常及客民赵闳范翁一等五人俱亡皆共盗官兵"，"五人俱亡皆共盗官兵臧千钱以上带大刀剑及铍各一"，是一起严重的"亡人越塞"案（E.P.T68:54—76）。现役军人以"亡"的形式向匈奴方向的叛逃，即史称"亡入匈奴"者，文献不乏记录。典型的例子有《汉书》卷九九中《王莽传中》："戊己校尉史陈良、终带共贼杀校尉刀护，劫略吏士，自称废汉大将军，亡入匈奴。"这是具有敌对政治情绪者"亡入匈奴"的情形。其他比较普遍的"亡出塞"现象，如"习边事"之"郎侯应"所指出的，第一种为以往从军出征者未能回乡，"子孙贫困，一旦亡出，从其亲戚"，第二种为以为"匈奴中乐"，不必承担沉重的劳役责任，"边人奴婢愁苦，欲亡者多"，第三种为"犯法""盗贼""如其窘急，亡走北出"（《汉书》卷九四下《匈奴传下》）。丝绸作为价位较高的物资，与多种"禁物"同样为"亡人"所"持"而"兰越塞"，"北出"匈奴地方，是很自然的事情。这或许可以看作汉与匈奴之间以丝绸交易体现的经济联系的特殊方式。

司马迁笔下的丝路酒香

司马迁予以突出记载的"张骞凿空"（《史记》卷一二三《大宛列传》），成为丝绸之路史富有纪念意义的符号标志。其实，在前张骞时代，中原文化与中亚、西亚地方文化之间，已经通过草原、绿洲、沙漠、戈壁实现了长久的联系。但是汉武帝时代由张骞出使西域开创的汉王朝与西北方向诸多政治实体和文化实体之间相互正式与密集的外交往来、经济沟通和文化融汇，对于世界交往史的意义得以明朗地显现。

《史记》对汉代丝绸之路开拓与通行的过程和意义有生动具体的记述。其中情节，提供了军事史、外交史及民族关系史研究的重要资料。而涉及"酒"的内容，反映了丝绸之路交通线上战争拼搏和经济竞争的另一面，也有休闲生活的雅趣，情感体验的温馨，精神意境的陶醉。丝绸之路沿途美好的文化风景，可以在体味酒香的同时欣赏。丝路的酒，丰富了当时人们饮食生活的消费内容，也沁入了人们精神生活的较深层次。丝绸之路美酒的醇厚和热烈，正体现了这一历史时期我们民族宽宏、豪迈、开放、进取的时代精神的风格。

1. 大宛、安息的"蒲陶酒"

张骞出使西域，回到长安，向汉武帝报告西行见闻，包括沿途考察西域国家的地理、人文、物产等多方面的信息。据《史记》卷一二三《大宛列传》记载，"（张）骞身所至者大宛、大月氏、大夏、康居，而传闻其旁大国五六，具为天子言之"。张骞的西域考察报告分两个层次，第一是"身所至者"诸国，第二是"传闻其旁大国"。

关于"大宛"国情，张骞说："大宛在匈奴西南，在汉正西，去汉可万里。其俗土著，耕田，田稻麦。有蒲陶酒。多善马，马汗血，其先天马子也。有城郭屋室。其属邑大小七十余城，众可数十万。其兵弓矛骑射。"大宛的地理形势，"其北则康居，西则大月氏，西南则大夏，东北则乌孙，东则扜罙、于寘。于寘之西，则水皆西流，注西海；其东水东流，注盐泽。盐泽潜行地下，其南则河源出焉。多玉石，河注中国。而楼兰、姑师邑有城郭，临盐泽。盐泽去长安可五千里。匈奴右方居盐泽以东，至陇西长城，南接羌，鬲汉道焉"。张骞关于大宛自然条件、经济生活、军事实力及外交关系的报告，在陈述其生产方式之后，明确说到其国"有蒲陶酒"。

这是中国历史文献关于"蒲陶酒"的最早的记载。

汉武帝对于大宛国最为关注，甚至不惜派遣数以十万计的大军远征以夺取的，是"多善马，马汗血，其先天马子也"。在司马迁笔下，大宛"有蒲陶酒"的记载，竟然在

"多善马"之前。可知太史公对于这一资源信息的高度重视。

关于安息的介绍，《史记》卷一二三《大宛列传》写道："安息在大月氏西可数千里。其俗土著，耕田，田稻麦，蒲陶酒。"司马迁又说到安息国情的其他方面，"城邑如大宛。其属小大数百城，地方数千里，最为大国。临妫水，有市，民商贾用车及船，行旁国或数千里。以银为钱，钱如其王面，王死辄更钱，效王面焉。画革旁行以为书记。其西则条枝，北有奄蔡、黎轩"。《史记》记述大宛国情所谓"有蒲陶酒"，是"（张）骞身所至者"的直接体会。关于安息的"蒲陶酒"，则应当来自"传闻"。

安息国有稳定的货币体系。所谓"有市"，说明商品经济比较成熟。而所谓"民商贾用车及船，行旁国或数千里"，体现商运的发达。"蒲陶酒"在社会经济生活中的意义，应当是重要的，可能仅次于"稻麦"。"商贾""行旁国或数千里"的交通条件，无疑可以保障"蒲陶酒"的远销。

2. 西域："以蒲陶为酒，富人藏酒至万余石"

《史记》卷一二三《大宛列传》记载，"蒲陶酒"是西域多个地方的特产。而当地民俗传统，"嗜酒"是显著标志。司马迁写道："宛左右以蒲陶为酒，富人藏酒至万余石，久者数十岁不败。俗嗜酒，……"这里所谓"宛左右"，《汉书》卷九六上《西域传上》"大宛国"条写作"大宛左右"。据《史记》卷一二三《大宛列传》，大宛民间礼俗传统"嗜酒"。所谓"富人藏酒至万余石，久者数十岁不败"，说明"蒲陶酒"

储藏技术的成熟，也说明"蒲陶酒"经济价值的重要。

"蒲陶"，是西域地方普遍栽培的主要因可以酿酒而具有重要经济意义的藤本植物。《汉书》卷九六上《西域传上》"难兜国"条和"罽宾国"条都说，当地"种五谷、蒲陶诸果"。《晋书》卷九七《四夷传》"康居国"条也说，其国"地和暖，饶桐柳蒲陶"。"以蒲陶为酒"，很可能是种"蒲陶"的主要经营目的。

"蒲陶酒"应当是中原上层社会喜爱的饮品。《后汉书》卷七八《宦者传·张让》记录了官场腐败的一起典型案例。中常侍张让"交通货赂，威形喧赫"。扶风人孟佗"资产饶赡"，与张让奴"朋结"，愿求一拜。"时宾客求谒让者，车恒数百千两，佗时诣让，后至，不得进，监奴乃率诸仓头迎拜于路，遂共輂车入门。"于是，"宾客咸惊，谓佗善于让，皆争以珍玩赂之。佗分以遗让，让大喜，遂以佗为凉州刺史"。李贤注引《三辅决录注》的记述涉及"蒲陶酒"："（孟佗）以蒲陶酒一斗遗让，让即拜佗为凉州刺史。"可知当时洛阳地方社会对"蒲陶酒"的看重。这一故事，又见于《三国志》卷三《魏书·明帝纪》裴松之注引《三辅决录注》："……（孟）他又以蒲桃酒一斛遗让，即拜凉州刺史。""孟他"即"孟佗"。"蒲桃酒"就是"蒲陶酒"。"蒲陶酒一斗"和"蒲桃酒一斛"的差异，应是传闻失真。《晋书》卷四三《山遐传》中也可以看到对这一政治腐恶现象的批评："自东京丧乱，吏曹湮灭，西园有三公之钱，蒲陶有一州之任，贪饕方驾，寺署斯满。"以"蒲陶酒一斗"贿赂当权宦官，竟然可以换得"凉州刺史"官位，即所谓"一州之任"。

3. 中土肥饶地始种"蒲陶"及"蒲陶宫"名义

在丝绸之路物种引入史中,"蒲陶"是众所周知的引种对象。司马迁在《史记》卷一二三《大宛列传》中记录了汉王朝引种西域经济作物的情形:"宛左右以蒲陶为酒,富人藏酒至万余石,久者数十岁不败。俗嗜酒,马嗜苜蓿。汉使取其实来,于是天子始种苜蓿、蒲陶肥饶地。"丝路交通的繁荣,使得这两种经济作物的栽植形成了更大的规模。"及天马多,外国使来众,则离宫别观旁尽种蒲萄、苜蓿极望。"司马迁所谓"天子始种苜蓿、蒲陶肥饶地",是丝绸之路正式开通后,物种引入的著名记录。

《史记》卷一一七《司马相如列传》载录司马相如歌颂极端"巨丽"的"天子之上林"的赋作,有这样的文句:"于是乎卢橘夏孰,黄甘橙楱,枇杷橪柿,樗柰厚朴,樗枣杨梅,樱桃蒲陶,隐夫郁棣,楛楱荔枝,罗乎后宫,列乎北园。"可知上林苑中栽植了"蒲陶"。关于"蒲陶",裴骃《集解》引郭璞的解释:"蒲陶似燕薁,可作酒也。"大概宫苑中"蒲陶"的栽培,主要目的应当是用以"作酒"。大概长安宫苑管理者已经能够学习"宛左右"地方的酿酒技术,"以蒲陶为酒"了。

西汉长安上林苑有"蒲陶宫"。《汉书》卷九四下《匈奴传下》记载:"元寿二年,单于来朝,上以太岁厌胜所在,舍之上林蒲陶宫。告之以加敬于单于,单于知之。"匈奴单于"来朝",汉哀帝出于"以太岁厌胜所在"的考虑,安排停宿于"上林蒲陶宫"。《资治通鉴》卷三五"汉哀帝元寿二年"记述此事。关于"太岁厌胜所在",胡三省注:"是年太岁在申。"关于"蒲陶宫",胡三省注:"蒲陶本出大宛,武帝伐大宛,采蒲陶种植之离宫。宫由此得名。"我们这里不讨论"厌胜"的巫术意识背景以及"太岁在申"的神秘内涵,只是提示大家注意"蒲陶宫"的营造。"蒲陶宫",可能是最初"采蒲陶种植之离宫"之所在,或者是栽植"蒲陶"比较集中的地方。

前引司马迁《史记》卷一二三《大宛列传》说,"(大宛)俗嗜酒,马嗜苜蓿"。汉家使节于是引入,"汉使取其实来,于是天子始种苜蓿、蒲陶肥饶地。及天马多,外国使来众,则离宫别观旁尽种蒲陶、苜蓿极望"。《史记》记载,一说"苜蓿、蒲陶",一说"蒲陶、苜蓿",《汉书》卷九六上《西域传上》"大宛国"条则都写作"蒲陶、目宿","蒲陶"均列名于前。值得我们注意的,是河西汉简资料中,"苜蓿"都作"目宿"。"目宿",可能体现了汉代文字书写习惯。我们注意到,"蒲陶、苜蓿"是同时引入的富有经济意义的物种,但是河西汉简仅见"目宿"而不见"蒲陶"。《汉书》卷九六下《西域传下》与《史记》卷一二三《大宛列传》同样的记载,写作"益种蒲陶、目宿离宫馆旁,极望焉"。颜师古注:"今北道诸州旧安定、北地之境往往有目宿者,皆汉时所种也。"指出唐代丝绸之路沿线苜蓿种植沿承了"汉时所种"的植被形势。

有可能"蒲陶"移种,其空间范围主要集中在"离宫别观旁"。即前引司马相如《上林赋》所谓"罗乎后宫,列乎北园"。

对于汉武帝时代的开放、开拓与开发，《汉书》卷九六下《西域传下》篇末的"赞曰"有这样的总结："遭值文、景玄默，养民五世，天下殷富，财力有余，士马强盛。"由于继承了文景时代的经济成就，所以能够有多方面的进取，"故能睹犀布、玳瑁则建珠崖七郡，感枸酱、竹杖则开牂柯、越嶲，闻天马、蒲陶则通大宛、安息。自是之后，明珠、文甲、通犀、翠羽之珍盈于后宫，蒲梢、龙文、鱼目、汗血之马充于黄门，巨象、师子、猛犬、大雀之群食于外囿。殊方异物，四面而至"。而宫苑生活因此具有了外来文明的色彩。"于是广开上林，穿昆明池，营千门万户之宫，立神明通天之台，兴造甲乙之帐，落以随珠和璧，天子负黼依，袭翠被，冯玉几，而处其中。设酒池肉林以飨四夷之客，作巴俞《都卢》、海中《砀极》、漫衍鱼龙、角抵之戏以观视之。"所谓"闻天马、蒲陶则通大宛、安息"，指出西域进取致使直接的物种引入。应当注意到，汉武帝时代以积极态度促进汉文化的扩张，以致"殊方异物，四面而至"，意义绝不限于"天子"个人物质生活享受等级的提升，而有更闳放的文化意义，更长久的历史影响。其中所说"蒲陶"引入与"设酒池肉林以飨四夷之客"的外交虚荣表现之所谓"酒池"的关系，也是可以引发读者的联想的。

4. 置郡"酒泉"的象征意义

东周时期，已经有"酒泉"地名。《史记》卷四《周本纪》记载：周襄王十三年（前639），"郑文公怨惠王之入不与厉公爵，……"张守节《正义》引录《左传》的记载："庄公二十一年，王巡虢狩，虢公为王宫于蚌，王与之酒泉，郑伯之享王，王以后之鞶鉴与之。虢公请器，王与之爵。郑伯由是怨王也。"又引杜预的解说："酒泉，周邑。"这里所说的"酒泉"是"周邑"。汉武帝时设置的"酒泉郡"，则远在西北。

郭声波《史记地名族名词典》有"酒泉"条："酒泉，郡都名。"又有"酒泉郡"条："酒泉郡，郡都名。汉武帝元狩二年（前121，一说元鼎六年），取匈奴浑（一作昆）邪王、休屠王地置酒泉郡，治酒泉县（今甘肃省酒泉市肃州区），因以为名，境域约当今甘肃省河西地区及内蒙古自治区阿拉善盟西部一带。元鼎六年（前111），析东境置张掖郡，西境置敦煌郡。"（商务印书馆2020年5月版，第213页）

《穆天子传》前卷记载周穆王西巡狩见西王母的事迹。周穆王乘造父所驾八骏之车从镐京出发进入犬戎地区，又溯黄河登昆仑，抵达西王母之邦。西王母所居，有说在青藏高原，有说在帕米尔高原，有人还考证远至中亚地区甚至在波斯或欧洲（参看顾实：《穆天子传西征讲疏》，中国书店1990年8月版；岑仲勉：《中外史地考证》，中华书局1962年12月版）。这部书虽多浪漫色彩，然而又有一定的历史事实以为根据。《左传·昭公十二年》记载，周穆王曾"欲肆其心，周行天下"。《史记》卷五《秦本纪》说："造父以善御幸于周缪王，得骥、温骊、骅骝、騄耳之驷，西巡狩，乐而忘归。"周穆王见西王母的传说，《史记》注家的解说与"酒泉"相联系。裴骃《集解》:"郭璞曰:'《纪年》云穆王十七年,西征于昆仑丘,见西王母。'"张守节《正义》:"《括地志》云:'昆仑山在肃州酒泉县南八十里。《十六国春秋》云前凉张骏酒泉守马岌上言,酒泉南山即昆仑之丘也,周穆王见西王母,乐而忘归,即谓此山。有石室王母堂,珠玑镂饰,焕若神宫。'按:肃州在京西北二千九百六十里,即小昆仑也,非河源出处者。""酒泉"是中原前往西北远国通行道路上的重要地理坐标,因此与"周穆王见西王母"神话相联系。

酒泉,应当是汉王朝得到河西地方之后最早设置的郡。《史记》卷一一一《卫将军骠骑列传》说:"最骠骑将军去病,凡六出击匈奴,其四出以将军,斩捕首虏十一万余级。及浑邪王以众降数万,遂开河西酒泉之地,西方益少胡寇。"张守节《正义》:"河谓陇右兰州之西河也。酒泉谓凉、肃等州。《汉书·西域传》云骠骑将军击破匈奴右地,置酒泉郡,后分置武威、张掖、燉煌等郡。"据《史记》卷一一〇《匈奴列传》记载,"汉使杨信于匈奴。是时汉东拔秽貉、朝鲜以为郡,而西置酒泉郡以鬲绝胡与羌通之路。汉又西通月氏、大夏,又以公主妻乌孙王,以分匈奴西方之援国"。酒泉置郡,是汉武帝强化北边军事威势的重要战略动作。

《史记》卷一二三《大宛列传》说:"初置酒泉郡以通西北国。"又有"北道酒泉抵大夏,使者既多,而外国益厌汉币,不贵其物"的说法。汉武帝举兵伐宛,"益发戍甲卒十八万,酒泉、张掖北,置居延、休屠以卫酒泉,……"裴骃《集解》引如淳的解释:"立二县以卫边也。或曰置二部都尉，以卫酒泉。"《史记》原文明确说"置居延、休屠以卫酒泉"。当然，"卫酒泉"也就是"卫边"。"酒泉"在河西地方东西往来主要通道上"通西北国"的重要交通枢纽与西境边防关钥的地位明朗显现。《史记》卷二九《河渠书》记述边地水利开发成就："朔方、西河、河西、酒泉皆引河及川谷以溉田。""酒泉"竟然与"河西"并列。也可能"河西、酒泉"不宜分断，应当读作"河西酒泉"，如《史记》卷一一一《卫将军骠骑列传》所谓"遂开河西酒泉之地"。无论怎样，"酒泉"曾经在"河西"地方居于首要地位，是明显的事实。

"酒泉"地名，自然与"酒"有关。《汉书》卷二八下《地理志下》："酒泉郡，武帝太初元年开。"颜师古注："应劭曰：'其水若酒，故曰酒泉也。'师古曰：'旧俗传云城下有金泉，泉味如酒。'"《太平御览》卷七〇引应劭《汉官仪》曰："酒泉城，城下有金泉，味如酒，故曰酒泉郡。"又引《三秦记》曰："酒泉郡中有井，味如酒也。"

《汉书》卷九六上《西域传上》记载："初置酒泉郡，后稍发徙民充实之，分置武威、张掖、敦煌，列四郡，置两关焉。"这与前引《史记·卫将军骠骑列传》"及浑邪王以众降数万，遂开河西酒泉之地"的说法相合。然而《汉书》卷六《武帝纪》说："（元狩二年）秋，匈奴昆邪王杀休屠王，并将其众合四万余人来降，置五属国以处之。以其地为武威、酒泉郡。""（元鼎六年）乃分武威、酒泉地置张掖、敦煌郡，徙民以实之。"如果说武威、酒泉同时置郡，则"酒泉"郡名与"武威"完全不同，体现出一种温和美好的气氛，这正是与丝绸之路史长时段和平友好交往关系的主流相一致的。

5. 河西的"清酒""浓酒"

虽然《史记》最初记载"酒泉"郡名字样洋溢着浓重的
酒香，关于汉代河西地方"酒"的生产、流通与消费的信
息，则不见于《史记》。仅有与霍去病军旅饮食生活相关的
一则记录，即《史记》卷一一一《卫将军骠骑列传》："其从
军，天子为遣太官赍数十乘，既还，重车余弃粱肉，而士有
饥者。"批评其不恤士卒未得基本军粮供应，竟然"重车余
弃粱肉"。但是并没有说到"酒"。

不过，河西汉代简牍资料多有涉及"酒""麹"的简文。
"☐孝信到上亭饮酒"（E.P.T50:92），似乎暗示当时边塞军营
中可能存在专门经营酒业的机构。"出百卅沽酒一石三斗"
（E.P.T51:223），可知酒价为1斗10钱。这是相当珍贵的经
济史料。在军营中，有平民"持酒来过候饮"（E.P.T68:18）
的情形，看来饮酒风习相当普遍。"●甲日初禁酤酒群饮者
☐"（E.P.T59:40A）以及"☐隧私为酒醪各亭☐"（111.4A）
简文，说明虽然政府有"禁酤酒"的法令，但是实际上民间
酒业经营仍然难以真正禁止，甚至存在军事单位违抗禁令有
组织地从事酿酒的情形。我们还看到书写制酒工艺程序的汉
简，如"☐☐掌酒者秫稻必斋麹蘖必时湛馈必絜水泉香陶器
必良火斋必得兼六物大酋"（E.P.T59:343）（王子今:《试论
居延"酒""麹"简：汉代河西社会生活的一个侧面》,《简
帛研究》第3辑，广西教育出版社1998年12月版）。

肩水金关汉简出现"清酒"（73EJT11O:5）简文。彭卫曾经在关于秦汉饮食史的专门论著中讨论了汉代的酒，指出："文献和文物数据所记录的汉代酒类有如下18种：……"举列：（1）酎酒。（2）酛酒。（3）助酒或肋酒。（4）米酒。（5）白酒。（6）黍酒。（7）稻酒。（8）秫酒。（9）稗米酒。（10）金浆。（11）青酒。（12）菊花酒。（13）桂酒。（14）百末旨酒。（15）椒酒。（16）柏叶酒。（17）马酒。（18）葡萄酒。论说时涉及汉代文献所录酒的名号，还有温酒、盏酒、醪、醴、醇醪、甘醪酒、酂白酒、缥酒等。他指出，出自《西京杂记》，未可确认是汉代信息的还有恬酒、甘醴、旨酒、香酒等。彭卫说："汉代酒的类型大致根据三个原则命名：其一，酿酒的原料，如黍酒、稻酒、柏酒等；其二，酿酒的时间和方法，如酎酒、酛酒等；其三，酒的色味，如白酒、旨酒等。"（彭卫：《秦汉时期的饮食》，《中国饮食史》，华夏出版社1999年10月版，卷二第六编，第466页至第469页）说到"青酒"而未言"清酒"。关于"蒲陶"和"蒲陶酒"，在河西简牍资料中都没有发现。居延汉简可见"醇酒"（265.41）。关于酒的质量，居延汉简有"薄酒"（E.P.T57:55B），肩水金关简文"薄酒五钱浓酒十……"（71EJT21:199B）涉及"薄酒"和"浓酒"的对应关系，两者的价格或许相差一倍（王子今：《说肩水金关"清酒"简文》，《出土文献》第4辑，中西书局2013年12月版）。

悬泉置出土汉简《过长罗侯费用簿》中记录接待长罗侯常惠的饮食消费，有"羊""罜（羔）""鱼""鸡""牛肉""粟""米""豉"等，另外还有"酒"："入酒二石，受县。"（73），"出酒十八石，以过军吏年，斥候五人，凡七十人。"（74）"·凡酒廿。其二石受县，十八石置所自治酒。"（75）"凡出酒廿石。"（76）（胡平生、张德芳编撰：《敦煌悬泉汉简释粹》，上海古籍出版社2002年8月版，第148页）汉王朝与草原民族和亲，有"岁奉絮缯酒米食物各有数"（《史记·匈奴列传》）的传统。悬泉置汉简可见接待"沙车使者一人、罽宾使者二人、祭越使者一人""沽酒一石六升"的记录（张德芳：《悬泉汉简中的中西文化交流》，《光明日报》2016年10月13日11版）。正如研究者所指出的，"从汉简资料看，接待外国使者和朝廷出使西域（广义的西域包括中亚、西亚和南亚地区）的官员，除了米、粟、麦等日常饭食外，还必须要有酒肉。而每饭提供酒肉，这在当时的生活条件下，是一种特殊的礼遇"。这当然也是对"俗嗜酒"风习的一种迁就。具体的简例，有"出米四升，肉二斤，酒半升，以食乌孙贵姑代一食西"（Ⅱ90DXT0314②:355），"疏勒肉少四百廿七斤直千……酒少十三石直……□（A）且末酒少一石直……（B）"（Ⅴ92DXT1813③:24），"使者廿三人再食，用米石八斗四升，用肉百一十五斤，用酒四石六斗"（Ⅴ92DXT1309③:20）等（张德芳：《从出土汉简看敦煌太守在两汉丝绸之路上的特殊作用》，《丝绸之路研究集刊》第1辑，商务印书馆2017年5月版）。

在河西原先归于"酒泉"地方，军民们对"酒"的深切热爱，是对得起这个地名的。可能司马迁对河西地理人文稍显生疏，致使相关文化信息在《史记》中少有记录。司马迁没有到过河西，成为丝路沿线地方史的遗憾。正如王国维所说："史公足迹殆遍宇内，所未至者，朝鲜、河西、岭南诸初郡耳。"（《王国维遗书》，上海古籍书店据商务印书馆1940年版1983年9月影印版，《观堂集林》卷一一，第4页）

6. 丝路草原宴饮

《史记》卷一一○《匈奴列传》关于匈奴礼俗制度，有"其攻战，斩首虏赐一卮酒，而所得卤获因以予之，得人以为奴婢"的说法。"赐一卮酒"，是对军功的嘉奖形式。草原民族"俗嗜酒"的史例，还有《史记·大宛列传》的记载，"匈奴破月氏王，以其头为饮器"。裴骃《集解》："韦昭曰：'饮器，椑榼也。单于以月氏王头为饮器。'晋灼曰：'饮器，虎子之属也。或曰饮酒器也。'"这件"饮器"在汉元帝时韩昌、张猛与匈奴盟会时，曾经使用。张守节《正义》："《汉书·匈奴传》云：'元帝遣车骑都尉韩昌、光禄大夫张猛与匈奴盟，以老上单于所破月氏王头为饮器者，共饮血盟。'"此"饮器"就是"饮酒器"。

汉与匈奴战争中，曾经有这样的战例。汉武帝任卫青为大将军，统率六将军，十余万人，出朔方、高阙击匈奴。"右贤王以为汉兵不能至，饮酒醉，汉兵出塞六七百里，夜围右贤王。右贤王大惊，脱身逃走，诸精骑往往随后去。"汉军俘虏右贤王部众男女万五千人以及"裨小王十余人"（《史记》卷一一○《匈奴列传》）。匈奴右贤王"饮酒醉"导致大败的战事，在司马迁笔下成为酒史与军事史的生动记录。

上文说到汉与匈奴和亲，"岁奉絮缯酒米食物各有数"。《史记》卷一一〇《匈奴列传》还说：匈奴喜好汉地出产的"缯絮食物"，也就是物质生活资料中最基本的衣物饮食。投降匈奴的汉人中行说警告说，匈奴人口不能与汉之一郡相当，之所以强盛，是因为与中原衣食不同，"无仰于汉也"。现今匈奴领袖改变传统习俗而喜好"汉物"，则汉地物资不过付出十分之二，"则匈奴尽归于汉矣"。他建议："得汉食物皆去之，以示不如湩酪之便美也。"匈奴所"好"汉地"食物"，推想应当包括"酒米食物"中的"酒"。中行说所谓"汉物"中的"汉食物"，与"湩酪"相对应。可知"汉食物"应当有"酒"类饮品。中行说对"汉使"说"（匈奴）以其肥美饮食壮健者"，而"汉俗屯戍从军当发者，其老亲岂有不自脱温厚肥美以赍送饮食行戍乎？"说到"肥美""饮食"，无疑应当包括饮品。司马迁记载，汉文帝派遣使者送达匈奴的书信中说："匈奴处北地，寒，杀气早降，故诏吏遗单于秫糵金帛丝絮佗物岁有数。"提供给匈奴的所谓"秫糵"，一般理解为制酒用的糯黍和曲。即前引居延简文所谓"秫稻""麹糵"。明人王立道《泉释》写道："夫嘉宾良燕，非酒弗交。于是酌清流之芳澜，汲深涧之春涛。酝以秫糵，醇酎清缥。仪狄奏盏，杜康挫糟。"（《具茨文集》卷六《杂著》）所谓"酝以秫糵"，语意是非常明白的。

《史记》卷二〇《建元以来侯者年表》褚少孙补述说到傅介子出使外国，刺杀楼兰王，以功封侯故事。傅介子杀楼兰王的具体场景，是在宴饮中。其具体情节见于《汉书》卷七〇《傅介子传》："王贪汉物，来见使者。介子与坐饮，陈物示之。饮酒皆醉，介子谓王曰：'天子使我私报王。'王起随介子入帐中，屏语，壮士二人从后刺之，刃交胸，立死。"后来汉元帝建昭年间，陈汤、甘延寿出西域击匈奴郅支单于，也就是此后发表"犯强汉者，虽远必诛"壮言的那次战役，是与康居结为军事同盟然后成就胜绩的。《汉书》卷七〇《陈汤传》记载："入康居东界，令军不得为寇。间呼其贵人屠墨见之，谕以威信，与饮盟遣去。"康居人的配合，使得陈汤军"具知郅支情"。而郅支单于"疑康居怨己，为汉内应"，已接近绝望。"时康居兵万余骑分为十余处，四面环城，亦与相应和。""平明，四面火起，吏士喜，大呼乘之，钲鼓声动地。康居兵引却。汉兵四面推卤楯，并入土城中。"战役进程体现了康居人与汉军的全面配合。而这种合作关系的结成，是以"酒"为媒介的"与饮盟"。

这些史例的发生，都在《史记》成书之后。但是或许可以看作司马迁有关草原民族"好""酒""俗嗜酒"之记述的历史余音。

我们增进关于丝绸之路历史文化的知识，通过文献阅读和考古发现，可以获得多方面的感受。丝绸实物遗存有悦目的绚丽色彩，而读《史记》相关文字，可以体味到沁人心脾的芬郁酒香。因此我们应当感谢丝路上往来的各民族使者、商旅、征人和辛苦屯戍劳作的男女，也应当感谢真实记录社会历史的伟大史学家司马迁。

下编

考古学的文化新境

——读李学勤先生《比较考古学随笔》

近些年来，学术生活中以"比较"为标榜的研究渐成气候。若干学科冠以"比较"二字，似乎即面目一新。

不过，"比较"，绝不只是一种简单的标牌，而是一种体现出新的学术视界和新的文化意境的研究方法。比较研究，或许可以说是代表了一种拓广学术视野、推动学术进步的时代方向。

"比较"的方法，其实是学术研究的基本方法。刘梦溪先生在《中国现代学术要略》(《中华读书报》1996 年 12 月 18 日、25 日）一文中引述梁启超概括乾嘉学风的十大特点，其中就说到"罗列同类事项，作比较的研究，以求得公则"。

而今"比较"新学如"比较文学""比较神话学""比较民俗学""比较史学"等，新义纷呈，近又有"比较现代化"之说，然而，"比较考古学"这一命题，却可以说是李学勤先生《比较考古学随笔》一书首倡。

其实，中国考古学或许是最需要开展"比较"研究的。

考古学的专业训练，在人文科学中，是比较重视真正的科学性的。考古工作者的田野发掘和室内整理以及进一步的研究，可能有疏遗，有误解，但是就学科的共同原则来说，是要求实证第一的。有学者曾经批评说，考古学"对上古也就是史前文化的钟爱"，使考古和思想学术的历史有了分离，"仿佛它始终在向古地质学、古生物学靠拢而一直在与历史学、文献学分家"，"那些看

《比较考古学随笔》书影

上去规范而整齐的考古简报常常冷冰冰地使人无法运用他的想象力"，考古学者的论著"始终自我封闭地运用很接近自然科学的语言、格式，当外行人读他们的报告时，要么觉得他们的话让人难懂，要么觉得他们是在自言自语"，批评者表示同意"无征不信"的原则，但是又"不赞同过分严厉的谨慎"："有时候这种过分严厉的谨慎是用自然科学的规则来裁判人文科学的运作，历史尤其是思想文化的历史在时间上已经消逝，重建这些历史有时不得不运用适度的推理、演绎甚至想象，考古发现的图像、器物、遗址、骨骸已经提供了推理、演绎和想象的基础，没有必要保持过度的矜持和小心，否则，考古发现的资料虽然是博物馆或文物室中经过编

号的陈列品，却并不是经过重新理解和阐释了的历史。"（葛兆光：《槛外人说槛内事》，《读书》1996年12期）这样的意见，可能考古工作者大多是不会同意的。在研究中运用"适度的推理、演绎甚至想象"，并不是完全不可以的，但是如果要以演绎和想象为基础来"重建"历史，无疑是多数考古学者们始终警惕的偏向。考古学之最可贵的特质，可能恰恰就体现于"接近自然科学"的风格。

不过，中国考古学确实存在若干需要改变的现状，其中之一，就是研究者往往比较专注于一个地区、一处遗址、一种现象，甚至一件器物的研究分析，有时会忽略了所面对的具体的发现与其他文化存在的联系。在有的学校的考古专业，甚至因为断代考古基础知识课程的拥挤，学生甚至没有机会学习世界史，不用说外国考古了。田野发掘是相当艰苦的工作，考古工作者风餐露宿，多年辛劳，关注其他地区考古研究的眼光，有时会因多种原因受到局限。以致若干已经做出突出成就的中国考古学家，竟然对世界考古学史不甚了了，对国外考古学理论的构成和特点，以及国外考古学研究的进程和成就也知之不多。

如果用"槛内""槛外"说考古学与其他社会科学的界隔的话，其实，"槛内"又另有"槛"。考古工作中，以田野发掘为主和以室内研究为主的区别，以及地域的区别，断代的区别，乃至其他具体研究对象和研究方法的区别等，似乎都较某些学科显著。学术的专功细意，可以出"精致"的成品，但是，可能也导致了某种容易形成封闭倾向的学术空气。

谦称"槛外人"的学者对考古学能够在文化方面有所深

掘的期望，或许也是合理的。在这一方面，李学勤先生多年的探索，更可以予我们以有益的启示。

李学勤先生以中国考古学的雄深功底为基础，又有机会多次往许多国家考察研究，闻知广远，见识也更为深刻。他曾经著书《中国青铜器的奥秘》（外文出版社1980年英文版，商务印书馆香港分馆1987年中文版），其中专辟"中原青铜文化的传播"一节，论述了中原青铜时代的文化对边远地区的影响，也论述了中国古代的青铜文化对周围国家和地区的影响。他指出："以铜镜一项为例，东至日本，西至外高加索，都曾发现中国的铜镜。日本有大量仿效中国式样的'汉式镜'，日本固有的铜镜则与中国东北地区的某些铜镜有类似之点。欧洲也发现过形制可能受中国影响的铜镜。这一类的问题，还有许多需要进一步研究。"李学勤先生的有关研究，体现出运用比较考古学研究方法的成功。他的收入《走出疑古时代》一书（辽宁大学出版社1994年版）的若干成果，以第四篇"中原以外的古文化"和第五篇"海外文物拾珍"较为集中，也表现出同样的对开阔眼界、增广见闻的积极意义。

考古学的新发现，总是能够为修正史学的成见提供条件。但是，这种可能绝不仅仅限于在"量"的方面使我们增益新知。如果重视比较研究，其实又是可以借助这样的发现打开深察古代文明奥内的学术之窗的。

李学勤先生在《比较考古学随笔》中，将考古学的比较研究分为这样五个层次：1.中原地区各文化的比较研究（饶宗颐先生在这本书的《序》中将这一点归纳为"中土不同时代的比较"，似乎与李学勤先生说不完全相同）；2.中原文化与边远地区文化的比较研究；3.中国文化与邻近地区文化的比较；4.包括中国在内的环太平洋诸文化的比较；5.各古代文明之间的比较。大致说来，比较研究的对象，是由近及远，由广而及更广。

"有比较才有鉴别。"以古史研究中引人注目的商、周文化的关系为例，旧说或从纵的角度分析，或从横的角度考察，都强调商、周文化的差异。李学勤先生在这本《比较考古学随笔》一书中题为"青铜器与商、周文化的关系"的一节中，则以青铜器为对象进行了认真的比较研究，指出："商、周青铜器是一脉相承的，其间的差异都是细微的、非本质的。""就考古学上的殷商文化和周人文化来说"，"两者固然有'地域、时代与族别'的不同，但都属于中国中原地区（广义的）的文化。"在"曲阜周代墓葬的两个类型"一节中，李学勤先生还提出"对殷、商文化传统的并存作出比较研究"的课题。除了器物器型风格的比较而外，葬俗和祷祠传统的比较研究也受到重视。李学勤先生指出，"鲁国的殷人，经过与周人的长期共处之后，本身的特点逐步减弱"。殷人腰坑殉狗的葬俗在春秋时期就逐渐消灭了。"这是殷人、周人文化传统趋向联合，界限慢慢泯灭的表现。"那么，殷、周之间是否在文化上实现了完全的和同呢？李学勤先生说："曲阜鲁故城墓葬的发现告诉人们，殷人和周人的文化有差异，而且这种差异保持了好几百年，在鲁国仍是可见的。然而发现也证明，这种文化差异自始至终是比较细微的，并不存在什么根本的不同。我们就殷商和周人的文化作比较考古学的研究，不可忘记这一基本的事实。"

西处成都平原的广汉三星堆遗址和东据江南赣中的新干大洋洲遗址，相继有重要的考古发现。当人们为这些精美器物的造型和工艺惊异不已时，李学勤先生又以比较研究的方法，科学地指出了这些发现的文化意义。"自古盛称蜀道之难，但我们以三星堆的蜀文化与中原的商文化比较，证明两者间交往是畅通的。商文化的影响相当迅速地到达蜀地，这对古史研究而言，是一个重要的发现。"李学勤先生又将三星堆青铜器与两湖出土青铜器予以比较，还发现，"三星堆青铜器所受商文化的影响，有可能是自湖北、湖南沿江而上传来的"。这一认识，不仅对于推进文化史研究有重要的意义，对于交通史研究的深入，也有同样的学术意义。一些有趣的历史文化现象，由此可以得到别开生面的解释。通过对大洋洲大墓和殷墟陵墓的比较，李学勤先生还发表了"中原商王朝同赣西北、赣中地区有着密切的交往关系"的见解。他同时写道："根据近年的考古工作，在江西省北端的瑞昌，有大规模的古代矿冶遗址，其开采年代可上溯到商代中期。这处铜矿，可能不仅为江西当地提供金属原料，而且是商王朝所依靠的重要原料产地之一。中原到江西的通道，对商朝的青铜文化恐怕起着命脉的作用。"交往的范围和形式，对于社会构成和文化风格有仅次于生产形式的决定性的作用。正如马克思和恩格斯所说："一个民族本身的整个内部结构都取决于它的生产以及内部和外部的交往的发展程度。"（《德意志意识形态》）也许三星堆和大洋洲的发现，可以通过对当时中原文化和其他地区文化的交往形式的揭示，使我们得到对商代社会文化的全新的认识。

李学勤先生在"三星堆与大洋洲"题下，还发表了对于这两处文化遗存进行比较研究得出的见解，"三星堆和大洋洲也有一定的差异。在三星堆，当地民族（蜀人）的色彩要比大洋洲更浓厚。这说明蜀国立国早，文化的传统也更能维持久远，而大洋洲一带的越人则更多地被中原文化所浸润。他们后来的结局也不一样：蜀国直到战国还是具有独特文化的诸侯国，后虽为秦所灭，文化特点一直流传到汉；赣西北、赣中地区至东周成为'吴头越尾'，原有的特点业已消失了"。

"百越的尊、卣"和"蜀国的璋、罍"两节中的论述，也使我们耳目一新。李学勤先生通过对一些边远地域若干具体器物的形制的分析，指出了一种"引人注意的文化现象"，即这些器物作为"中原文化因素在当地民众间的存留"，曾经表现出值得重视的文化意义，它们"不但传流到很晚的时间，而且被赋予某种神秘的属性，用于崇拜活动之中"。这种外来精神文化入主之后反而具有了原先所未曾具有的"某种神秘的属性"的情形，是可以发人深思的。

铜镜是古代日常生活中习见的用具。《比较考古学随笔》一书中的"中国铜镜的起源及传播"和"续论中国铜镜的传播"两节，让这一具有重要文化物证意义的古代器物，反射出了表现民族交往史的悠远的文化之光。李学勤先生在前一节中，讨论了中国铜镜向日本的传播，在后一节中，又讨论了中国铜镜向北方、西方的传播。铜镜多为女子妆饰用物，一般面径大的，也不过十数厘米，然而可以流播海外，绵延万里，它的文化价值，一如常见汉镜铭文所说："内清质以昭明，光辉象夫日月。"李学勤先生写道，有这样铭文的西汉晚期镜，曾经在日本立岩出土。《比较考古学随笔》一书中说到又有一件出土于西伯利亚古墓的中国铜镜，铭文写作"内而清之以昭明，光而象夫日月"。

中国最早的铜镜，是发现于齐家文化遗址的实物，其年代不会迟于公元前三千年。"中国西北和华北，是铜镜的起源地，在那里形成了中国铜镜的早期传统，然后扩展到国内各地。到后来，这种传统又通过中外文化的交流渠道，传播到国外不少地方。铜镜虽小，却是文化交流的一种重要的标志。"李学勤先生还告诉我们，如果把眼光放到世界的范围去看，便可了解镜的起源实际是很古远的。日本樋口龙康教授在他的《古镜》一书中，提到恰塔尔休于遗址发现的黑曜石镜，这是已知最古的镜，比齐家文化要早约四千来年的时间。许多对铜镜予以特别关注的考古学者和古玩家，可能在得到这样的介绍之前，未必能够了解镜的初源。

说到中外文化交流，人们往往讳言外来文化的重要影响。这似乎已经成为一种传统心理定式。西汉时，已经有"夜郎自大"的故事。其实，中原人的"自大"之心或曰民族虚荣意识，由来至少同样久远。更为甚者，是可以出于这种"自大"而用虚假的形式伪饰现实。汉成帝时，为了炫示物产富饶，"大夸胡人以多禽兽"，曾经发动民众入秦岭捕捉熊罴野猪虎豹狐兔麋鹿，用槛车装运，聚集到长杨射熊馆，用网围障，"纵禽兽其中，令胡人手搏之，自取其获"（《汉书》卷八七下《扬雄传下》）。隋炀帝曾经大治宫观，"堂殿楼观，穷极华丽。宫树秋冬凋落，则翦彩为花叶，缀于条枝，色渝则易以新者，常如阳春。沼内亦翦彩为荷芰菱芡"。冬季甚至"去冰而布之"（《资治通鉴》卷一八〇"隋炀帝大业元年"）。此外，"命整饰店肆，檐宇如一，盛设帷帐，珍宝充积，人物华盛，卖菜者亦藉以龙须席。胡客或过酒食店，悉令邀延就坐，醉饱而散，不取其直，给之曰：'中国丰饶，酒食例不取直。'胡客皆惊叹。其黠者颇觉之，见以缯帛缠树，曰：'中国亦有贫者，衣不盖形，何如以此物与之，缠树何为？'市人惭不能答"（《资治通鉴》卷一八一"隋炀帝大业四年"）。

后来甚至又有先以假象欺骗外人，又以外人的言辞反过来再欺骗国人的情形。这种意识，可以映射在社会生活的多种文化影像之中。反映在学术研究中的随意夸大本民族文化成就的类似倾向，当然未可和古代专制帝王的迷妄与虚伪同日而语，但是其反科学的性质仍然应当引起我们的警觉。

李学勤先生的《比较考古学随笔》一书多有涉及中外文化交流的内容，所有论述，一如作者审慎笃实的一贯风格，往往可以给我们展示切合史实的文化写真。例如，"虎啮鹿器座与有翼神兽"一节指出，"中山王墓的有翼神兽，和斯基泰的有些花纹相似"。在分析同墓出土的虎啮鹿器座时，李学勤先生也指出，"在外国学者所称斯基泰——西伯利亚式的文物上，这种母题是频繁出现的"。曾经有许多外国学者认为中国古代的马车是从西亚地区传来的，就现有发现而言，西亚马车的年代确实早于中国马车，然而中国学者多从中国古代马车的特点出发，认为中国车自有独立的起源。"中国和中亚的马车"一节引述美国学者夏含夷教授关于提供了中亚马车最完整的资料的亚美尼亚喀申出土马车的介绍，而殷墟有关马车的最早的资料，要"比喀申的马车约晚三百年"。夏含夷指出，"这两种马车必定是从一个雏形发展出来的"。李学勤先生写道，"喀申等地的中亚马车是否西亚马车和中国马车之间的链环？是一个非常值得探讨的问题"，"喀申的马车和殷墟、老牛坡的马车，都是已经发达成熟的"，"我们看它们和西亚的车有很基本的差别，可以推想它们未必是由西亚传来，它们的共同雏形大概要从其他地方寻找，这便有待于今后新的考古发现了"。这样的观点，无疑是比较符合实事求是的原则的。

此外，"新西兰玉器的启示""甲骨占卜的比较研究""印第安人的饕餮纹""土墩墓异同论"等节，都谈到环太平洋文化的问题。

作者为读者打开了重要的文化视界，同时每一观点，又都切合考古学求真求实的学术规范，言之精凿，确可信据。可以说，我们在书中读到的不仅是一种新学的标范，更能够领会实学的风格。正如饶宗颐先生在这本书的序言中所说："李先生此书以深入浅出的文字，提出许多崭新有趣的问题，论点十分可贵。"他以"广博的视野和缜密的分析"，得出了极有价值的结论，"本书的出版，无异古史学与考古学二大流结合诞生的一个新果实，是一项重要成就"。

近年面世的一些学术论著，有的推扬新义，然而或不可避免空疏之讥；有的护持旧学，然而或未能洗刷陈陋之气。于是，能够利用深厚的学术基底，又能够开拓广阔的学术新境的成果，益发显得可贵。李学勤先生的这本《比较考古学随笔》，应当说就是其中的一种。

（李学勤著：《比较考古学随笔》，中华书局〔香港〕有限公司1991年10月版，广西师范大学出版社1997年8月版）

中古文化交流史研究的力作

——读罗丰著《胡汉之间:"丝绸之路"与西北历史考古》

近年来,多有学者推出以中国古代外交史或者文化交流史研究作为主题的论著。人们在为这一园地的学术丰收而欣喜时,又高兴地看到了罗丰教授的新作《胡汉之间:"丝绸之路"与西北历史考古》。与一般讨论中外文化交流史的论著不同,罗著突出"西北历史考古"的学术优势,从考古实践出发,切实充实了相

《胡汉之间:"丝绸之路"与
西北历史考古》书影

关研究的科学内涵,提高了相关研究的学术等级。其中发表的有些论点,对考古学者和历史学者均有启示。

例如对于怎样认识考古文物工作者的学术责任，罗丰教授认为，"目前中国考古学需要提升自身的学术水准，以关心器物为主的考古学内容要进行拓展，尤其是在田野资料的获取角度、方法上应该详尽系统化，以凸显自身学科特征，避免沦为狭义历史学的附庸。正如人们所认知的那样，获得知识的渠道并不是单一的，如果渠道的唯一化必然导致学术上的教条主义泛滥。像生物的多样性保证世界生态平衡一样，学术理论的多样化也是保持考古学繁荣的唯一保证"（第10页）。"系统化"和"多样化"的倡导，体现了非常清醒的认识。这样的思路，可以引导我们调整自己的学术视角和研究方式。而有志于学术革新的青年学人，完全可以在《胡汉之间》一书中发现典范以开始自己追求"系统化"和"多样化"的学术见习。

　　罗丰教授是以宁夏考古作为自己的学术根据地的。正如徐苹芳先生在《胡汉之间》的序言中所说："宁夏东南接周秦汉唐中原文化，北通蒙古草原文化，西接汉唐'丝绸之路'。地理位置决定了它自始至终都是属于东西文化交流的中间枢纽地带。"（第1页）"丝绸之路"研究于是理所当然地成为这部书的主题。《北朝、隋唐时期的原州墓葬》一篇中关于"途径固原的'丝绸之路'"的讨论，《北朝漆棺画中的波斯风格》一篇中关于"萨珊卑路斯银币的来源"以及"外来物品的传播路线"的讨论，《中国境内发现的东罗马金币》一篇中关于"金币的流入"的讨论，《固原隋唐墓中出土的外国金银币》一篇中关于"东罗马金币仿制品的传入"以及"北朝至隋唐间途径原州的'丝绸之路'"的讨论，

《隋唐间中亚流传中国之胡旋舞》一篇中关于"中亚胡旋舞的传入"的讨论，《五代、宋初灵州与"丝绸之路"》一篇中关于"灵州通往内地、塞外之路"以及"通往灵州以朝贡为中心的中继贸易"的讨论，《北魏负赑墓志》一篇中关于"负氏之来源及流布"的讨论等，都推进了中国古代"东西文化交流"的研究。由于作者重视实证的风格，对于交通路线的考论，也值得治中国古代交通史的学者重视。

英籍考古学者斯坦因在对中国新疆吐鲁番阿斯塔那古代墓葬区进行考察时，发现了在死者口中放置萨珊王朝银币和拜占庭帝国金币的情形。他在《亚洲腹地》一书中写道："这自然会使人想到希腊古俗：给死者口中放置一枚钱币，作为支付给摆渡者查朗（charon）的摆渡费。可是，1916年沙畹热情地告诉我，汉译佛典中也有有关的佛经故事。于是，我翻阅了有关内容，才知道这一习俗并非不为远东所知晓。"中国考古学家夏鼐曾经关注中国出土的西方文物，发表《综述中国出土的波斯萨珊朝银币》一文。他认为："我国在殷商时代便已有了死者口中含贝的习俗，考古学和文献上都有很多证据。当时贝是作为货币的。将铜钱和饭及珠玉一起含于死者口中，成了秦汉以后的习俗。广州和辽阳汉墓中都发现过死者口含一至二枚五铢钱。年代相当于高昌墓地的河南安阳隋唐墓中，据发掘者说，也往往发现死者口含一两枚铜钱。这种习俗，一直到数十年前在我国有些地区仍旧流行。"与夏鼐先生这一思路有所不同，日本学者小谷仲男似乎更重视死者口中含玉的葬式，并且认为与"葬玉"风习有关联。小谷仲男认为："纵观中国葬制的变迁，虽不能排除含玉、握玉有时为钱币代替，但是，被信奉为具有神秘灵力的玉石与作为交易媒介的钱币之机能，还是有区别的。"放置在死者口中的钱币，民间曾经称作"口含钱""口衔钱""噙口钱"。罗丰教授就此进行了更为深入而全面的研究。在《死者口含或手握金银币的若干含义》题下，他指出，"汉至隋唐时期死者口手中含握钱币的情况，似乎暂不能视作是受西方因素影响的结果"。"中亚地区的这种习俗显然与古希腊习俗有某种渊源关系，但就其深刻含义而言，明显与前者不可同日而语。后者目前推测为与中亚地区流行的某一宗教或为拜火教信仰有点联系。中国吐鲁番和固原、洛阳、西安等地死者含币习惯与中亚地区是一脉相承的，表现出一种渊源关系。中亚、中国内地的发现表明，虽然古希腊习俗对其有所影响，但并不是严格意义上的，主要原因是传统不同。"（第 182 页）也许罗丰教授的意见还不能说是最终结论，但是对这一问题研究的推进，却无疑是值得肯定的。

　　《胡汉之间》一书的可贵之处，还在于向读者提供了有颇多学术价值的新的文物资料。其中重要信息，值得学界重视。作者的研究心得，也多有新识。比如《新获北周庾信佚文——北周田弘墓志》一篇，就为文学史研究和民族史研究以及文化交往史研究都提供了新的史料。《田弘墓志》有"南中障疠，不宜名士；长沙太守，遂不生还；伏波将军，终成永别"句，《神道碑》也写道："三湘缭远，时遭鹏入。五溪卑温，或见鸢飞。旧疾增加，薨于州镇。"罗丰教授分析说："南方多瘴气，田弘可能亦患此病。"（第 390 页）"鹏入"，用贾谊《鵩鸟赋》典。"鸢飞"，则据马援语："下潦上雾，毒气重蒸，仰视飞鸢跕跕堕水中。"罗丰教授告知我们的田弘故事中有关"南中障疠""旧疾增加"等信息，对于说明北方人对"瘴气"的认识，对于理解当时人与自然环境的关系，显然是有益的。《淮南子·地形》所谓"障气"，可能就是"瘴气"。而庾信所谓"障疠"，也是"瘴"写作"障"的一例。

一部好的学术著作，不仅能够为读者提供若干有价值的学术结论，还在于能够提示有成效的研究方法，而更有意思的，是能够提醒读者注意有的学术矿苗，引导他们进一步发现和发掘学术的矿床。《胡汉之间》在讨论"途径固原的'丝绸之路'"时，涉及太和年间牛僧孺对吐蕃经"蔚茹川"道路突袭长安的担忧。所引《资治通鉴》卷二四四《唐纪》："（太和五年）九月，吐蕃维州副使悉怛谋请降，尽率其众奔成都；（李）德裕遣行维州刺史虞藏俭将兵入据其城。庚申，具奏其状，且言'欲遣生羌三千，烧十三桥，捣西戎腹心，可洗久耻，是韦皋没身恨不能致者也！'事下尚书省，集百官议，皆请如德裕策。牛僧孺曰：'吐蕃之境，四面各万里，失其维州，未能损其势。比来修好，约罢戍兵，准备御戎，守信为上。彼若来责曰：何事失信？养马蔚茹川，上平凉坂，万骑缀回中，怒气直辞，不三日至咸阳桥。此时西南数千里外，得百维州何所用之！徒弃诚信，有害无利。此匹夫所不为，况天子乎！'上以为然。"而杜牧《樊川文集》卷四《唐故太子少师奇章郡开国公赠太尉牛公墓志铭并序》记此事在"太和六年"。对于"吐蕃维州副使悉怛谋请降"的确切年代，也许民族史学者会有兴趣进行认真的学术考证。

罗丰教授相继在宁夏固原博物馆、宁夏博物馆和宁夏文物考古研究所担任领导职务，在繁忙的行政工作的间隙，勤学多思，辛苦研考，仅部分积累，就形成了这样一部厚重的学术专著，不能不令人钦佩。全书印制精良。线图的描绘，尤其细致用心。所附《索引》，符合国际学术常规，为研究者提供了方便。当然，个别瑕疵也是存在的。如391页说"归葬，自秦汉以来成为一种重要的凶礼"，据《太平御览》卷五五一引《汉书》"高祖下令，士卒从军死者为槥归其县，县给衣衾棺葬具，祠以少牢，吏亲葬"，不妨直接引《汉书》卷一下《高帝纪下》："（八年）十一月，令士卒从军死者为槥，归其县，县给衣衾棺葬具，祠以少牢，长吏视葬。"颜师古注引服虔曰："槥音'卫'。"应劭曰："小棺也，今谓之'椟'。"如淳曰："棺音'贯'，谓棺敛之服也。"又引臣瓚曰："初以槥致其尸于家，县官更给棺衣更敛之也。《金布令》曰'不幸死，死所为椟，传归所居县，赐以衣棺'也。"颜师古曰："初为槥椟，至县更给衣及棺，备其葬具耳。不劳改读音为'贯'也。《金布》者，令篇名，若今言《仓库令》也。"这些注文，对于"归葬"事有更便于理解的说明。又390页"《史记·屈原贾生列传》"，漏排了"屈"字，应是检校的疏忽。

（罗丰著：《胡汉之间："丝绸之路"与西北历史考古》，文物出版社2004年9月版）

评李大龙著《汉唐藩属体制研究》

《汉唐藩属体制研究》是国家重大课题"东北工程"的子课题"汉唐藩属体制研究"的最终成果。课题立项的主要目的是从藩属的角度阐述古代中国王朝和边疆民族关系的发展，进而探寻古代中国疆域形成过程的规律。

《汉唐藩属体制研究》书影

《汉唐藩属体制研究》主要内容包括三个方面：一是对汉唐两朝的藩属观念的形成和发展进行概要探讨；二是系统阐述汉唐两朝藩属体制的构筑和发展过程；三是对汉唐两朝为维持藩属体制运转而采取的各项政策和措施进行总结，以求对汉唐藩属体制的形成和发展有一个整体的认识。

作者认为古代中国

的藩属思想虽然形成于先秦时期，但藩属体制的建立则是在秦汉时期，是随着郡县制在中原地区的推广，天下真正成为由"夏""夷"构成的二元结构之后，为保护中原郡县区域的安全而逐步完善的。汉代的藩属体制最初是由藩臣、外臣构成，武帝至宣帝时期最终形成了郡县统治下的边疆民族、属国、特使机构管理下的边疆民族、称臣但没有实施直接管理的匈奴四种不同类型的藩属管理体制。唐代的藩属体制在汉代的基础上有了进一步的发展，在唐王朝的藩属观念中，藩属被分为三个不同的层次：藩臣体系、舅甥体系和敌国体系。这三个不同层次的构成实际上也是根据众多边疆民族和唐王朝关系的亲疏不同而划分的，是唐王朝统治者藩属观念付诸实践的结果，由此也形成了相关的理论和制度。

在系统论述汉唐藩属观念、藩属体制形成与发展的同时，作者还重点探讨了汉唐两朝为维系藩属体制运转而采取的各项政策。西汉维系藩属体制运转的政策主要包括以朝贡册封体制为主的礼仪规范；以大鸿胪、典属国为主的中央管理机构和以郡县、属国、特设机构为主的地方管理机构的运作；以使者来往和武力镇压为主的朝廷的远控和协调；以兴文教、变夷俗为主要内容的内地化政策的推广和设施等。在汉代的基础上，唐朝对藩属的管理更加规范，主要表现在针对藩臣、舅甥和敌国分别制定了不同的礼仪制度；建立了以安北、安南、安西、安东、单于、北庭都护府为主体的管理体系；使者在藩属管理方面的作用更加突出；和亲和册封等政策在藩属管理方面的作用日益娴熟；武力讨伐是维系藩属体制运转的最后手段。

《汉唐藩属体制研究》的新意主要体现在以下几个方面：

一是第一次从藩属的角度对汉唐的疆域结构和管理进行系统全面梳理，不仅弥补了以往研究的不足，对于认识古代中国疆域的形成也有一定参考价值。

二是对古代中国藩属观念的形成和发展，以及藩属观念在汉唐两朝的具体设施进行了有益探讨，这是以往学术界很少关注的。

三是提出了一些新的观点。如对藩属的管理，以往学界多注重管理机构的设置，本文则从礼仪制度、管理机构、远控和协调、具体政策的实施、武力镇压等多方面进行了阐述，一方面使以往学界称之的"羁縻统治"有了更具体的内容，同时对武力政策的认识也不同于以往。再如对"二元结构天下"是藩属体制形成的基础的认识："也正是因为藩属涵盖的范围随中央王朝国力的强弱而盈缩以及藩属体制内部也有亲疏层次之分，所以从总体而言藩属的发展大致有两种不同的倾向：一是藩属地区和中原地区关系日益密切，乃至融为一体，成为中国古代传统疆域不可分割的组成部分，笔者称之为内向发展；二是藩属地区虽然和中央王朝依然藩属关系，但这种关系并没有进一步发展，至近代演变为宗藩关系，最终成为现代意义上的国际关系，笔者称之为外向发展。"（余论）等等，都是新的认识。这些观点的提出，对于认识古代中国疆域的形成和发展有一定的参考价值。

（李大龙著：《汉唐藩属体制研究》，中国社会科学出版社 2006 年 5 月版）

早期草原丝路的文化地图

——读纪宗安著《9世纪前的中亚北部与中西交通》

　　"研究古代的国际关系，很重要的一项内容就是研究以中国为主体的中外关系史"，这是著名史学家朱杰勤教授提出的"一个极有概括性、科学性的"学术命题，一个重要的学术任务（纪宗安：《9世纪前的中亚北部与中西交通》，中华书局2008年1月版，第266页）。纪宗安教授著《9世纪前的中亚北部与中西交通》一书，就是推动了中外关系史研究之学术进步的成功之作。应当肯定，这部学术专著的价值，正是在于对所限

《9世纪前的中亚北部与中西交通》书影

定时段和所限定方位的中外关系史进行了特定时间和特定空间的"极有概括性、科学性的"说明。作者写道,"本书主要涉及到以下问题:第一,追寻中亚地区的远古历史,大量原始社会时期的文化遗址充分证明这里很早就有人类文化萌生和繁衍,而且远自青铜时代,……就可以发现东西文化交流的端倪","第二,丝绸之路的早期发展史,主要是游牧民族的历史","第三,丝绸之路的发展史,经历了从简单到丰富,从隔离到连接,由此逐步发达的变化过程"(第20页)。应当说,这样的学术任务,作者已经很好地完成了。

1. "中亚北部与中西交通"命题与草原民族"善逐走"的机动性

明确提出"中亚北部地区"这一文化区域概念,并以此为基点讨论这一地区在"中西交通"中的作用,是纪宗安教授这部著作的学术特色之一。"中亚北部地区"的地理界定及其在文化交流史中坐标的明确,既有民族地理学和文化地理学的意义,也有交通地理学的意义。若干与此相关的民族史、宗教史、外交史以及战争史诸问题,都可以因此得到澄清的条件。

对于"中亚北部地区"予以充分的重视,是清醒的古史学者共同的学术倾向。希罗多德《历史》就已经关注地中海文明辐射"边缘"地方的中亚民族。《史记》和《汉书》对于"西域"的记述,保留了这一地区许多重要的历史文化信息。确实如纪宗安教授所说，"中亚北部地区"的草原环境对于东西文化交往的意义，"无论是研究西北少数民族史，还是以民族平等的原则研究汉民族与周边少数民族的关系史"，都是必须重视的。特别是，"中古中期以前，历史的砝码重心多压在北面"，"从秦汉以来直至隋唐，全国政治、经济、文化重心偏北，与中原王朝交往最甚的也是北方各游牧民族，所以出自政治、经济利益的需要，使历代统治阶级的目光所在，着力经营的主要是北部"。而西北方向，尤其为许多朝代帝王长久凝视。因此，"无论是纵向研究中国通史，还是横向研究各王朝断代史"，都不能不关注"中亚北部地区"草原环境下发生的历史文化现象（第 265 页至第 266页），自然也不能不关注这一背景下发生的交通史过程。

在古代文化交往和文化传播过程中，草原交通曾经发挥过重要的作用。

汤因比在《历史研究》中曾经专门就"海洋和草原是传播语言的工具"有所讨论。他写道："在我们开始讨论游牧生活的时候，我们曾注意到草原象'未经耕种的海洋'一样，它虽然不能为定居的人类提供居住条件，但是却比开垦了的土地为旅行和运输提供更大的方便。"汤因比说："海洋和草原的这种相似之处可以从它们作为传播语言的工具的职能来说明。大家都知道航海的人民很容易把他们的语言传播到他们所居住的海洋周围的四岸上去。古代的希腊航海家们曾经一度把希腊语变成地中海全部沿岸地区的流行语言。马来亚的勇敢的航海家们把他们的马来语传播到西至马达加斯加东至菲律宾的广大地方。在太平洋上，从斐济群岛到复活节岛，从新西兰到夏威夷，几乎到处都使用一样的波利尼西亚语言，虽然自从波利尼西亚人的独木舟在隔离这些岛屿的广大洋面上定期航行的时候到现在已经过去了许多世代了。此外，由于'英国人统治了海洋'，在近年来英语也就变成世界流行的语言了。"汤因比指出，"在草原的周围，也有散布着同样语言的现象。由于草原上游牧民族的传布，在今天还有四种这类的语言：柏伯尔语、阿拉伯语、土耳其语和印欧语"。就便利交通的作用而言，草原和海洋有同样的意义。草原为交通提供了极大的方便。草原这种"大片无水的海洋"成了不同民族"彼此之间交通的天然媒介"（［英］汤因比：《历史研究》上册，曹未风等译，上海人民出版社1964年3月版，第234页至第235页）。1972年版《历史研究》缩略本对于草原和海洋对于交通的作用是这样表述的："草原的表面与海洋的表面有一个共同点，就是人类只能以朝圣者或暂居者的身份才能接近它们。除了海岛和绿洲，它们那广袤的空间未能赋予人类任何可供其歇息、落脚和定居的场所。二者都为旅行和运输明显提供了更多的便利条件，这是地球上那些有利于人类社会永久居住的地区所不及的。""在草原上逐水草为生的牧民和在海洋里搜寻鱼群的船民之间，确实存在着相似之处。"论者还指出，"在去大洋彼岸交换产品的商船队和到草原那一边交换产品的骆驼商队之间"，也具有"类似"特点。"在海盗和沙漠劫匪之间，在驱使亚该亚人、北欧人或十字军搭乘海船、潮水般涌向欧洲和黎凡特沿岸的爆炸性人口移动，以及迫使阿拉伯人、西徐亚人、土耳其人或蒙古人驰离他们的草原故土，如狼似虎般地涌入埃

190

及、伊拉克、俄罗斯。印度或中国定居地区的其他人口大迁徙之间，情况也如出一辙。"（《历史研究》［修订插图本］，刘北成、郭小凌译，上海人民出版社2000年9月版，第113页至第114页）

取游牧生存方式，"逐水草而已"的草原民族"善驰走"（《晋书》卷一一三《苻坚载记上》），"轻疾悍亟"，"至如猋风，去如收电"（《汉书》卷五二《韩安国传》），"因时而动，乘可而发，飙举电至"（《盐铁论·世务》），富于机动性的特征，使得他们在古代民族文化交往中充当了积极主动的角色。

纪宗安著《9世纪前的中亚北部与中西交通》的研究成果，使得读者可以更深刻地理解草原环境与文化交往史的重要关系。

2. 穆天子西征故事与早期丝路史

中国上古文献遗存中，已经出现关于中亚北部地区或相邻草原部族的历史记录。如《管子》书中所谓"禺氏"，《穆天子传》所谓"禺知"等，有学者认为可能与"月氏"有关（马雍、王炳华：《阿尔泰与欧亚草原丝绸之路》，张志尧主编：《草原丝绸之路与中亚文明》［国际阿尔泰学研究丛书之一］，新疆美术摄影出版社1994年11月版，第141页至第151页）。

《9世纪前的中亚北部与中西交通》对《穆天子传》所提供相关信息的重视，是值得称许的。作者写道，《穆天子传》记述的内容，"说明早在信史记载丝路南北路线之前，这条东西交往的道路实际上已经存在……"（第 46 页）这样的判断，是有合理的学术根由的。

《穆天子传》所记述的内容富有神话色彩，因而长期蒙被神秘疑云。关于《穆天子传》的性质，历来存在不同的认识。有人曾经把它归入"起居注类"，有人则将其列入"别史类"或者"传记类"之中。大致都看作历史记载。然而清人编纂的《四库全书》却又将其改隶"小说家类"。不过，许多学者注意到《穆天子传》中记录的名物制度一般都与古代礼书的内容大致相合，因此认为内容基本可信。可能正是出于这样的考虑，《四部丛刊》和《四部备要》仍然把《穆天子传》归入"史部"之中。事实上，周穆王西行事迹，在其他史学经典中是有踪迹可察的。《左传·昭公十二年》说到周穆王"周行天下"的事迹。与《穆天子传》同出于汲冢的《竹书纪年》也有周穆王西征的明确记载。司马迁在《史记》卷五《秦本纪》和卷四三《赵世家》中，也记述了造父为周穆王驾车西行巡狩，见西王母，乐而忘归的故事。纪宗安教授指出了"汉文古籍中关于周穆王西征的记载"，以为"这些记载虽带有传奇虚构色彩，但多少能反映出一些远在公元前 10 世纪黄河流域与中亚地区之间的某种联系"（第 44 页）。《大业拾遗记》说，隋炀帝时的大型表演"水饰"七十二势中，有所谓"穆天子奏《钧天乐》于玄池"，"猎于操津，获玄貉白狐"，"觞西王母于瑶池之上"三势，都是直接从《穆天子传》取材以为艺术原型的。唐人李商隐的《瑶池》诗："瑶池阿母绮窗开，黄竹歌声动地哀。八骏

日行三万里，穆王何事不重来？"更为人们所熟知。关于
"瑶池"，有以为即青海湖者，有以为即天山天池者，有以为
远在里海者。纪宗安教授认为："玄池有可能是指伊塞克湖
（也有指斋桑湖）。""西王母之国很可能就在伊塞克湖西边不
远。"又指出，"古之移民、商贾、行旅取道库车北上，出特
克斯河谷，经伊犁河至伊塞克湖者，实为不少，说明早在
战国时期，这里已是一条常被使用的中西通道"（第45页）。
这样的认识，值得交通史和历史地理学者参考。

　　对于《穆天子传》的成书年代，不少学者推定为文化空
前活跃的战国时期。这一时期的中西文化交往也确实有历史
性的进步。在阿尔泰地区发现的公元前5世纪的贵族墓中曾
经出土中国丝织品。巴泽雷克5号墓出土了有凤凰图案的刺
绣和当地独一无二的四轮马车。车辆的形制和刺绣的风格，
都表明来自中国。在这一地区公元前4世纪至前3世纪的墓
葬中，还出土了有典型关中文化风格的秦式铜镜。许多古希
腊雕塑和陶器彩绘人像表现出所着衣服细薄透明，因而有学
者推测公元前5世纪中国丝绸已经为希腊上层社会所喜好。
穆天子西行传说或许与这些现象有关。有学者指出，"周穆
王西征的故事，……大致反映了公元前第十世纪以后黄河流
域和中亚锡尔河上游地区已有比较牢固的联系。""这条通路
的打开，全靠往来于这一带的草原游牧部落，……《穆天子
传》记下了周穆王每到一地就以丝绢、铜器、贝币馈赠各部
落酋长，各地酋长也向他赠送大量马、牛、羊和穄酒，新疆
玉石的成批东运和中原地区丝绢、铜器的西传，成了这一时
期中西交通的重要内容，这些货物西运的终端远远越过了葱

岭，一直伸向乌拉尔和伊朗高原。"（沈福伟：《中西文化交流史》，上海人民出版社1985年12月版，第17页）有学者则认为，大致在战国初期，丝路的西端已经通达地中海地区："早在公元前五世纪前后，中国丝绸已远流国外"，"已传入到遥远的古希腊、罗马文化圈内。"（戴禾、张英莉：《先汉时期的欧亚草原丝路》，张志尧主编：《草原丝绸之路与中亚文明》[国际阿尔泰学研究丛书之一]，新疆美术摄影出版社1994年11月版，第13页）

3. 关于"塞人""尖顶帽"

在第二章第一节"塞人，早期的东西文化传播者"中，纪宗安教授说到希罗多德《历史》指出的塞人戴"尖顶帽"的文化特征，并综合石刻文字和考古发现，进行了活跃在东西方通路上的游牧民的种族史的考论。这种通过服饰形式一类生活史信息进行更宽广层次的文化考察的方法，可以给关心"东西文化传播"的读者有意义的启示。

《9世纪前的中亚北部与中西交通》书中与相关内容对应处采用的图版，有"新疆新源县出土的战国塞人铜武士像"（第59页）。有的学者指出，"春秋战国时期丝路的出现"，正与"塞人的迁徙"有关（沈福伟：《中西文化交流史》，上海人民出版社1985年12月版，第17页至第20页）。

这一章的第二节，是"匈奴等早期游牧民族在中西交通史上的作用"。其实，我们还注意到，汉代画像中的匈奴人形象，往往以头戴"尖顶帽"作为标志性特征。如山东沂南

汉墓门楣画像"胡汉战争"图，山东嘉祥满硐乡宋山出土
汉画像石"胡汉交战"图，山东平阴实验中学出土汉画像
石"战争"图，山东临沂出土"武卒"图，山东济宁喻屯镇
城南张出土汉画像石"献俘"图等（中国画像石全集编辑委
员会：《中国画像石全集》，山东美术出版社、河南美术出版
社 2000 年 6 月版，第 1 卷图一七九，第 2 卷图一〇二，第 3
卷图二〇三，第 3 卷图六八，第 2 卷图七）。四川中江塔梁
子崖墓 M3 三室甬道右壁的石刻画像，发掘者定名为"胡人
舞蹈图"。画面上端有墨书"襄人"榜题（四川省文物考古
研究所、德阳市文物考古研究所、中江县文物保护管理所：
《四川中江塔梁子崖墓发掘简报》，《文物》2004 年 9 期，图
一八；四川省文物考古研究院、德阳市文物考古研究所、中
江县文物保护管理所：《中江塔梁子崖墓》，文物出版社 2008
年 1 月版，第 64 页）。或以为"襄人"的"襄"，很可能与
"鬤"有关。《玉篇》卷五《髟部》："鬤，乱发。"《集韵》
卷六《养韵》："鬤，发乱兒。"而《广韵》卷二《庚韵》
说："鬤，髼鬤乱发貌。"又说："鬤，眚鬤乱毛。"《玉篇》卷
五《髟部》：髼，"髼攘也"。"髼"与"鬤"应同义。"鬤"字
的涵义，一说"乱发"，一说"乱毛"。《楚辞·大招》："西
方流沙，漭洋洋只。豖首纵目，被发鬤只。"王逸注："言
西方有神，其状猪头从目，被发鬤鬤。"形容西方神怪使
用"鬤"字，是值得我们注意的。高亨在总结古字通假规
律时，则以为"襄"与"冉"通（高亨纂著：《古字通假会
典》，齐鲁书社 1989 年 7 月版，第 259 页）。如果赞同"襄"
与"冉"通，则可以联想到"襄"亦可以通于"髯"。"髯"

与"髯"可以联系起来理解。"襄人"或作"鬢人",即"髯人",也就是"髯人""胡人"。承四川大学江玉祥先生见告,"襄人"应与《华阳国志》所见"獽人"有关。而我们关注的这幅石刻画像所见人物形象正如发掘报告描述,确是"高鼻深目、胡须环腮",与西南少数民族通常形象有所不同。尤其"须发""用浓墨勾画",特点十分醒目。而中江塔梁子崖墓"襄人"头上戴的,正是"尖顶帽"(王子今:《中江塔梁子崖墓石刻画像榜题"襄人"考》,《中国历史文物》2008年3期)。

不过,汉代画像所见胡人"尖顶帽"与新疆新源出土铜武士俑的帽子似乎有所不同。承中国人民大学孙家洲教授见告,晚唐刘言史《王中丞宅夜观舞胡腾》诗有"石国胡儿人见少,蹲舞罇前急如鸟。织成蕃帽虚顶尖,细氍胡衫双袖小"句(《石仓历代诗选》卷一二〇),也强调了"蕃帽虚顶尖"的形制特色。可见这种以"顶尖"为基本特征的"胡儿""蕃帽"的使用,可能延续到"9世纪"甚至更晚的时代。

也许进一步考察草原民族的这种帽子的具体样式,并且进行服饰形制的民族史和文化史的分析,是有必要的。

4.匈奴"在东西文化的交流传播中起到中介作用"

两汉时期中西交通的形势,一如有的研究者所指出的,"由于远征大宛的成功,汉朝的声威震动了岭西诸国,东西方贸易愈益兴盛,但是正如我们所看到的那样,汉朝的西域经营时常为匈奴的强弱所左右，随着匈奴势力的强大，无论其西域经营抑或是东西方贸易都曾反复出现一进一退的局面"。在西域这一竞争舞台上，汉王朝对匈奴的"优势地位"使得历史进入"丝绸之路最活跃的时代之一"，然而这种"优势"却表现出"时有强弱"的历史波动（［日］长泽和俊：《丝绸之路史研究》，钟美珠译，天津古籍出版社 1990 年 6 月版，第 42 页、第 51 页）。

在关于"匈奴等早期游牧民族在中西交通史上的作用"的讨论中，纪宗安教授指出匈奴"在东西文化的交流传播中起到中介作用"的历史事实。"公元 1 世纪中叶，以郅支单于为首的一股匈奴势力侵入天山中部以西，楚河、塔拉斯河流域，加强了中国文化对七河地区的影响以及东西文化在这一地区的交流。"于是，这一地区的匈奴遗物中"不乏中国制品"，"西方文化的影响也不断通过匈奴传入东方"（第 75 页）。

我们如果注意到西域处于草原游牧民族交往通路的地理条件，注意到西域文化多元的因素，注意到草原强势部族军事霸权的文化影响，就自然会关心公元前 2 世纪至公元 2 世纪匈奴对西域的经营。若干相关问题，如汉王朝介入西域政治的外交实践，匈奴控制西域的方式，汉王朝控制西域的方式等，都直接或者间接地影响着这一时期的中外文化交流史。《9 世纪前的中亚北部与中西交通》一书的提示，显然是有益的。

如有的学者所说："由于西域某种程度地臣服于匈奴，所以汉通西域也就表现着与匈奴的斗争和争夺。"（田继周：

《中国历代民族史·秦汉民族史》，社会科学文献出版社 2007
年 5 月版，第 131 页）使汉王朝感受到威胁的匈奴对这一地
区的经营及其导致的"臣服"关系，汉文史籍称之为"兼从
西国"。马长寿指出："《汉书·西域传》称天山以南，'轮台
（新疆轮台县以东），地广饶水草，有溉田五千顷以上，种
五谷，与中国同时熟'。这些地区初被匈奴统治着，日逐王
在那里置僮仆都尉，赋役诸国，取以富给。天山南路，如婼
羌、鄯善、山国（今库尔勒山中）、龟兹（今库车县）、姑
墨（今拜城县西南）、莎车等国都产铁、铜等矿。有不少国
家能冶铁，铸成剑、矛、刀、剑、甲等武器。这些武器对于
匈奴国家的发展是绝对有益的。而且天山南北麓和昆仑山北
麓，自古是中亚、南亚和东亚间商业交通要道，匈奴在其间
设关卡，收商税，护送旅客，担保过山，都可以收到不少的
报酬，有时还掠夺行商和马队的货物。这些事实都说明西域
的物产和交通在匈奴经济中占相当重要的位置。""当时西域
诸国皆役属于匈奴，而中亚的一些大国又与匈奴为与国。"
这一情形如果不改变，对于汉王朝的发展"显然是不利的"
（马长寿：《北狄与匈奴》，广西师范大学出版社 2006 年 6 月
版，第 30 页至第 31 页）。西汉人所说的"西国"，语近"西
域"，即通常所谓广义的"西域"，严格说来可能也是包括某
些中亚国家的（王子今：《"西域"名义考》，《清华大学学
报》2010 年 3 期；《汉代"西域"史料的发现和理解》，《第
一届中日学者中国古代史论坛文集》，中国社会科学出版社
2010 年 4 月版）。也有学者认为："匈奴在汉北部边境全线
失败后，其势力开始转移到其右部，更加强化了对西域的控

制。"（宋超：《汉匈战争三百年》，华夏出版社 1996 年 12 月版，第 110 页）或说："匈奴因南下受阻，于是调转马头转向西北，向西域方面进军。""匈奴被迫向西迁徙后，越来越依靠西域，它不仅物质上有赖于西域，而且也把西域作为他反击汉方的战略基地"，因而西域"成为双方的争夺重点"（王柏灵：《匈奴史话》，陕西人民出版社 2004 年 6 月版，第 87 页至第 88 页）。汉王朝对匈奴"兼从西国"的对抗方式，是所谓"使西国""通西国""威西国""安西国"。

《史记》卷一二三《大宛列传》："匈奴奇兵时时遮击使西国者。"体现出匈奴与汉王朝对"西国"的争夺。《汉书》卷九四《匈奴传上》："马宏者，前副光禄大夫王忠使西国，为匈奴所遮，忠战死，马宏生得，亦不肯降。"也说到匈奴对"使西国者"的暴力拦截。据《史记》卷一二三《大宛列传》，"西国""厌汉使"，"禁其食物以苦汉使"，甚至"攻劫汉使"情形，也屡见于史籍。《汉书》卷七〇《傅介子传》说到"楼兰王安归尝为匈奴间，候遮汉使者"事，可知这种对汉王朝的蔑视和抗拒，是在匈奴作用下出现的。《史记》卷一三〇《太史公自序》说卫青、霍去病传记主题："直曲塞，广河南，破祁连，通西国，靡北胡。作《卫将军骠骑列传》第五十一。"汉王朝的西域战略，本有"以分匈奴西方之援国"的意图（《史记》卷一一〇《匈奴列传》）。正如陈序经所说："汉武帝要攻破匈奴，除了准备用武力正面征讨外，还要联络西域诸国使匈奴失去援助，孤立匈奴，便于击败。匈奴曾置僮仆都尉去统治西域诸国，收赋税与利用西域诸国的人力物力与汉对抗，西汉王朝要击败匈奴，必须争取西域诸国，断匈奴右臂，这是一个很好的办法。"（陈序经：《匈奴史稿》，中国人民大学出版社 2007 年 8 月版，第 253 页）"通西国"是汉王朝击败匈奴即"靡北胡"的重要战略步骤之一。《汉书》卷九六下《西域传下》所谓"远田轮台"，"稍筑列亭，连城而西，以威西国"，所谓"有诏还田渠犁及车师，益积谷以安西国，侵匈奴"，也体现了最高执政集团的意图。《旧唐书》卷八〇《褚遂良传》记载，唐太宗时，"既灭高昌，每岁调发千余人防遏其地"，褚遂良上疏："汉武负文、景之聚财，玩士马之余力，始通西域，初置校尉。军旅连出，将三十年。复得天马于宛城，采蒲萄于安息。而海内虚竭，生人失所，租及六畜，算至舟车，因之凶年，盗贼并起。搜粟都尉桑弘羊复希主意，遣士卒远田轮台，筑城以威西域。"（中华书局 1975 年 5 月版，第 2736 页）。其中"远田轮台，筑城以威西域"可与《汉书》卷九四下《西域传下》"远田轮台"，"稍筑列亭，连城而西，以威西国"对应。则褚遂良理解的"西国"，有可能就是"西域"。不过，汉代文献中的"西国"，有的也是不能直接读作"西域"的。

而匈奴执政集团对屯田基地所谓"单于必争此地，不可田也"（《汉书》卷九六下《西域传下》）的态度，也是明朗的。《汉书》卷九六下《西域传下》对"田渠犁"的意义以及"渠犁田士"的作用有明确的记述。而《西域传上》关于汉武帝"西国"政策的记录中，往往是"轮台、渠犁"并称的，《西域传下》也说："轮台与渠犁地皆相连也。"

仍以"轮台"为例，李广利远征大宛时对轮台地方曾经"攻数日，屠之"。汉武帝时代有"远田轮台"的计划，而最

200

终被否定。汉武帝的"轮台诏"后来成为成功修正行政方针的有纪念意义的文化符号（田余庆：《论轮台诏》，《历史研究》1984 年 2 期）。汉昭帝时代又曾经有同样通过在轮台建立屯田基地的方式以增进对"西国"的控制能力的举措。轮台的重要地位，正如纪宗安教授所说，"为汉代丝绸之路北道上的一大重镇"，"西域历史上汉唐时期均有轮台当丝路孔道"（第 132 页）。这一观点的最初提出，见纪宗安《丝路北道上的交通支线和重要城镇》（林远辉编：《朱杰勤教授纪念论文集》，广东高等教育出版社 1996 年 6 月版，第 163 页）。有学者注意到，"此系西域腹地，北道的交通要冲，具有重要的战略地位"（殷晴：《丝绸之路与西域经济——十二世纪前新疆开发史稿》，中华书局 2007 年 12 月版，第 66 页）。亦有学者指出，经过"轮台城"的"从焉耆西行""至龟兹延城"的古道，"汉唐间其路线无大变化"（石云涛：《三至六世纪丝绸之路的变迁》，文化艺术出版社 2007 年 6 月版，第 333 页）。

《汉书》卷九六下《西域传下》以"赞曰"为概括方式的文字，是这样总结汉与匈奴对"西国"的争夺的："孝武之世，图制匈奴，患其兼从西国，结党南羌，乃表河西，列四郡，开玉门，通西域，以断匈奴右臂，隔绝南羌、月氏。单于失援，由是远遁，而幕南无王庭。"汉王朝的西域政策和匈奴的西域政策，都可以通过班固的这一分析得到说明。双方竞争的结局，是"汉朝与匈奴争夺西域七十多年，最终实现了断匈奴'右臂'的战略目标"（宋超：《汉匈战争三百年》，华夏出版社 1996 年 12 月版，第 118 页）。也许匈奴军事力量的衰落，并不影响其文化传播作用的继续实现。纪宗安教授就这一问题是这样分析的："正是因为匈奴居于大漠南北，新疆东北部时已多习染汉文化。所以匈奴衰败后不断西迁的残部，就会自然而然地将汉文化的影响带往西方，在东西文化交流传播中起到中介作用。"（第75页）

考察匈奴在丝绸之路交通中的作用，首先应当认识匈奴控制西域贸易形势的历史表现（王子今：《论匈奴僮仆都尉"领西域""赋税诸国"》，《石家庄学院学报》2012年4期；《匈奴控制背景下的西域贸易》，《社会科学》2013年2期），同时也不能忽视这一草原强势民族直接转运丝绸获取商业利润的积极性和能动性（王子今：《前张骞的丝绸之路与西域史的匈奴时代》，《甘肃社会科学》2015年2期；《丝绸之路贸易史上的汉匈关系》，《文史知识》2017年12期）。

5. 图像资料的意义

这部著作也不免白璧微瑕。例如，第30页"准葛尔盆地"，通常作"准噶尔盆地"。第一章第二节"远古时期东西文化交流的曙光"，就旧石器时代进行介绍之后，即进入对"铜石并用时青铜时代"的讨论。其实，新石器时代"东西文化交流的曙光"，也是有重要的文化信息可以分析的。彩陶器形和纹饰的传播，小麦的引种，磨的使用等，也许都是值得关注的历史文化现象。作者将《穆天子传》的有关讨论置于以"远古"为题的这一节中，行文中又间或使用"上古"的说法（第47页），在所归入历史时期的表述方式上，似乎也有可以商榷的地方。在关于中亚史研究论著的介绍中，"齐东方《中国圣火——中国古文物与东西文化交流中的若干问题》"（第 16 页）应为"孙机《中国圣火——中国古文物与东西文化交流中的若干问题》"。

　　与论述主题有关的历史学、考古学、民族学俄文资料的尽可能充备的发掘和采用，特别是"直接从苏联考古资料中引用了不少有份量的成果"（第 21 页），也是《9 世纪前的中亚北部与中西交通》的优长之处。俄文资料大都为 20 世纪 80 年代甚至更早的论著，也许新出资料的利用，我们只能期待将来《9 世纪前的中亚北部与中西交通》增订本的面世。20 世纪 80 年代苏联解体之前学术论著的作者标示，采用"〔俄〕"的方式，这样是否合理，似乎也需要考虑。

　　我们读到的有些关于"中亚北部地区"历史文化研究的论著，不能向读者提供相关图像资料，以致往往影响学术传播的质量和效率。例如苏联学者 Э.А.诺甫戈罗多娃的论文《蒙古阿尔泰及邻境山中的古代车辆岩画》，在以中文形式发表时，竟然没有一幅插图（〔苏联〕Э.А.诺甫戈罗多娃：《蒙古阿尔泰及邻境山中的古代车辆岩画》，陈弘法译，张志尧主编：《草原丝绸之路与中亚文明》〔国际阿尔泰学研究丛书之一〕，新疆美术摄影出版社 1994 年 11 月版，第 141 页至第 151 页）。中国交通史学者、民族史学者和中外关系史学者于是几乎完全无法利用这一成果。《9 世纪前的中亚北部与中西交通》有地图 7 幅、图版 18 幅，已经给文本的阅读和理解提供了许多方便。如果相关文物有更丰富更明晰的介绍，我想，读者朋友特别是少有机会直接地、及时地接触中亚地方考古发现的中国读者们，可能会对作者表示深心的感谢。

（纪宗安著：《9 世纪前的中亚北部与中西交通》，中华书局 2008 年 1 月版）

"博望"事业

——评张国刚《中西文化关系通史》

近年丝绸之路史研究成为学术热点。以丝绸之路史为主题的学术刊物已经相继出现了多种。丝绸之路史、中西交通史、中外文化交流史方向的学术专著和学术论文高密度地集中面世，但是大多注重断代研究、专题研究，包括具体的交通路径、历史事件、往来方式，以及闻人与文献的考论，或涉及和丝路文化交流相关的外交史、战争史、民族关系史等。张国刚著《中西文化关系通史》作为长时段的比较全面的

《中西文化关系通史》书影

综合研究的成果，正是学界所需求的可以扩展考察视野，实现宏观分析，补足相关学术认识的论著。

《中西文化关系通史》有上下两卷。上卷副题"从张骞到郑和（1500年以前）"，下卷副题"从利玛窦到马戛尔尼（1500年—1800年）"。论述年代跨度如此之大的"中西文化关系"，如马克垚先生所表扬，"体大思精，资料丰富，条分缕析，论证细密，实为不可多得之佳作"（序二）。陈高华先生也有这样的肯定："全书高屋建瓴，资料充实，分析细致，多有创见，在内容安排与论述思路上都很有特色，不同于以往的中西交通史或中外关系史之类的著作。"（序三）荣新江先生也指出"撰著一部中西文化关系通史，并非一件容易的事情"，而张著实现了这样的学术作用，即"给读者一个中西文化关系史的整体面貌"（序四）。

对于前张骞时代的东西交流，《中西文化关系通史》参考了考古学研究获得的实证认识，指出：中国最早培植了粟和水稻，"同时，西方培植的小麦沿着塔里木河、河西走廊传到了中国"。马车西来，"很可能也影响到了殷商的马车及其式样"。青铜铸作技术由西而东传入，而中原青铜礼器的制作，其实是一种"再创造"，可以看作"冶金技术本土化的范例"（第7页）。周穆王西行见西王母故事，"说明黄河流域的华夏族对中亚及西亚地区已经有了一些历史地理知识"，黄河流域与葱岭以西地区"早在公元10世纪之前已经有了比较牢固的联系"（第12页至第13页）。《山海经》《淮南子》等文献中，也透露出中原人对西方地理人文知识的片断信息。张国刚介绍："公元前1世纪出现的希腊文Thinae

或其晚后的拉丁文译名 Sinae/Sina，其音译为'秦那''支那''支尼''秦尼'或'秦奈'，而这个希腊文名词还可追溯至更古老的时期。"一种意见认为，这是"秦"的译音。明末入华耶稣会会士卫匡国最早在《中国新地图集》中提出的这一认识，"得到 20 世纪许多学者的赞同，如伯希和、季羡林、饶宗颐，但是他们做了一点修正，认为此'秦'应指战国时的秦国，而非一统中国的秦朝"（第 18 页）。我们看到，在《史记》《汉书》的记录中，西汉时期西域人称汉人为"秦人"，通过新疆拜城《龟兹左将军刘平国作关城诵》石刻得知，东汉西域人仍然称汉人为"秦人"。这一历史文化现象，可以助证"'秦那''支那''支尼''秦尼'或'秦奈'"可能是"秦"的译音的推定。

《中西文化关系通史》指出，"对于西方另一个有关中国的称呼'赛里斯'（Seres），则大家都普遍认同就是指中国丝绸"（第 19 页）。"有些学者认为希腊词 Seres 和拉丁词 Sericum 的语源当为 Sir。Sir 的来历，或如上文提到的观点，是'丝'之音在中亚地方被加上单数后缀的结果。""或有人认为，Sir 是'缯''绢'或'蚕'的对音。"（第 21 页）

张骞出使西域，开创了中西文化往来的新纪元。正如《中西文化关系通史》所说："西汉时期张骞通西域是历史上的一件大事，它标志着中西交流史上的一个新时代的开始，并对后来东西方文明的发展有着深远意义。"（第 31 页）张骞西北出使获得的历史性成功，司马迁称"凿空"。其首要意义，是开拓了交结西域地方的正式的交通路径。汉武帝封张骞"博望侯"，肯定了他的功业。"博望"名号成为标志性的文化符号，形成了长久的历史纪念，也产生了广泛的社会影响。张骞之后，"使往者皆称博望侯，以为质于外国，外国由此信之"（《史记·大宛列传》）。1963年8月湖北鄂城出土一件汉镜，铭文有"宜西北万里富昌长乐"字样，体现了当时社会对"西北"远方建功创业有所成就的预期。所谓"博望"指示的方向，正是"宜西北万里"所体现的当时社会共同关注的文化热点。张骞的历史贡献之一，是将亲身考察所获得的有关中亚地方的知识传递到中土。这不仅丰富了中原人的地理知识，也拓展了中原人的人文眼界和世界胸怀。张骞之"博望"，打开了中原西望中亚乃至万里远国的明亮的视窗。《隋书》卷八二《西域传》："史臣曰：自古开远夷，通绝域，必因宏放之主，皆起好事之臣。"理解张骞之"凿空"，应当注意其历史功业体现英雄主义和进取精神的积极意义。这应当是《隋书》所谓"好事"的另一解读。而《隋书》所谓"宏放"，使人联想到鲁迅语："遥想汉人多少闳放"，"毫不拘忌"，"魄力究竟雄大"。他热情肯定的当时民族精神之所谓"豁达闳大之风"（《坟·看镜有感》），也可以通过张骞"凿空""博望"的事业有所体会。

在由"身所至"和"传闻"获得有关中亚诸多文化信息之外，张骞倾向积极的外交实践与交通开拓也多有成就。"张博望"成为纪念西汉军事与外交成功的文化符号。关于著名的班超投笔从戎的故事，《后汉书》卷四七《班超传》记载："（班超）久劳苦，尝辍业投笔叹曰：'大丈夫无它志略，犹当效傅介子、张骞立功异域，以取封侯，安能久事笔研间乎？'"所谓"大丈夫……当效傅介子、张骞立功异域"，

《后汉纪》作"丈夫当为傅介子、张博望立功绝域"，使用了"张博望"名号。潘岳《西征赋》："衔使则苏属国，震远则张博望。"梁何逊《学古三首》之三："昔随张博望，辞帝长杨宫。独好西山勇，思为北地雄。十年事河外，雪鬓别关中。季月边秋重，严野散寒蓬。"其中"十年事河外"，或许说"张博望"被匈奴羁押的艰辛苦难。又唐人吴均《入关》："羽檄起边庭，烽火乱如萤。是时张博望，夜赴交河城。马头要落日，剑尾掣流星。君恩未得报，何论身命倾。"其中"马头要落日，剑尾掣流星"诗句，在颂扬张骞的英雄主义气概时，说到丝路行走的武备及交通方式。

张国刚著《中西文化关系通史》，上卷第一编"西域南海与胡天汉月"的第一章为"中西陆上交通【上】：发展与鼎盛"，第二节"'丝绸之路'的由来及其开拓"专门论述了"张骞出使与西汉对丝路的开拓"。第四章"汉唐对外关系：西域的拓展"第一节"中国与中亚的往来"中论"两汉魏晋时期与中亚的往来"，也涉及张骞第一次出使西域到达大宛和第二次出使西域遣副使访问大宛事迹。在第二编第八章"中国文化外传【下】：科技与文化"的论述中，首先讨论了"纸张与造纸术"。书中写道："1933年，考古学家黄文弼在罗布泊汉代烽燧遗址考察时发现一片属于公元前52年（汉宣帝甘露二年）的西汉古纸。1950—1970年代，又陆续发现数片西汉古纸。"（第182页）罗布泊地方西汉纸遗存的发现，当然与张骞之后汉文化对西域的直接影响有关。纸的普及对于世界文化史进程，其积极意义不言而喻。在第九章"胡风东被【上】：物产与技术"的第一节，作者在论说"生物物种"

时写道："由于张骞凿通西域之举直接导致许多西域物种传入中原，因而许多物种的引种都归于张骞名下，见于史籍记载的植物就有葡萄、苜蓿、石榴、红蓝花、酒杯藤、胡麻、胡桃、胡豆、胡蒜、胡葱等，但实际可确认为张骞引进的仅葡萄和苜蓿。不过张骞引进的这两种植物却很具代表性。"（第210页）关于"引进的动物品种"，作者写道："张骞通西域的直接成果之一就是引进良种马匹，《史记·大宛列传》载张骞自西域归来后向汉武帝报告大宛'多善马，马汗血，其先天马子也'。""张骞第二次出使至伊犁河谷的乌孙，乌孙国王派使者带良马数十匹答谢武帝"，于是"命名为'天马'"（第214页至第215页）。而骆驼、驴、骡的引入（第217页），如《盐铁论·力耕》所谓"骡驴𩦺驼，衔尾入塞，驒𫘦騵马，尽为我畜"，成为生产动力和交通动力。作为"奇畜"（《史记》卷一一〇《匈奴列传》）引入的，可能还有《汉书》卷九六上《西域传上》所谓"封牛"。《史记》卷一一七《司马相如列传》"犪"，司马贞《索隐》："郭璞云：'犪，犪牛，领有肉堆，音容。'案：今之犁牛也。"《汉书》卷五七上《司马相如传上》"犪"作"庸"。颜师古注："庸牛即今之犁牛也。""封牛""犁牛"，应当就是罗布淖尔汉简所见"角驼"。

后世流播甚广的张骞"浮槎"传说，使得"博望侯"在民间信仰等级中升入神界。据说张骞奉汉武帝命，西行寻求河源，"浮槎"而上，竟然到达"天河"，见"织妇"与"牵牛人"。《博物志》出现这个故事，"浮槎去来"者不著姓名。可能由于《史记》卷一二三《大宛列传》有"汉使穷河源""今自张骞使大夏之后也，穷河源"的说法，《艺文类

聚》卷四梁庚肩吾《奉使江州船中七夕诗》："天河来映水，
织女欲攀舟。汉使俱为客，星槎共逐流。"故事主人公成为
"汉使"。《玉台新咏》卷八《七夕》诗："牵牛遥映水，织女
正登车。星桥通汉使，机石逐仙槎。"注引《荆楚岁时记》
明确与张骞事迹相联系："汉武帝令张骞使大夏，寻河源，
乘槎经月而至一处，见一女织，一丈夫牵牛饮河渚。织女取
楮机石与骞而还。后为东方朔所识。"元代已经有以"张骞
泛浮槎"为主题的《泛浮槎》剧目，可知这一故事的普及程
度。由张骞"浮槎""天河"传说，可以体会民间社会对张
骞"博望"事业及其文化精神的广泛肯定和深心尊崇（王子
今：《张骞"浮槎"故事的生成与传播》，《文史哲》2023 年
第 1 期）。张骞的品格和魅力，《史记》卷一二三《大宛列
传》有"为人强力，宽大信人，蛮夷爱之"的记述。他历
险、创新的人生成功，有个人资质条件的基点，也体现了我
们民族精神的时代风格。

　　在千百年的中西文化关系史中，汉武帝信用张骞通使西
北的时代，是中原人在交往中取积极进取态度的历史阶段。
后来的历史表现，则多有波折，亦见反复。要全面了解文化
史的总体进程，应当以"博望"态度、宽怀精神和开放胸襟
全方位地考察各种信息。比较便捷的方式，建议有兴趣的朋
友们不妨先阅读将此历史演进总结至于 1500 年的张国刚新
著《中西文化关系通史》。

　　（张国刚著：《中西文化关系通史》，北京大学出版社 2019 年 10 月
版）

"瀚海"航程

——评乌云毕力格等编著《草原游牧图》

中国古代文献常见用"瀚海"形容草原戈壁的情形。《史记》《汉书》都说到霍去病击败匈奴,"封狼居胥山""登临翰海"。注家或以为即"北海"。清代学者齐召南否定此说,指出:"翰海"即"瀚海","即大漠之别名。沙碛四际无涯,故谓之'海'。"元代学者刘郁《西使记》则认为:"今之所谓'瀚海'者,即古金山也。"岑仲勉《自汉至唐漠北几个地名之考定》赞同刘郁说,认为"瀚海"是"杭海""杭爱"的译音。柴剑虹又分析维吾尔

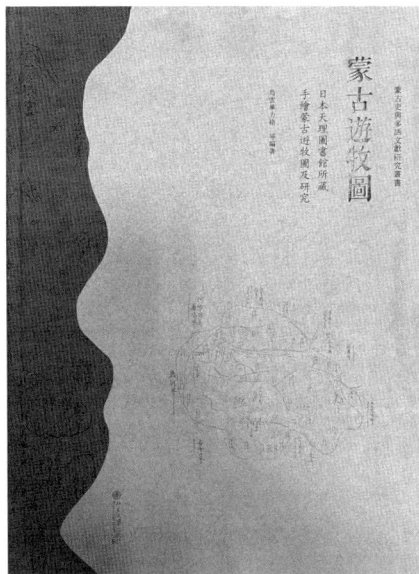

《草原游牧图》书影

语汇中突厥语的遗存，以为"两千多年前，居住在蒙古高原上的突厥民族称高山峻岭中的险隘深谷为'杭海'"，"后又将这一带山脉统称为'杭海山'、'杭爱山'，泛称变成了专有名词"（《"瀚海"辨》，《学林漫录》二集）。然而《艺文类聚》卷五三引梁元帝《郑众论》有"瀚海飞沙，皋兰走雪"句，又唐人皇甫冉《送客》诗："城下春山路，营中瀚海沙。"仍然支持"瀚海"即"大漠""沙碛"之说。

英国历史学家汤因比《历史研究》曾论说"海洋和草原是传播语言的工具"。他指出，"草原象'未经耕种的海洋'一样，它虽然不能为定居的人类提供居住条件，但是却比开垦了的土地为旅行和运输提供更大的方便"。"大家都知道航海的人们很容易把他们的语言传播到他们所居住的海洋周围的四岸上去。古代的希腊航海家们曾经一度把希腊语变成地中海全部沿岸地区的流行语言。……在太平洋上，从斐济群岛到复活节岛、从新西兰到夏威夷，几乎到处都使用一样的波利尼西亚语言……。此外，由于'英国人统治了海洋'，在近年来英语也就变成世界流行的语言了。"汤因比说："在草原的周围，也有散布着同样语言的现象。"这是"由于草原上游牧民族的传布"。

回顾中国古代对外交往的历史，确实可以发现草原通路和海洋通路共同的作用。草原民族曾经承当丝绸由中原向西北输送的主导力量。汉代西域诸族以及匈奴、乌孙等草原民族对于丝路贸易，表现出积极的态度。他们的消费需求、盈利愿望以及商业经验都是丝路繁荣的推动因素。

草原民族交通行为表现出的超常的机动能力，决定了他们在交通史上的突出地位。可惜草原道路难以长久保留历史遗存。《史记》记载，丝绸之路的"凿空"者张骞因为"知善水草处"，曾经为卫青部队的远征"导军"，"军得以无饥渴"。决定草原交通线路的"善水草处"，也会发生生态条件的变迁，因而我们对古来草原道路的具体走向难以知晓。值得注意的是，一些有关草原交通的重要历史文化信息幸而能够以特殊的文物形式保存下来，经有识见的学者发现、整理、研究，成为学界可以利用的文献资料。乌云毕力格等编著《蒙古游牧图：日本天理图书馆所藏手绘蒙古游牧图及研究》(北京大学出版社 2014 年 5 月版)，就实现了这样的文化成就。所谓"蒙古游牧图"大致制作于清代和民国时期，分别记录了草原各地诸多地理和人文信息。乌云毕力格等学者整理了日本天理图书馆收藏的 45 幅手绘"蒙古游牧图"，进行了认真的满语和蒙古语的文献校勘，发表了见解深刻的民族史、历史地理学和历史文献学研究的新认识。这些手绘"蒙古游牧图""给我们留下了内外蒙古地方的数以千计的蒙古语地名的原始资料"，"记载了大量的寺庙和矿产、企业等文化与经济信息"。涉及生态环境史的信息也非常珍贵。而其中有关草原交通的资料尤其应当引起交通史研究者重视。

　　光绪十六年（1890）喀尔喀车臣汗部扎萨克多罗郡王多尔济帕拉木就造送本旗游牧图及册子事给该部盟长的一份报告中写道，"草原游牧图"绘制的组织者和执行者所接受的指令，是"详查本旗游牧地大小地名、江河支流与河套、各方向之里数及边境之地，造地图与册子"，限期"报送"。具体要求还有："将该旗全部游牧地之横竖长度、山之高矮、常年流水及断流河之源头、流域、支流、河套、广阔草原、戈壁之形状、通道、路牌、敕赐名号之大寺庙、本旗公署等分别记载其名……"（乌云毕力格：《日本天理图书馆所藏手绘蒙古游牧图及其价值》）和交通有关的空间距离、地貌形式，以及具体交通"通道"，作为交通标识的"路牌"等，都是"草原游牧图"绘制必须"记载"的要素。据乌云毕力格的分类，这45幅"蒙古游牧图"分为四部分，第一部分即《内外扎萨克蒙古交通图》，描绘了"从察哈尔特别区域到外蒙古的三条通道，通道沿线的各地画得非常密集而清楚"。列为第二幅的《卓索图盟喀喇沁中旗图》，可以明确看到"黑砂口""关郊""喀拉抄道""大辇子""横道子""东来店"等显然与交通史信息有密切关系的地名。类似的交通史料还有形式多种的表现。相信经过认真分析和科学考察，一定可以增益我们对草原交通史的认识。

215

（乌云毕力格等编著：《蒙古游牧图：日本天理图书馆所藏手绘蒙古游牧图及研究》，北京大学出版社2014年8月版）

文物研究和早期秦史的考察

——读徐日辉《秦早期发展史》

徐日辉教授著《秦早期发展史》，讨论了"秦嬴"作为一个政治实体在今甘肃东南部开始出现，到秦文公四年（前762）东进关中，到达"汧渭之会"为止的历史，总结了秦部族发展为国家，又逐渐强大、扩张的过程，为以后秦所以能够争霸、称雄、兼并天下，乃至秦帝国的建立，进行了文化基础和历史基础的清晰的说明。

关于秦早期历史的研究成果，二十多年前曾经有林剑鸣教授的《秦史稿》（上海人民出版社1981年版，1983年再版）和《秦国发展史》

《秦早期发展史》书影

（陕西人民出版社1981年版，1985年再版）问世。不过，新的考古资料的发现和研究，已经使相关工作有了比较显著的推进。徐日辉教授的这本《秦早期发展史》，就是秦早期历史研究取得新的进步的代表性成就之一。

《秦早期发展史》的一个突出特点，是作者十分重视考古学界的研究成果。例如，对于嬴秦族源的来历，究竟是"东来"还是"西来"，除了总结以历史文献作为主要研究资料的历史学者的认识而外，还特别专列"考古学界对嬴秦族源的不同认识"一节，对于主要依据考古资料进行分析的考古学家的观点，也进行了认真的归纳。对于两种意见的争论，也有比较详尽的介绍。这样的工作，对于学术史的回顾和研究的继续推进，都有积极的意义。

对出土文物资料的充分重视，是贯穿于《秦早期发展史》全书的一条学术主脉。对于与研究对象有关的发现，作者都及时搜辑，用心地体会其中的文化信息，并且与文献记载相结合，进行细致的分析，提出新鲜的见解。例如，在有关"西"的地域概念的讨论中，作者就不其簋"追于西"的"西"，秦公簋"西元器"的"西"，秦陇西郡戈"西工"的"西"进行了讨论。同时，对新的文物发现，如西安出土秦封泥中"西盐"和"西共丞印"的"西"，以及秦始皇陵北新丰南社出土板瓦陶文"西道"，瓦当文字"西处"的"西"，也与秦的西县地望联系起来进行分析。他还指出，1994年甘肃礼县大堡子山秦公墓地的发现，使《史记》中有关秦襄公葬西垂、葬西山的记载得到证实，也清楚了历史上众说纷纭的"西山"，乃西县之山。作者认为，应当重新审视 1989 年天水放马滩一号秦墓中出土地图上所标明的所谓"故西山"的内涵，也应当注意，"该地图中标明的'故西山'右上方的亭形建筑标志，当与秦的西陵区有着某种联系"（第 114 页）。这样的认识，如果离开对文物资料的综合理解，显然是难以获得的。

礼县永兴乡蒙张村出土"天水家马鼎"，徐日辉先生较早予以研究。他结合秦封泥"上家马丞""下家马丞"等文字，认为"家马"是官职名，体现秦制度，从这一认识出发，可以认为鼎文证实了天水、礼县一带正是为秦王室饲养"家马"的地方，同时也表明自非子以来畜牧业经济的发达与昌盛。"作为主要的经济活动之一，有力地支持着秦的发展壮大，统一六国。"（第 259 页）得出这样的结论，也是运用文献记载与考古资料相结合的研究方法的成功例证。

还应当顺便指出，作者在研究秦畜牧业发展的条件时，注意到了生态条件的作用。气候条件，植被条件，水资源条件，都被看作历史过程中动态的因素。这样的研究思路，也是值得称道的。

书中也不免可以商榷之处，可以称作白璧微瑕。例如，关于"西犬丘"地方的自然资源，除了"土质肥沃，水草丰美"之外，作者还写道，"尤其是这里还盛产井盐。盐是人和大牲畜都不可缺少的食品，从某种意义上讲秦人善于养马，与大牲畜有足够的食盐有关。1997 年公布的秦代封泥中就有'西盐'，即西县（西犬丘）之盐。表明该地早在秦朝就是产盐的重地。所以今天这里又称'盐关''盐官'，因而又将这一段西汉水称为盐官水"（第 72 页）。"井盐"的开发，

很难说可以早至非子生活的时代。如果确定这一说法，应当
有比较充分的论证。盐在生活生产中虽然必不可少，但是需
求量毕竟有限。牧人机动性甚强，活动半径相当大，发展畜
牧业似不必以直接盐产地区作为主要基地。通过我们对畜牧
史的了解，这是显而易见的事实。而且，与这一段文字大体
相同的论述，除72页外，又见于253页和256页，这种行
文的重复，似乎也是应当避免的。这些异见，仅供徐日辉教
授参考。

（徐日辉著：《秦早期发展史》，中国科学文化出版社2003年8月
版）

陇右风华：甘肃历史文化的魅力

　　在中国文明史的历程中，集中文化先进性的区域曾经多次发生转换。中原是早期部族国家最初生成的文明先进地区。夏商西周时代，中原在当时的文化格局中居于领导地位。然而春秋战国时期的最为强盛的主要大国却均处于中原外围，如《荀子·王霸》所说，"是皆僻陋之国也，威动天下，强殆中国"。从秦、西汉到东汉的转变，文化重心由西向东移动。此后北方和南方也有这样的变化。上古的人们谁也想不到沿海地方会有近世的繁荣。秦汉时人形容滨海地方的荒僻落后，是使用"海濒仄陋"（《汉书》卷七二《鲍宣传》），"海濒遐远，不沾圣化"（《汉书》卷八九《循吏传·龚遂》）这样的语汇的。

　　回顾历史上文化重心的移动，我们看到，伏羲女娲的传说，即发生于西北山区。石器时代的考古发现，也证明这里是华夏文明的重要发祥地。大地湾文化作为甘肃远古文明的典型代表，展现了曾经优胜于其他许多地方的水准。曾经强盛一时的周和秦，早期文化的源头，均来自甘肃地方。陇东高原，曾经被周王朝和秦王朝的创始者的先祖作为东向发展的基本的根据地。汉武帝时代与匈奴抗争，"长安以陕西为畿辅，而屏蔽实在陇右"（《禹贡长笺》卷七）。自霍去病率部逾居延海，南下祁连山，大败匈奴军之后，汉武帝置河西四郡，开辟了中原文化与西域文化交往的通路。后来内地发生变乱，甘肃一些地方反而因相对的隔闭和稳定，获得了特殊的发展条件。《后汉书》卷三一《孔奋传》写道："时天下扰乱，唯河西独安，而姑臧称为富邑，通货羌胡，市日四合，每居县者，不盈数月辄致丰积。"唐帝国盛世文化的成就，更表现出与甘肃地方密切的渊源关系。这些历史轨迹，在世界文明进步的历程中留下了永恒的纪念。

甘肃地区曾经是中西文化交流的重要通道。汉仪西渐，胡风东来，这里有矛盾，有碰撞，有冲突，有融合。最新鲜、最生动、最积极、最活跃的文化因子，往往在这里生成发展。一脉祁连，万顷草场，作为农耕民族英雄和游牧民族英雄共同表演的历史舞台，留下了珍贵的文化信息。

甘肃地区又可以为考察和研究历代生态环境史提供基本的素材和具有"实验室"意义的观测条件。气候、植被、野生动物、水资源等生态条件，是影响社会历史进程的重要条件。而人类活动对这一条件的破坏，有历史教训值得记取。

西北师范大学主持编纂的《华夏文明在甘肃》对于追溯甘肃的文明历程，发掘甘肃的文化资源，进而实现华夏文明的传承创新，起到了导向的作用。这部著作分"历史文化卷"和"创新发展卷"。以"历史文化卷"为例，依次总结和论述了甘肃文化史的特征。对于甘肃的"古代神话"（王贵生）、"大地湾文化"（李永平）、"彩陶文化"（段小强）、"早期周文化"（陶兴华）、"早期秦文化"（祝中熹）、"简牍文化"（张德芳、李迎春）、"五凉文化"（贾小军、赵向群）、"敦煌遗书"（伏俊琏）、"长城文化"（刘再聪）、"石窟文化"（刘再聪）、"丝绸之路文化"（李并成）、"西夏文化"（刘建丽）、"民族文化"（胡小鹏）、"宗教文化"（张嵘）、"黄河文化"（张连银、刘再聪），作者进行了在深刻理解基础之上的清晰的说明。从作者队伍的构成以及论说内容的质量来看，学术研究的根基是非常深厚的。全书的论说与一些地方文化介绍书籍简单的浅层次的导游式的讲解不同，大多都有非常坚实的学术基础，分别提出了一些富有新意的学术创见。

比如"简牍文化"一章，作者认真总结了甘肃简帛发现和研究的主要收获，介绍了"甘肃出土简牍"（放马滩秦简，居延汉简，敦煌汉简，悬泉汉简，武威汉晋简牍，甘谷汉简，永昌水泉子汉简），分析了"简牍所见汉帝国的西北经略"（列四郡、据两关——对河西地区控制的实现，西北地区区域政治和军事管理体系的建立，与匈奴及羌族的和战，经略西域及中西交流的大规模展开），"甘肃简牍的文化和学术价值"（甘肃简牍中的文献典籍，甘肃简牍与汉帝国的文书行政、司法实践，甘肃简牍与孝文化，甘肃简牍与民间信仰、宗教文化，甘肃简牍与交通、邮驿文化，甘肃简牍反映的汉晋河西社会生活，走向世界的甘肃简牍），应当说，大致体现了执笔者的前沿立场和创新追求。论者写道："总体来说，甘肃简牍奠定了简牍学的基础，为历史学、文献学、语言文字学在新时代的开展提供了史料支持，为丝路文化研究开辟了新领域。"（第266页）这样的判断是正确的。

简牍作为历史资料，其中有帝王诏令、政府文告、军报檄书、法律条款、司法案卷、经济契约、帐册簿记、医药处方、名籍档案、通行凭证、考核记录、奖惩通知、财物清单、军械登记、日书历表、私人书信等，可以从各个侧面各个角度多方位地反映当时的社会历史面貌。简牍因此或可看作汉代文化遗存中最值得重视的内容。根据汉简资料得出的"粟、麦、黍是主要食粮，葵、韭、菁、葱、大荠是主要蔬菜，由于地处西北腹地，水果的食用并不普遍"（第263页）的判断，既是生活史的知识，也是生态史的知识。

对于体现当时社会尊老敬老养老制度礼俗的简牍资料，"简牍文化"一章的执笔者亦予以特殊关注。所提出的学术意见值得学界重视。

在讨论"敦煌文化"的一章中，对于这一甘肃独有的文化宝藏，进行了研究性说明。有关敦煌遗书的发现和流散、敦煌宗教遗书的内容和价值、敦煌遗书中的儒学经典、敦煌遗书中的史学类著作、敦煌遗书中的文学、敦煌写本学探微等专题研究，作者都有详尽客观的介绍。

诚如李学勤先生在《华夏文明在甘肃》的序文中所说："甘肃位于祖国版图的几何中心，区位优势明显。悠久的历史文化传统，深厚的文化底蕴，多样的民族融合与伟大的社会实践，孕育了甘肃特有的精神气质，创造了发达的物质文明、精神文明和生态文明。这些宝贵的精神财富，成为华夏文明重要的组成部分。保护传承和弘扬发展中华民族优秀传统文化、建设中华民族共有精神家园、维护国家战略安全、建设国家安全生态屏障、促进民族团结发展和甘肃转型崛起，乃是当前时代的需求。"（第1页）怎样充分发掘和利用甘肃的文化资源，实现华夏文明的传承创新？正如刘基、田澍在"前言"中所强调的，应当首先认识到甘肃是华夏文明的发源地之一，甘肃历史文化资源是华夏文明的重要组成部分，认识到学术研究是科学认识甘肃历史文化资源丰富内涵的基础工程，认识到实施保护开发工程是彰显甘肃华夏文明特色的有效途径。

《华夏文明在甘肃》最突出的特点是学术基础比较雄厚。重视考古成果，及时进行思考和研究，也是这部著作的主要特点之一。"简牍文化"一章介绍了2008年和2012年永昌水泉子出土汉简的情况（第140页至第241页）。后者信息的发表，应当说是相当快的。

总体来说，《华夏文明在甘肃》是一部兼具学术性和可读性的好书。谨此介绍给甘肃广大读者和更多的关心甘肃历史文化渊源及未来发展前景的朋友们。

（刘基主编，刘再聪副主编：《华夏文明在甘肃》，人民出版社2013年5月版）

丝路走向考察与丝路精神感悟

——读《丝路之魂：天府之国与丝绸之路》

丝绸之路的考察、理解与说明，是现今社会共同关注的文化主题。经过历史学者和考古学者的介绍，人们认识到，

《丝路之魂：天府之国与丝绸之路》书影

前张骞的丝绸之路已经发挥了文化联系与文化传播的历史作用。丝绸之路由多条线路形成复杂的交通结构，也成为学界的共识。巴蜀地方与丝绸之路的联系，早自张骞向汉武帝有关"蜀布邛竹杖"的报告载诸史册，千百年来为人熟知。然而具体说明巴蜀于丝绸之路的历史文化作用，仍然是具有学术前沿意义的新课题。

《丝路之魂：天府之国与丝绸之路》（商务印书馆、四川人民出版社 2017 年 4 月版）面世，发表了新的判断，提示了新的认识，也启示我们进行新的思考。

王仁湘《丝路锦城》文中回溯有关蜀人为养蚕丝织始祖"嫘祖"后裔的传说，又论古蜀先王"蚕丛"名号的发生，指出殷商甲骨文"蜀"字象蚕形，又结合三星堆青铜立人像"锦绣衮衣"，以为可以说明"古蜀时代蚕丝业之悠久之发达"以及古蜀人"锦绣功夫"。老官山汉墓出土织机模型和织工俑，"体现成都已经掌握高超的织锦技术"，"也是汉代成都作为织锦之都的重要见证"。论者甚至认为新疆丝路重要路段出土的"五星出东方利中国""讨南羌""王侯合昏千秋万岁宜子孙"都是蜀锦，而且织锦文字亦与巴蜀历史有关（第 17 页、第 16 页）。

河西汉简资料中屡见"广汉"人名和"广汉"地名，"广汉"又作为军事机构名号。"广汉"可以理解为体现当时国家意识和民族意识的特殊符号。而河西边塞出土以"广汉"指示蜀地纺织业产品"广汉八稯布"的简文，丝绸之路史研究者应当看作重要资料予以关注。"广汉"汉初置郡，下辖"广汉"县。广汉曾经是朝廷倚重的手工业生产基地。史书记载所谓"主金银器"，"主作漆器物者"，反映广汉郡工官的产业目标似乎主要在于满足上层社会生活用器的需求。而河西简文"广汉八稯布"告知我们，这里的纺织业产品已经形成优势地方品牌。

有关蜀地织品与丝绸之路密切关系的认识，还可以通过张骞"浮槎"行天河见织女得"支机石"的传说得以充实。

张骞确实西行之后有"还至蜀"的事迹。《史记》卷一二三《大宛列传》记载，张骞向汉武帝报告："大夏去汉万二千里，居汉西南。今身毒国又居大夏东南数千里，有蜀物，此其去蜀不远矣。""天子欣然，以骞言为然，乃令骞因蜀犍为发间使，四道并出：出駹，出冉，出徙，出邛、僰，皆各行一二千里。"就是说，张骞承汉武帝命令，主持了出发于"蜀犍为"即今四川宜宾，"四道并出"往"身毒""大夏"通行线路的探求。这是具有世界历史意义的交通开发。在张骞"浮槎"故事中，解说"客星犯牛斗"神话的是蜀人严君平。而后世蜀地盛传"支机石"故事。相关记载见于宋祝穆《方舆胜览》、宋陆游《老学庵笔记》、明陆深《俨山外集》、清王士禛《池北偶谈》等文献。明曹学佺《蜀中广记》"支机石"凡8见。这些密集的文献记录，都体现了有关巴蜀与丝绸之路之关系的深刻的历史记忆。

研究者指出巴蜀地方与丝绸之路交通相关的多条古代通道（第18页至第20页）。所论"陇蜀古道"与"高原丝绸之路"（第28页至第29页）均值得重视。敦煌马圈湾汉简可见出现"驱驴士""之蜀"字样的简文："官属数十人持校尉印绂三十驴五百匹驱驴士五十人之蜀名曰劳庸部校以下城中莫敢道外事次孙不知将。"每位"驱驴士""驱驴"十匹，体现了这种运输劳作的具体情形。而"之蜀"标示的交通目的地，也是明确的。这一出土文献记录的信息告知我们，"蜀"与甘肃敦煌这一丝绸之路重要交通枢纽之间，当时有确定的交通线路沟通。

汉代织品以织作规格有七稷、八稷、九稷、十稷的分类，近似现代织品多少支纱的说法，体现成本和质量的差异。据汉初法律《二年律令·金布律》，政府为"徒隶"等劳作者提供的服装，"布皆八稷、七稷"。汉景帝时制度，"令徒隶衣七稷布"。汉代边防士卒的军装也以"七稷布""八稷布"制作。从反映河西织品市场的资料看，"七稷布""八稷布"的价格比较低廉。居延汉简资料可见"入七稷布二千七百九十七匹九尺六寸五分"，数量甚大。可知蜀地与丝绸之路的联系，不仅仅在于"蜀锦"供应，还包括满足社会下层消费需求的低等级织品的生产。

《丝路之魂：天府之国与丝绸之路》书题突出一个"魂"字。我们体会，编者是要肯定并弘扬一种丝路精神。这当然首先体现于有关丝绸的生产发明和有关交通的开拓进取。另外，回顾丝绸之路史可以感受到的英雄主义与探险精神，以及民族亲和的追求和文化包容的胸怀，也都值得我们继承。《丝路之魂》所收录广汉三星堆出土海贝、成都老官山出土彩绘调丝俑、成都马家镇出土骑驼击鼓画像砖、成都611所汉墓出土有翼神兽陶座等画面，都是寄寓这些积极的文化精神的宝贵的文物实证。

《丝路之魂：天府之国与丝绸之路》设计典雅，风格清新，印制优异，装帧精美，我们捧读称叹的同时，自然也应当对深心尊重历史、热爱古代文明的出版家们表示敬意。

（《丝路之魂：天府之国与丝绸之路》编辑委员会编著：《丝路之魂：天府之国与丝绸之路》，商务印书馆、四川人民出版社2017年4月版）

评李天虹著《居延汉简簿籍分类研究》

李天虹的博士论文《居延汉简中的簿籍》1997年通过李学勤先生主持的答辩，经过修订补充，改题《居延汉简簿籍分类研究》，2003年9月由科学出版社出版。作者将居延汉简中的簿籍文书分为10类，135种，又分别进行了认真的辑录研究和分析。作者在做"分类"这样的看似技术性工作的同时，又对当时簿籍制度和相关历史文化问题进行了深入的探讨，在许多方面发表了新见。

居延汉简中簿籍种类繁多，是大家都注意到的。对于其内容和性质，尚多有未能明确者。日本学者永田英正对于居延汉简进行过分类的工作，然而在进行这一工作时，《居延新简》尚未出版，资料的掌握受到限制。其分类的具体方式，也存在不足。李天虹所分10类，即：1.吏卒及其他人员；2.俸禄、现钱；3.廪食、谷物；4.兵物；5.日常工作；6.贳卖（买）、债务；7.功劳；8.牛马车；9.出入关；10.其他。这样的分类方式是否完全合理，相信学界还会有不同意见。但是作者此项成果在原有学术基础上已经有明显的推进，则是毫无疑义的。就学术思路而言，即使有分歧意见的学者，也会从李天虹的这部专著中得到若干启示。

居延汉简中屡见之"功劳墨将名籍"，研究者长期没有确定的解释。薛英群先生认为："'墨将'，即犯有贪污、受贿罪行的将士。"他们可以自占功劳，据以减免罪罚（《居延汉简通论》，第 462 页）。此说似不确。李均明、刘军先生说："功劳墨将名籍是官吏个人才能与劳绩的登录名单。"（《简牍文书学》，第 359 页）对于关键词"墨将"，也没有提出明确具体的解释。李天虹指出，"将"，"以音近可读为'状'，状况之意。'墨'，疑读为'默'。""简文'墨将'当读为'默状'，'功劳墨将'指自我隐度、核算的功劳状况。"（第 144 页）这样的意见，对于前人有所超越，现在看来是最为合理的解释。

有关戍卒"贳卖衣财物"的简例，以往学者重视不够。李天虹进行了集中的探讨，对于认识和理解当时河西地方军民生活中的经济关系，显然是有重要意义的。当然，其中若干判断，如"对私衣物的买卖，官府并不禁止"（第 139 页）等，是否合乎当时实际，似乎还可以商榷。对于"责名""责券簿"等反映债务关系的文书，作者也进行了有意义的分析。

居延汉简簿籍分类，是基础性的工作，其实大有益于汉简研究者。对于从事这一工作的作者本人来说，当然既行功德，又可自益。正如林沄教授在序言中所说，"这个题目是一个需要阅读和分析全部汉简的题目，有助于她全面掌握汉简的资料和各家研究成果。"我想，从事相关研究的朋友们都和林沄教授一样深信，"她在今后还会做出新的令人刮目相看的成绩来的。"

汉简研究是一门复杂的学问，对于有关论著，我们不能有美玉无瑕的苛求。《居延汉简簿籍分类研究》一书，自然也不可能完全避免疏误。

例如，居延汉简可见"伐慈其""艾慈其"事。如："左右不射皆毋所见檄到令卒伐慈其治薄更着务令调利毋令到不办毋忽如律令"（E.P.F22:291），"凡见作七十二人得慈其九百□□"（E.P.S4.T2:75），"第十候史殷省伐慈其"（133.15），"一人□慈其七束"，"廿人艾慈其百 束率人八束"（33.24）。"艾慈其"即"刘慈其"。后一句原文应为"廿人艾慈其百六十束，率人八束"。关于"慈其"，于豪亮先生注意到"第十侯史殷省伐慈其"（甲编765）简例（今按：《居延汉简甲乙编》简号为133.15），写道："慈其疑即茈萁，慈是从母字，茈既可以是从母字，又可以是精母字、崇母字，茈萁之茈，当系从母字，故慈和茈以双声通假；萁从其得声，萁和其通假是没有问题的。因此慈其就是茈萁。《广雅·释草》：'茈萁，蕨也。'茈萁又名为萁、紫萁或茈其，《尔雅·释草》：'萁，月尔'，郭注：'即紫萁也，似厥可食。'《后汉书·马融传》'茈其芸蒩'则写作茈其。"于豪亮先生又说："罗愿《尔雅翼》云：'蕨生如小儿拳，紫色而肥，野人今岁焚山，则来岁蕨菜繁生，其旧生蕨之处，蕨叶老硬敷披，人志之谓之蕨基。《广雅》云：蕨，紫萁。基岂其之转邪？'按：现在有许多地方仍称蕨为蕨其，正是从慈其、茈其或紫其而来，其不当书作基字。"（于豪亮：《居延汉简释丛·慈其》，《于豪亮学术文存》，中华书局1985年1月版，第176页）李天虹《居延汉简簿籍分类研究》第五章《日常工作》第二节

《作簿（附"始荄名籍"）》中引简例"慈其"写作"兹其"，于是说，"兹其，于豪亮疑即'茈萁'，也就是蕨菜，则兹其属于食用菜类"（第135页）。

这样的说法其实是不准确的。《酉阳杂俎》卷一六《毛篇》有"马"条，其中说到马的饲草："瓜州饲马以荩草，沙州以茨其，凉州以敦突浑，蜀以稗草。以萝卜根饲马，马肥。安北饲马以沙蓬根针。"所说"沙州以茨其"，"茨其"正是"慈其"无疑。可见河西汉简所见"慈其"并不"属于食用菜类"，其实也是饲草。

作者论述"赋就人钱名"的内容，引用薛英群《居延汉简通论》有关意见，此书甘肃教育出版社1991年版，而裘锡圭先生就此进行的相当深入的讨论，早已见于《汉简零拾》，刊于《文史》12辑，1981年9月已经面世。舍先而取后，似有不妥。从作者引用《汉简零拾》谓出自1992年中华书局版裘锡圭《古文字论集》看，似乎是忽略了该篇1981年即已发表于《文史》的事实。

（李天虹著：《居延汉简簿籍分类研究》，科学出版社2003年9月版）

简牍学新裁

——评张德芳著《敦煌马圈湾汉简集释》

简牍研究近年的繁荣，学界有目共睹。几代学人共同努力，使得简牍学园地中，新发现新论著如春花簇簇，朱果累累。一些简牍整理研究机构形成了有影响的学术实体，一批简牍学学术新人成长起来。自王国维等《流沙坠简》出版至今，恰好百年。鲁迅肯定其人其书有言："要谈国学，他这才可以算作一个研究国学的人物"，"要谈国学，那才可以算一种研究国学的书。"（《热风·不懂的音译》）在王国维《流沙坠简》的时代，人们可能想象不到今天简牍发现的丰收和

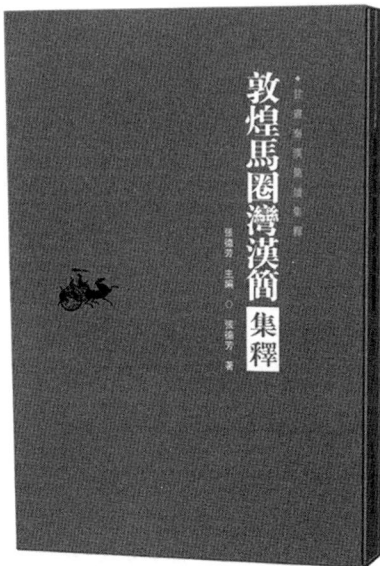

《敦煌马圈湾汉简集释》书影

简牍研究的兴盛。

学者共同关注新获简牍资料，群力研究，共同攻关，论著发明，新意迭出，精义创见，愈出不穷。而以往出土简牍的整理和研究，同样有可以扩展的学术空间。新出张德芳著《敦煌马圈湾汉简集释》(甘肃文化出版社 2013 年 12 月版)即以翻新领异的学术新贡献，令学界瞩目。

敦煌马圈湾出土汉简 1217 枚，1991 年面世。吴礽骧、李永良、马建华释校《敦煌汉简释文》(甘肃人民出版社 1991 年 1 月版)发表了释文，甘肃省文物考古研究所编《敦煌汉简》(中华书局 1991 年 6 月版)发表了图版、释文和《敦煌马圈湾汉代烽燧遗址发掘报告》。这批资料是 1979 年甘肃省文物工作队的发掘收获，其中富含的历史文化信息简牍学界人所共知，已经多有学者研究利用，丰富了汉代军事史、民族史、边疆史和西北地方史的认识。然而由于技术手段、设备条件以及释读经验的限制，资料信息的完整性和真确性难免存在不尽如人意之处，使得工作质量和研究水准受到影响。随着简牍学的进步和时代条件多方面的更新，以往资料以全新面貌推出，已经具备了技术基础和学术基础。特别是照相技术利用红外线辨识简牍字迹，提供了更清晰更精确的可能，而照排出版能力的提高，也有革命性的变化。整理研究可以利用多年学术积累的成果，自然也是重要因素之一。张德芳著《敦煌马圈湾汉简集释》就是在这样的学术基底上实现了简牍研究的重要的新贡献。

《敦煌马圈湾汉简集释》最突出的成就，是发表了最清晰的红外扫描图版。确如著者所说："过去很多模糊不清、似是而非、简牍变色污暗和文字笔画轻重难以辨认的地方，在红外图片上即可一目了然。"（第 3 页）如简 438 原释文计 19 字："□□□□□客已到二日出还□□来□□□□"（第 492 页）。新释文则为 28 字："会月五日行禀矣」候丞出客阳关客已月二日出候丞亦且来矣食得毋"。对原释文未能释读的 20 字提供了释文，又纠正了 2 字误释，所补充新信息超过了简文内容的 78.57%。又如简 445 原释文释读 10 字："□□□□扬□也仆何与"。新释文读作 22 字："以腾伏唯掾职也仆何与之"（A）"□足下不欲出塞使出□□"（B）（第 494 页）。所充实新信息超过简文内容 81.81%。简 895 原释文："……今将军□如诏书□□□何□尽五人□□」……朔□□难王日……"，新释文："……候临官职□甚无状今移□各如檄书到□循行严教吏卒谨」……名籍补一编职□□□□耕天田□□□□□吏□□□"（第 607 页）。原释文只有"如""书"两个字释读正确，仅以新释文明确释出的文字计，新增益的信息超过 93.54%。而简 917《敦煌马圈湾汉简集释》释读 28 字（第 610 页），原释文全都未能释出。简 1091 共有 29 字，新释文释读 24 字（第 647 页），而原释文仅释出 1 字。简 1107《敦煌汉简》以为"不可释"，《敦煌马圈湾汉简集释》判识为 37 字，释读出 29 字（第 650 页）。

有些释文的更正对于简文内容的理解和说明有十分重要的意义。如简 618A："万共发其一群千一百头遝沙万共发牛凡百八十二头即游部取获"，据"校释"，"简文两处'发'原释为'校'"（第 538 页）。关键字的释读不同，则对此重要的畜牧史料或许会误解。又如简 636："☑」直六十三煎都卒周子」直五〇 周子仪肉十斤☐」☐"（A）"☐」☐心脏 阝 孰肉☐直☐」十斤直九十阝 ☐十五直」☐"（B）（543页）。原释文"十斤直九十"作"幹☐直九十"，"孰肉"作"孰☐"。有关这一有价值的饮食史和物价史资料，相关信息得以补充。简762："☐日不雨"（A）（第575页），"☐日不雨"原释为"☐☐☐☐到"。如果不予正确改释，马圈湾简文中宝贵的旱情记录即气候史料的信息就可能丧失。简933是书信遗存："伏地再拜请稚公足下善毋恙良甚苦官事春气不和愿稚强衣自☐酒食☐☐☐"（第613页）。其中"春气不和"，原释文作"春气可欲"。如果没有看到新释文，有可能对书写者有关敦煌气候的特殊感觉有所忽略。简791："·令曰所齎操诸匿不自占吏皆要斩"（第581页），"令曰"原释为"今日"，"不自占吏皆要斩"原释为"不自诣吏者要斩"。显而易见，新的释文使我们获得了重要的法制史资料。又如简810："☐」其一人养」九人病」定作卅人☐☐二千一百束 五人☐」☐"（第587页）。其中"定作"是言劳作定额的，简文"定作卅人☐☐二千一百束"，可推知每人70束。而原释文作"定作卅人实☐☐☐☐☐☐"，则有关统计史和管理史的资料幸得因新释文得以显现。简815原释文"十日卒十一人☐☐一百一十八束☐"，新释文作"十日卒十一人得荄七百一十八束☐"（第588页），也有同样的意义。"一百"改释为"七百"，是非常重要的。简937："庸子何」☐☐贾属见麦不多并畋如☐☐」……"（第614页）。河西汉简多见"出麦""入麦""食麦""余麦"等有关"麦"的储运和消费记录，这枚简则很可能提示了"麦"田间生长的情形，因此特别值得珍视。而原释文"麦"字未能释出。简968："□□□□府记□豆欲少决禾欲希鉏□□其责罪"（A）（第619页），其中很可能应当理解为农耕生产技术规范的"豆欲少决禾欲希锄"，原释文因当时客观条件限制，也没有能够正确释读。而《敦煌马圈湾汉简集释》准确释读的简1189"黄米"（第669页），简558"木皮"（第521页），简1166"犗犕"（第663页）等，都有助于理解当时的生活史和生产史，也引出了汉简名物研究的新课题。又如简822新释文："濮阳邑里田平见胡戍卒周正□青马里徐寿□□□□黑状长粗能书如牒敢言之"（第590页），其中"黑状长粗能书"等文字原来均未释出，而对"戍卒"个人信息的记录出现"能书"这样的内容，是特别值得注意的。这应当可以帮助我们深化对不少学者已经有所讨论的汉代河西普通军人的文化学习以及汉代一般民众的"读写能力""识字能力"或说汉代社会"识字率"等问题的认识。

　　著者在公布每条简文释文之后，以"校释""集解"和"今按"的形式发表了研究心得，其中体现了对王国维、劳榦等前辈学者学术风格、学术路径的继承，也参考了裘锡圭、胡平生等学者对马圈湾汉简研究的成果。著者自己创见的发表，尤其值得注意。比如"集解"形式下对"居卢訾仓"（第385—387页）和"有方"（第532—534页）的解说，篇幅都在2000字左右，质量一如短篇论文。又如关于简14"膏饼"（第370页），著者在有关"膏饼"与"脂"的讨论中提出的新识，亦值得研究者重视。"膏饼"见于文献年代稍晚。《方舆胜览》卷六八《巴州》言"米膏饼"，《本草纲目》卷三四《木之一》言"煎孩儿茶作膏饼",都说和茶有关。考察敦煌汉简所见"膏饼",既有意义,也有意趣。

《敦煌马圈湾汉简集释》提供了"原简原色原大"的彩色图版和红外扫描图版,研究者除参考著者的意见外,完全可以对照图版进行自己的思考和判断。照相和印制的质量,已经实现了超过目视原简实物的效果,如张德芳所说,研究者可以"不必千里来访察看原简"了(第3页)。

《敦煌马圈湾汉简集释》是"甘肃秦汉简牍集释"项目系列成果之一。据介绍,"进行重新拍摄、整理、校读、注解"的,还有天水放马滩秦简、武威汉简和居延新简(第1页)。张德芳教授和他领导的甘肃简牍研究团队的朋友们进行这样的工作,是大功德事!简牍学者和秦汉史研究者对相关成果的陆续问世,深心充满期待。

虽然《敦煌马圈湾汉简集释》的学术贡献非常突出,但是其中亦存在白璧微瑕。如简806"玉门部士吏五人候长七人候史八人隧长廿九人候令史三人",著者以"今按"形式发表的意见指出:"共五十三人。"(第585页)其实简文所见5种身份人数只有52人。以为"共五十三人"者,可以说是一个小小的疏误。

(张德芳著:《敦煌马圈湾汉简集释》,甘肃文化出版社2013年12月版)

"居延新简"的新制新识

——评张德芳主编《居延新简集释》

1990年7月文物出版社出版了甘肃省文物考古研究所、甘肃省博物馆、文化部古文献研究室、中国社会科学院历史研究所编《居延新简——甲渠候官与第四燧》。1994年中华书局出版了《居延新简——甲渠候官》。前者是平装简体字本，后者是精装图版释文合编本。1991年8月在兰州召开的第一届简牍学国际学术研讨会上，台湾学者马先醒先生曾经就"居延新简"定名提出异议。但是现在似乎已经约定俗成，大家已经普遍使用"居延新简"的说法。其实，"肩水

《居延新简集释》书影

金关汉简"这样的称谓形式可能较为合理。

不久前面世的张德芳主编《居延新简集释》作为"国家古籍整理出版专项经费资助项目""华夏文明传承创新区古（典）籍整理出版项目"，由甘肃简牍博物馆、甘肃省文物考古研究所、西北师范大学和兰州城市学院的学者集体完成，甘肃文化出版社 2016 年 6 月推出。这一成果，提升了居延汉简整理与研究的学术水准，也是出土文献研究总体工作的重要收获。

《居延新简集释》采用红外线扫描技术，得到了新的图像信息。作者将红外线图版和彩色图版及新作释文对照，使得使用者方便阅读研究。根据新的信息，全书对 3300 多枚简的释文进行了校改，共补释文字计 3968 字，改释文字计 3586 字，参考"居延新简"公布之后学界研究成果进行释文补改 200 则左右。真正有较重要意义的补改文字当然少于前说补释文字和改释文字的总和，但是新释和改释的内容中多有新鲜可靠的见解，是无疑的。如 EPT4:7 原释文"☐☐下餔时☐☐攻坏第十二隧……力不"根据红外线图版改释为"☐☐下餔时天大风坏第十二隧大积薪一望☐夷移廿七人力不"，原有"天大风"的信息得以恢复。关心汉代河西气候史的学者或许可以看作新的史料。EPT6:91A 原释文"☐畦埒窬疆畔☐☐"，现改释"☐畦埒窬疆畔畷☐"。据红外线图版补释"畷"字，对于汉代农田道路形制的理解，也有重要意义。EPT40:30 原释文"☐士明诣官　二月……入"，现改释"☐☐出胅诣官　二月己巳平旦入"。我们对于居延水运形式以及水资源条件的认识，也获得了新的资料。EPT40:70 原释文"☐席：八尺☐纴席一，六尺席九，☐尺席十三"，现改释"☐席：八尺纯经席一，六尺席九，延席十三"。这对于我们了解当时器用史中"席"的形制，显然是有重要意义的。EPT43:175 原释文"☐……祠社所行人☐迁徙☐"，现改释"☐可以取妇嫁女祠社所行人☐迁徙☐"。择日数术书原本文意得以恢复。EPT51:183A 有简文原释为"☐☐之家间者舍中得毋有☐☐"，现改释"☐☐为客间者舍中得毋有它☐"。"之家"与"为客"辞意完全相反，读者是一目了然的。EPT151:212 原释文"楯"字 10 见，言"隧卒某某""楯一完"或"楯一破""楯一亡"，现"楯"改释为"槛"，作"槛一完"或"槛一破""槛一亡"。对汉代木作工具史的研究，因此获得了推进的新条件。

正如张德芳在《居延新简集释》"前言"中所说，"在原简图片的清晰度方面，本书的最大贡献是公布发表了最清晰的红外线扫描图片"，遇疑难处，一般读者、鉴赏者以及研究者可以参考《居延新简集释》作者提供的释文，比照两种图版，进行自己的释读。

依主编《居延新简集释》"概述"所说，"对简文中涉及的人名、地名、官名、历法、典章、名物、事件、词语、称谓等进行通解集释"，以"集解"形式介绍了其他学者的研究成果，也发表了作者的意见。全书"集解"计 3622 条。而以"今按"形式发表的意见，也多有学术价值。如杨眉对于"八尺经席""六尺席""延席"的讨论，李迎春对于"不史"的讨论，均有相当篇幅，亦达到一定深度，已经可以看作文字精练的论文了。有关"楯""槛"的释读，这种工具究竟用于土功还是木作，李迎春分析了裘锡圭、孙机、邢义田、刘钊、魏坚、朱茂活等学者的判断，提出了自己的意见。通过EPT51:374简文"府书曰陇西略阳女子召宫□□"的考议，以为"略阳属天水可能并非始于元鼎三年天水置郡时"，对钱大昕、王先谦、周振鹤的说法提出商榷的意见，也是有价值的。又如EPT152:110"□□始二年二月丁酉朔丁卯甲渠候护敢言之府书曰治渠卒贾……"，"始"字原未释出，"据图版残笔及甲渠候护的任期释此字为'永始'之'始'"，则简文书写的时间得以明朗。

据张德芳《居延新简集释》"概述"对居延汉简发现史的回顾，"居延出汉简，根据唐人牛僧孺《玄怪录》的记载，最早可追溯到北周静帝宇文衍末年（五八一年），距今已一千四百三十多年了"。而"居延新简"的发掘，也是43年前的事了。43年来这批居延汉简发掘、整理与研究的学术史，已经有颇多曲折。就资料的发布整理而言，继文物出版社版《居延新简——甲渠候官与第四燧》和中华书局版《居延新简——甲渠候官》之后，还有在北京师范大学京师出土文献研读班研究基础上完成的马怡、张荣强主编《居延新简释校》（天津古籍出版社2013年12月版）问世。2016年版张德芳主编《居延新简集释》的面世，无疑是西北方向出土文献整理与研究的新的突出收获，也可以看作相关工作精彩的阶段性总结，其整理方式、研究思路与学术质量，尤其值得推重。

《居延新简集释》是《甘肃秦汉简牍集释》的一种。其他又有《天水放马滩秦简集释》《敦煌马圈湾汉简集释》《武威汉简集释》。设计者和操作者弥补以往释读缺憾，"为学界提供一个更为理想的"用以阅读和研究的秦汉简牍"读本"的"初衷"，应当说是很好地实现了。据介绍，"内容与一九九四年中华书局出版的《居延新简——甲渠候官》相对照，所收图片和简文除一九七三年至一九七四年在甲渠候官遗址和第四隧发掘的全部汉简外，还收了一九七六年在卅井塞次东隧（T130）采集的一百七十三简和其他一些零星采集简。"这当然也是研究者非常欢迎的。

王国维、罗振玉以西北汉简为研究对象完成的《流沙坠简》，启动了以"二重证据法"为范式的学术革命，深化了中国史学的认识。鲁迅曾经写道："中国有一部《流沙坠简》，印了将有十年了。要谈国学，那才可以算一种研究国学的书。开首有一篇长序，是王国维先生做的，要谈国学，他才可以算一个研究国学的人物。"（《热风·不懂的音译》）鲁迅说这番话，时在 1922 年 11 月。当时正是颇多知识人热议"国学"的年代。鲁迅以他的高明识见，赞赏用心河西汉简研究的王国维及其论著，判定"要谈国学，那才可以算一种研究国学的书"，"要谈国学，他才可以算一个研究国学的人物"。鲁迅所说"王国维先生做的""开首"的"长序"中，说到《流沙坠简》研究所获"其关于史事之荦荦大者"。但是所列述"小学""数术""方技"以及"簿书""烽燧""戍役""廪给""器物""杂事"等，均与传统文化中长期占据主导地位的儒学经典不同，大概不能列入当时"国学家"们认定的"国学"范畴中。鲁迅没有提到的罗振玉序，说到研究对象西北汉简"遗文所记，裨益至宏"，其中，"如玉门之方位，燧燧之次第；西域二道之分歧，魏晋长史之治所；部尉曲候，数有前后之殊，海头楼兰，地有东西之异。并可补《职方》之记载，订史氏之阙遗。"这些与传世文献主流内容多有区别的信息，罗振玉却认为相关考察"若夫不觚证宣尼之叹，马夫订《墨子》之文"，其意义可以与古代经典的研究相比。不过，鲁迅所谓"才可以算"的肯定的态度，似乎正是要与当时"国学家"们的"国学"说相对抗。鲁迅提出的问题："现在暴发的'国学家'之所谓'国学'是什么？"（《热风·所谓"国学"》）也许我们今天依然应当深思。王国维在清华国学研究院进行的工作，我们应当看作榜样。而继承《流沙坠简》的研究路径和研究方式，自然是值得肯定的。

　　《居延新简集释》是工作量浩繁的学术任务，不免千虑一失。比如有的"集解"的内容，似有稍嫌烦冗的感觉。对"财用钱"的解说，EPT8:37"集解"（第 1 册第 426 页）与EPT52:135"集解"（第三册第 627 页至第 628 页）解说有所重复。而"财用"指"日常办公用品"的"材料"的理解，似乎又未能一致。如 EPT2:9A"财用"，"集解"即解释为"材料与用具"（第 1 册第 243 页）。这样的微疵，自然不影响《居延新简集释》学术水准的评判。

（张德芳主编：《居延新简集释》，甘肃文化出版社 2016 年 6 月版）

简牍学基础教育的新进步：评《简牍学教程》

《墨子·天志中》所谓"书于竹帛"，《韩非子·安危》所谓"寄理于竹帛"，《史记》卷一〇《孝文本纪》所谓"著于竹帛"，都提示了在纸发明和普及之前，古代中国人通常使用竹木和丝织品作为书写材料这样一个漫长的文化时代的特征。人们虽然常说"竹帛"，可是"帛"虽然轻软，便于保存携带，但是价格昂贵，最为普遍的书写材料，还是简牍，也就是竹简和木牍。

记录历史文献的简牍，在古代曾经有重要的发现。汉武帝时代鲁恭王刘余扩建宫室时得到了藏于"孔子壁中"的一批儒学经典。晋武帝太康年间汲郡人不准

《简牍学教程》书影

盗掘战国时期的魏王墓，得到有字的竹简数十车。经当时学者整理，知道有古书75篇。"孔壁中经"的发现和"汲冢遗书"的出土，都成为中国文化史上的要闻。

从19世纪末开始，简牍出土的历史进入了新的时期。从这时起，开始了有目的、有计划的简牍发掘。简牍出土的数量空前，简牍的内容也引起了国内乃至国际学术界的普遍重视。因《斯坦因在东土耳其斯坦沙漠中所获汉文文书》一书而面世的敦煌汉简，对于研究汉代河西地区的军事生活和社会状况提供了直接的资料。中国学者罗振玉和王国维于1914年完成的震惊国内外学术界的名著《流沙坠简》以及此后发表的一系列论文，都是在对这批简牍文书进行研究的基础上完成的。《流沙坠简》是罗振玉和王国维侨居日本时，写信给斯坦因所获文书的整理者和发表者沙畹索要敦煌木简照片，得到沙畹发表资料的校正本后，"握椠逾月，才粗具条理"，在看不到实物，又无法全面掌握有关资料的困难条件下写成的。《流沙坠简》和此后写出的一批研究汉代制度和西北史地的论文，运用全新的方法，开拓了历史学研究的全新的领域。王国维等人的研究，是考古学与历史学结合的开创性的研究。王国维提出的"二重证据法"，就是以地下实物资料和历史文献资料互相印证的方法，对近代史学的进步有重要的影响。《流沙坠简》这部书，就是运用这种研究方法的实践成果之一。《流沙坠简》一书在国内外学术界都引起了极大的反响。鲁迅在《热风集·不懂的音译》中写道："中国有一部《流沙坠简》"，"要谈国学，那才可以算一种研究国学的书"，"要谈国学，他才可以算一个研究国学的人物。"郭沫若也在作于 1940 年 7 月的一篇《满江红》词作中写道:"国族将兴,有多少奇才异质。纵风雨飘摇不定,文华怒茁。洹水遗龟河洛文,流沙坠简《春秋》笔。看缉熙日日迈乾嘉,前无匹。"赞扬王国维等人的工作,已经超越了以往对考据学贡献最大的乾嘉学者。在抗战救亡背景下,"文华怒茁""国族将兴"等文句,是深含民族自尊和民族自豪情绪的。

100 多年来,简牍的发掘、收存、保护和研究有力地推动了历史学的进步。简牍资料已经成为上古史研究不可以忽视的信息来源。学界通称为"简牍学"的学科方向也逐渐成熟。作为西北地区简牍研究的一支重要力量,西北师范大学长期重视简牍学的基础教学。为了满足普及简牍学知识,充实简牍学后备力量,吸引更多的青年学子了解简牍,鼓励他们走上简牍研究的道路的学术需求,由西北师范大学一线教师编写的、立足本科教学的《简牍学教程》一书新近面世,实现了简牍学基本教育条件的新进步。

《简牍学教程》由李宝通、黄兆宏主编,撰稿者包括田河、孙占宇、李迎春。全书九章。第一章对简牍的起源、形制、符号题记、材质、保护、简牍文字的整理与运用、简牍学科的形成、海内外主要简牍研究机构等予以概要介绍。第二章主题为"简牍出土概况"。第三章介绍简牍文字与书法艺术。通过前三章,读者可以获得有关简牍学的基础知识。第四章至第六章分别题"简牍中的政治与法律制度""简牍中的经济制度""简牍中的军事活动",从社会历史文化几个主要方面的研究与简牍学的关系进行了说明。第七章"简牍典籍与思想文化"，第八章"简牍中的民族政策及民族关系"，第九章"简牍中的社会生活"则比较全面地讲述了简牍资料反映社会历史文化的重要价值。

较全面介绍简牍学基础知识的论著，先有林剑鸣《简牍概述》、高敏《简牍研究入门》、郑有国《简牍学综论》、张显成《简帛文献学通论》、骈宇骞《二十世纪出土简帛综述》等。李宝通、黄兆宏主编《简牍学教程》在基本简牍资料的介绍和新鲜学术见解的提出等方面，都已经超越了前人。进入21世纪以来，简牍新材料的出现令人兴奋。岳麓秦简、清华简、北大秦简、北大汉简纷纷入藏，永昌水泉子汉简、敦煌一棵树汉简和走马楼东汉简陆续发现。这些简牍有的已部分发表，有的尚未发表，《简牍学教程》一书或根据发掘、整理报告，或根据媒体报道，对它们的基本情况都予以简要介绍。编写者甚至已开始利用部分材料对思想文化、医疗卫生、宗教信仰等方面的一些具体问题进行解释。这部论著的学术前沿性，由此得以体现。而有关大型资料库在文字字形检索、对比中的作用的介绍，提供了内容新异的信息来源和研究方法，给学生提供了可以"善其事"的利器。关于主要简牍研究机构的介绍，涉及中国大陆、中国香港、中国台湾以及日本的主要学术力量。对这些学术单位研究特色和主要成果的描述，可以说为学生进一步研习简牍提供了一种有意义的引导和支持。这部题名"教程"的论著，每章都附有思考题和延伸阅读，在一定程度上可以起到帮助深化理解、促进自主学习的作用。

孔子说："知之者不如好之者，好之者不如乐之者。"能否用生动的笔墨吸引更多的学生热心关注和积极参与简牍学的研习，无疑是判断这样一本教材成功与否的重要标准。《简牍学教程》在追求学术性的同时，就通俗性有积极的尝试。如第九章"简牍中的社会生活"中"衣食住行""生老病死""人际交往"和"民间信仰"各节设置，有益于调动学生的学习兴趣。对于古人意识中的鬼神世界的介绍，对于卜筮、择日、占梦、解除等数术手段的介绍，对于古代养生保健方式的介绍，都可以加深学生对简牍资料内容丰富性、生动性的认识。"简牍所见政治风云""简牍所见诉讼世界"等内容的设计，也可以体现作者避免简单化公式化的表述，力求生动的用心。"言之无文，行而不远"，作为教材，能够在严肃说明学术问题的同时，努力贴近青年读者的兴趣，应该说是一种有益的探索。

当然，因为这是第一部简牍学教材，又由于合作成书，其中也存在一些问题。如第七章"简牍典籍与思想文化"中对出土简牍典籍的介绍，与第二章"简牍出土概况"的内容不免重合。部分章节引文较多，在一定程度上对学术普及的追求也有所干扰。至于编校质量，也存在一些问题，个别地方甚至整句脱落（如第 27 页最后一句），对读者的阅读造成一定影响。《简牍学教程》正文前附有印制质量甚好彩版，然而随文如果适当配用宜于直观的图片，实际效果可能也很好。

《太平广记》卷三六八可见出自《玄怪录》的精怪故事，题"居延部落主"，说到北周静帝宇文阐时代居延地区发现汉代简牍的情形。说在"一古宅基"，"掘之深数尺，于瓦砾下得一大木檻，有皮袋数十，檻旁有谷麦，触即成灰。檻中得竹简书，文字磨灭不可识，唯隐隐似有三数字，若是'陵'字"。所得"皮袋"，据说"即都尉李少卿般粮袋，屋崩平压，绵历岁月"。因简文有"陵"字，而判断为与汉武帝时名将李陵有关，可知当时已经知道居延简牍属于汉代遗存。而所得"皮袋"是盛装军粮所用，也正符合汉代边塞军需供应制度。从居延汉简的内容看，这种"皮袋"，可能就是军旅生活中称作"革囊"的常备器用。从居延汉简与"精怪"有关的早期发现到简牍研究的新知识写入《简牍学教程》一书中，学术史前进了千百年。对简牍的认识从迷惘走向科学，又从精深走向普及，这当然体现了值得肯定的进步。

（李宝通、黄兆宏主编：《简牍学教程》，甘肃人民出版社 2011 年 7 月版）

陈宁《秦汉马政研究》序

　　秦汉马政，是关心秦汉社会文化的人们不可以忽视的一个重要的历史主题。张传玺先生主编《战国秦汉史论文索引》（1900—1980）（北京大学出版社1983年3月版）"军事"部分列有"兵种"一栏，列目可见昌彼得《西汉的马政》一文（《大陆杂志》5卷3期，1952年8月）。而张传玺先生主编的《战国秦汉史论著索引续编》（论文1981—1990，专著1900—1980）（北京大学出版社1992年11月版）则列有"兵种、兵器、马政"条目，收有陈直《汉代的马政》（《西北大学学报》1981年3期），赵梦涵《西汉的养马

《秦汉马政研究》书影

业》(《中国社会经济史研究》1987年4期)。陈直先生的论文影响较大，后来又收入《文史考古论丛》(天津古籍出版社1988年10月版)。这可能是专列"马政"一目的重要原因。当然，"马政"列入"军事"名类，应是考虑其直接关系，未必有利于认识"马政"于社会历史的全面影响。但是对"马政"有所重视，已是一种学术进步。后来出版的《战国秦汉史论著索引三编》(1991—2000)(北京大学出版社2002年10月版)，同样列"兵种、兵器、马政"条，所收录直接与"马政"相关的论文已有周凯军《秦汉时期的马政》(《军事经济研究》1993年8期)；何平立《略论西汉马政与骑兵》(《军事历史研究》1995年2期)；雍际春《西汉牧苑考》(《中国历史地理论丛》1996年2期)。其他论著，还有余华青《秦汉边郡牧师苑的兴衰及其影响》(《人文杂志》1984年1期)；米寿祺《先秦至两汉马政述略》(《社会科学》1990年2期)；文会堂《"马政"源流考》(《周口师专学报》1994年2期)等。我们所看到的2000年以后的相关论著，又有陈伟《张家山汉简津关令涉马诸令研究》(《考古学报》2003年1期)；曹旅宁《秦律〈厩苑律〉考》(《中国经济史研究》2003年3期)；臧知非《张家山汉简所见汉初马政及其相关问题》(《史林》2004年6期)；王裕昌、宋琪《汉代马政与养马高峰》(《西北大学学报》2004年6期)；龚留柱《论张家山汉简津关令之"禁马出关"——兼与陈伟先生商榷》(《史学月刊》2004年11期)；黄敬愚《简牍所见西汉马政》(《南都学坛》2006年3期)；董平均《〈津关令〉与汉初关禁止度论考》(《中华文化论坛》2007年3期)；陈蓓

《西汉"禁马出关"令辨析》(《阴山学刊》2007年4期)等。可以发现,秦汉"马政"研究的深入,突出表现为出土简牍资料的应用。通过答辩的学位论文还有陈芳《秦汉牧苑考》(西北大学2006年硕士学位论文,导师:黄留珠);沈明得《汉代马政研究》(台湾中兴大学2005年博士学位论文,导师:刘增贵)。我们面前这部陈宁著《秦汉马政研究》,应当是这一专题研究崭新的比较全面的学术成果。其特点,首先在于以秦汉两代为马政大发展时期,就此进行了综合论说;第二,即重视出土文献的利用;第三,并不以军事史的视域拘限"马政"的意义,不仅关心"马政"于交通史、邮驿史的作用,亦瞩目观念史方面的相关文化现象;第四,就"马匹的饲养方式、养马技术、马种引进及马籍管理"等方面,进行了技术史层面的有意义的考论。

　　对"马"的重视,是汉代社会历史的重要现象。民间养马的盛起以及"天马"崇拜的影响,都是值得重视的文化表现。"马政"因执政集团所主持,又涉及军事史、政治史、经济史、交通史和民族关系史。当然,马的繁育和利用,也是体现人与自然生态之关系的重要的社会现象。汉景帝"始造苑马以广用"(《汉书》卷二四上《食货志上》),颜师古注引如淳曰:"《汉仪注》太仆牧师诸苑三十六所,分布北边、西边。以郎为苑监,官奴婢三万人,养马三十万疋。"《汉书》卷一九上《百官公卿表上》言太仆属官,说到"边郡六牧师菀令,各三丞",颜师古注:"《汉官仪》云牧师诸菀三十六所,分置北边,西边,分养马三十万头。"《通典·职官七·诸卿上》说到"太仆卿"设置,关于所谓"六厩",有注文曰："或曰六厩谓未央、承华、骒䮝、龙马、辂軨、大厩也，马皆万匹。武帝承文景蓄积，海内殷富，厩马有四十万匹。"大致这时汉帝国官营养马业已经具有相当大的规模。谢成侠《中国养马史》中写道："像这样国家大规模经营养马，至少在公元前的世界史上是罕闻的先例。虽然在公元前500年波斯王大流士时代，曾在小亚细亚的美儿亚及亚美尼亚设立牧场养马达五万匹，但后者已成为世界文化史上常被引用的重要资料，而未闻汉帝国大举养马的史迹。"（科学出版社1959年4月版，第95页）从这样的认识出发，可以体会到秦汉"马政"研究，在一定意义上是具有世界史意义的课题。

《汉书》卷二四下《食货志下》记载："天子为伐胡故，盛养马，马之往来食长安者数万匹，卒掌者关中不足，乃调旁近郡。"由于征伐匈奴的战争的需要，汉武帝时代，"马政"得以空前完备，空前成熟。元狩五年（前118），"天下马少，平牡马匹二十万"（《汉书》卷六《武帝纪》）。颜师古注采用如淳的解释："贵平牡马贾，欲使人竞畜马。"元鼎四年（前113），"官假马母，三岁而归，及息什一，以除告缗，用充入新秦中"（《汉书》卷二四下《食货志下》）。颜师古注引李奇曰："边有官马，今令民能畜官母马者，满三岁归之，十母马还官一驹，此为息什一也。"元鼎五年（前112），"车骑马乏，县官钱少，买马难得，乃著令，令封君以下至三百石吏以上差出牝马天下亭，亭有畜字马，岁课息"（《汉书》卷二四下《食货志下》）。太初二年（前103），"籍吏民马，补车骑马"（《汉书》卷六《武帝纪》）。颜师古解释说："籍者，总入籍录而取之。"汉武帝以"马政"为国家要务，还表现于经营西北时特别重视引进异域优良马种，使内地原有马种得以改良。汉武帝元狩三年（前120）得"天马"，太初四年（前101）得"宛马"，是中国养马史上的大事。所谓"天马徕，从西极，涉流沙，九夷服"，"天马徕，历无草，径千里，循东道"（《汉书》卷二二《礼乐志》载《郊祀歌·天马》），本身既是重要的交通活动，同时又成为文化交往的象征。西域苜蓿等牧草作物的引入，对于内地养马业的发展也有重要的意义。汉武帝茂陵附近出土"阳信家"铜器中有一件著名的鎏金铜马，"马的肌肉和筋骨的雕刻符合解剖比例，马体匀称合度"（咸阳地区文管会、茂陵博物馆：《陕西茂陵一号无名冢一号从葬坑的发掘》，《文物》1982年9期），其年代大致为汉武帝时期（负安志：《谈"阳信家"铜器》，《文物》1982年9期）。有的学者曾经指出，"阳信家"即卫青的妻子阳信长公主之家，这件鎏金铜马"是专门鉴定大宛马的铜马式"，是"迄今为止所发现的世界上第一个鉴别良马的标准模型"（张廷皓：《西汉鎏金铜马的科学价值》，《农业考古》1985年1期），因而也可以看作汉武帝致力于"马政"经营的文物实证。

《后汉书》卷二四《马援传》所见"行天莫如龙，行地莫如马，马者，甲兵之本，国之大用"，应当是秦汉社会共同的认识。因此导致陈直先生所指出的汉世"六畜主要在马"的情形（《汉代的马政》，《文史考古论丛》，天津古籍出版社1988年10月版，第328页）。"马政"的繁荣，是以这种社会意识为背景的，同时也使得这种社会意识更为普及，更为深入人心。唐人李贺《马诗二十三首》之四："此马非凡马，房星本是星。向前敲瘦骨，犹自带铜声。"（《昌谷集》卷三）房星主马，是秦汉时已经形成的天文学理念。《史记》卷二七《天官书》："房为府，曰天驷。其阴，右骖。"司马贞《索隐》："房为天府，曰天驷。《尔雅》云：'天驷，房。'《诗记历枢》云：'房为天马，主车驾。'宋均云：'房既近心，为明堂，又别为天府及天驷也。'"张守节《正义》："房星，君之位，亦主左骖，亦主良马，故为驷。王者恒祠之，是马祖也。"可知秦汉时人对天界星辰的认识，也体现了与马有关的神秘观念。《晋书》卷一一《天文志上》："王良五星，在奎北，居河中，天子奉车御官也。其四星曰天驷，旁一星曰王良，亦曰天马。其星动，为策马，车骑满野。……前一星曰策星，王良之御策也，主天子之仆，在王良旁。若移在马后，是谓策马，则车骑满野。……东壁北十星曰天廄，主马之官，若今驿亭也，主传令置驿，逐漏驰骛，谓其行急疾，与晷漏竞驰也。"这些与马有关的说法，应以秦汉星象学为基础。《晋书》卷一一《天文志上》："传舍南河中五星曰造父，御官也，一曰司马，或曰伯乐。星亡，马大贵。"也是与马有关的星座。据《史记》卷五《秦本纪》，秦人先祖"造父"为周穆王御，西行至西王母之国。《后汉书》卷二四《马援传》李贤注说："伯乐，秦穆公时善相马者也。"秦史记录中御马、相马最重要的技术人才，其姓名后来竟然成为天界星座的符号。而《汉书》卷二六《天文志》又有这样的记载："元鼎五年，太白入于天苑。占曰：'将以马起兵也。'一曰：'马将以军而死耗。'其后以天马故诛大宛，马大死于军。"这是一则可以通过与马有关的神秘主义意识考察"马政"之文化条件的资料，也应当予以重视。

陈宁在《秦汉马政研究》中讨论了睡虎地秦简《日书》中有关"马禖祝"的简文，以为是"祭祀马神的内容"。又说，"至汉，汉武帝大兴祭祀，马神的祭祀活动也一直存在。"并以《史记》卷二八《封禅书》"有上书言：'古者天子常以春解祠，祠……马行用一青牡马'为例。我们看到，《肩水金关汉简（贰）》"……乳黍饭清酒至主君所主君……"简文，应当是以祝祀为主题的文书遗存。对照睡虎地秦简《日书》甲种"马禖祝"或"马禖祝辞"的内容亦有"……肥豚清酒美白粱到主君所主君……"语，推想性质类同。而编号同为"73EJT11"的简例有可见"毋予皮毛疾""毋予脅疾"文句者，应属于一件文书，体现了河西边防系统军人祈祝马免除病疫的礼祀形式。这应当也是研究"马政"值得关注的历史文化信息。

陈宁注意到河西汉简有关"马病"以及涉及"马医"职业身份的简文。以为"马医作为兽医当在厩中任职"。烽燧军事生活"用马力"的情形，其实还可以由燧卒劳作内容"马下"有所说明。沈刚分析简（10）（11）（12），列举了对于"马下"的6种解释："1.应系指饲养马的工作。（于豪亮：1985A）2.充任马前走卒（见《论衡·吉验篇》）。（陈直：1986B，P79）3.牵马。（永田英正，1987A）4.为养马工作。（黄今言：1993，P311）5.似为养马之人。（《集成》六，P85）6.养马和负责马厩的打扫、清理。（《集成》七，

P152）"沈刚又写道："按：马下是作簿中记录的工作之一，此外，还有守阁、助园、削工、养等工作。若解成马前走卒则指人的身份而言，颇不类，陈说恐误。"（《居延汉简语词汇释》，科学出版社2008年12月版，第16页至第17页）各种解释集中于"养马"。陈说"充任马前走卒"，并非"指人的身份而言"，而是说充任某种身份，其说有《论衡·吉验》所见"马下卒"身份作为侧证，与永田英正"牵马"说亦意近，应当是可信的。在生产或生活中"用马力"者，往往同时要承担"养马"工作。

马王堆三号汉墓出土遣策可以看到见"马竖"简文。"马竖"身份是体现墓主"奴婢成群"地位的附从僮仆。其劳作方式，可能是服务于墓主的养马驯马工作。"竖"作为指称未成年人称谓用字，在秦汉社会比较普及。有学者指出，"竖"在这里指"未成年的孩童"（周世荣：《谈谈马王堆三号汉墓的简牍》，《光明日报》1974年10月16日）。汉代画像资料表明，当时社会普遍使用"竖"承担此类劳作。推想国家军马场所谓"牧师诸菀三十六所，分置北边，西边，分养马三十万头"者，普通劳作者亦不排除多为"竖"的可能。司马迁在《史记》卷一三〇《太史公自序》中说到早年曾经经历"耕牧"生产实践："迁生龙门，耕牧河山之阳。年十岁则诵古文。二十而南游江、淮，……"司马迁经历"耕牧"劳作时，当在"年十岁"之前。未成年人作为"牧""养"的故事，频繁见于秦汉史籍。《汉书》卷六八《金日磾传》："日磾以父不降见杀，与母阏氏、弟伦俱没入官，输黄门养马，时年十四矣。""久之，武帝游宴见马，后宫满侧。日磾等数十人牵马过殿下，莫不窃视，至日磾独不敢。日磾长八尺二寸，容貌甚严，马又肥好，上异而问之，具以本状对。上奇焉，即日赐汤沐衣冠，拜为马监，迁侍中驸马都尉光禄大夫。"金日磾14岁"输黄门养马"，身份与劳作形式类同于马王堆三号汉墓遣策"马竖"。汉代画像亦多见未成年人参与服务性劳作的画面，其身份应为僮仆（王子今：《汉代劳动儿童——以汉代画像遗存为中心》，《陕西历史博物馆馆刊》第17辑，三秦出版社2010年11月版）。史籍或说"为人仆隶"（《三国志》卷二三《魏书·杨俊传》）。重庆沙坪坝出土石棺石刻表现未成年人牵马情景，马后随一马驹（龚廷万、龚玉、戴嘉陵编著：《巴蜀汉代画像集》，文物出版社1998年12月版，图152）。牵马少年身份应当大致就是"马竖"。汉代画像表现儿童养马驯马的画面，又有陕西绥德四十里铺画像石。养马人体态和发型，鲜明体现了未成年人身份（汤池主编：《中国画像石全集》第5卷《陕西、山西汉画像石》，山东美术出版社2000年6月版，第94页至第95页，图一二四，图版说明第32页）。重庆璧山云坪乡水井湾崖墓3号石棺画面可见一童子与骏马嬉戏。图版文字说明称"一人牵马"，或许也可以看作体现"马竖"劳作的表现（高文主编：《中国画像石全集》第7卷《四川汉画像石》，山东美术出版社2000年6月版，第133页，图一六七，图版说明第14页）。四川宜宾白溪石棺石刻可见或许即"马竖"的未成年人仆从牵马追随主人的画面。马的后方有一更年幼者，很可能也是饲马儿童（《巴蜀汉代画像集》，图60）。四川彭山1号石棺画像可见二人并肩交谈，画面右侧一小儿饲喂马匹。据图版说明:"上侧右为骏马,拴于树上,一侍从作饮马状。"(《中国画像石全集》第7卷《四川汉画像石》,第119页,图一五五,图版说明第14页)这位未成年"侍从"的身份亦应接近"马竖"。

研究秦汉"马政",当然首先必须注意"马政"机构设置、职官分工和管理形式。但如果我们能够发现在秦汉马政管理体系中普通劳作者的身份地位和工作实况,当然是很有意思的事。也许通过类似这样的工作实现多视角的考察,才可以接近对秦汉"马政"的全面认识。

岳麓书院藏秦简《数》中可见"马甲"简文。"马甲",应是战争中马的护卫装备。岳麓简《数》所见"马甲"可以看作最早的关于马用铠甲的文字信息。此所谓"马甲"可能用于骑兵的乘马,也可能用于系驾战车作为牵引动力的骖马。有迹象表明,前者的可能性是比较大的。如果这一判断成立,则"马甲"简文包含的历史文化信息对于骑战马具史研究有重要的价值。以往关于中国甲骑装具出现年代的认识,可以因此更新。如果"马甲"作为战骑装具的推想成立,则有益于充实对于秦骑兵作战实力与装备水准的认识。"马甲"简文,也可以在讨论"马政"时予以注意。

陈宁《秦汉马政研究》是一部有价值的学术专著。其中有些内容视界全面,考察深刻。然而也有若干讨论,其实还有继续扩展和深入发掘的学术空间。有些只是初步提出了问题,有些相关历史迹象或许有所忽略。希望陈宁继续推进这一研究。也期待有愿意关注这一问题的青年学人,就此进行新的探索。

赵宠亮《行役戍备：河西汉塞吏卒的屯戍生活》序

对于河西汉塞简牍的早期认识，或许可以上溯到中古时代。《太平广记》卷三六八《居延部落主》一篇，保留了出自《玄怪录》的神异故事，说到北周静帝宇文阐时代居延地方发现汉代简牍的情形。说者云于"一古宅基"，"掘之深数尺，于瓦砾下得一大木槛，有皮袋数十，槛旁有谷麦，触即成灰。槛中得竹简书"。所谓"谷麦""成灰"及"得竹简书"等情节，对照现代考古知识，大致都近似真实。可能原本有比较确定的相关发现以为传说的基础。据说"文字磨灭不可识，唯隐隐似有三

《行役戍备：河西汉塞吏卒的屯戍生活》
书影

数字，若是'陵'字"。而所得"皮袋"，被解说为"即都尉李少卿般粮袋，屋崩平压，绵历岁月"。因简文有"陵"字，而判断为与汉武帝时"使将八百骑。尝深入匈奴二千余里，过居延视地形，无所见房而还，拜为骑都尉"，又"将其射士五千人出居延北可千余里"（《史记》卷一○九《李将军列传》褚少孙补述）的名将李陵有关，可知当时人们已经知道居延简牍属于汉代遗存。而所得"皮袋"是盛装军粮所用，也大致符合汉代边塞军需供应制度。从居延汉简的内容看，这种"皮袋"，可能就是军旅生活中称作"革橐"的常备器用。这些遗存后世成为精怪，却也曲折反映了传统中国民间社会视古物自有灵性的意识。我们现在看来，河西汉塞出土文物中文化信息最为丰富的简牍，即真切记录着当时军人的生活，应当也片断体现着他们的辛苦和危难，寄托着他们的思虑和情感。《居延部落主》中说到诸"为怪者""号呼""为冤楚声"，"为冤痛之音"。我们抚读汉简，有时似乎也可以隐约体会到当时河西汉塞吏卒劳作和戍防时承受的沉重的生活压力。

河西汉塞出土简牍，从19世纪末开始，逐渐进入学界研究视野。随后开始的有目的、有计划的简牍发掘，陆续提供了对于汉史研究至关重要的丰富而生动的信息。河西简牍出土的数量空前，其内容也引起了国内乃至国际学术界的普遍重视。因《斯坦因在东土耳其斯坦沙漠中所获汉文文书》一书而面世的敦煌汉简，对于研究汉代河西地区的军事生活和社会状况曾经较早提供了直接的资料。中国学者罗振玉和王国维于1914年完成的震惊国际学术界的名著《流沙坠简》以及此后发表的一系列论文，都是在河西汉塞出土简牍文书研究的基础上完成的。罗振玉和王国维侨居日本时，致信斯坦因所获文书的整理者和发表者沙畹索要敦煌木简照片，得到沙畹发表资料的校正本后，辛苦考论，"握椠逾月，才粗具条理"，在距离实物有遥远的空间距离，又无法全面掌握相关资料的十分困难的条件下写成了这部中国简牍学的奠基之作。《流沙坠简》和此后写出的一批研究汉代制度和西北史地的论文，运用全新的方法，开创了历史学研究的全新境界。王国维等人的工作，被看作考古学与历史学结合的开创性的研究。王国维提出的"二重证据法"，就是以地下实物资料和历史文献资料互相印证的方法，对近代史学的进步有重要的影响。《流沙坠简》一书因此在国内外学术界引起了极大的反响。鲁迅在《热风集·不懂的音译》中写道："中国有一部《流沙坠简》"，"要谈国学，那才可以算一种研究国学的书"，"要谈国学，他才可以算一个研究国学的人物。"王国维通过"一部《流沙坠简》"，在学术理念、学术原则和学术方法上都树立了"研究国学"的典范。

我们注意到，《流沙坠简》王国维序强调对汉简中"其成役情状与言制度名物者"的重视。书中主要内容《屯戍丛残考释》分列"簿书类""烽燧类""戍役类""廪给类""器物类""杂事类"，无一不密切关系从事"戍役"的军人们的生活。

赵宠亮是在中国人民大学国学院以学位论文《河西汉塞吏卒生活研究》通过答辩，获得历史学博士学位的。我们面前的这部学术专著《行役戍备：河西汉塞吏卒的屯戍生活》就是在此基础上再经进一步的修改充实而完成的。其中新材料的使用，首先即论文答辩后面世的《肩水金关汉简〔壹〕》（中西书局 2011 年 8 月版）。此外，文字的推敲，内容的调整和论证的增补，都使得全书呈示新的面貌。

当时论文选题的设定，考虑到下层军人生活反映汉代社会风貌的意义。作者讨论了河西汉塞军人的出身、赴役方式、日常工作，以及休沐、请销假、功过奖惩诸形式，对于他们的物质生活、医疗卫生与死亡抚恤亦有说明。在边塞环境中精神生活和文化活动，也是作者关注的对象。吏卒退伍制度，亦有涉及。大致可以说，河西汉塞基层军事组织的军人生活，得到全方位的多角度的学术关照。这样的研究，推进了对汉代社会生活史、军事制度史和河西地方史的认识。

比如"精神文化生活"方面，论及文化学习、游艺活动、情感生活、信仰世界等方面。考察视角比较宽广。论者受到邢义田先生《汉代边塞吏卒的军中教育——读〈居延新简〉札记之三》（《简帛研究》第二辑，法律出版社 1996 年 9 月版）等论作的启示和引导，是明显的，而研究又因自己独特的观察角度有新的观察和新的体会。

在博士学位论文评阅过程中，评阅专家对于《河西汉塞吏卒生活研究》多有奖掖。马怡研究员肯定"《河西汉塞吏卒生活研究》是一个具有较高学术价值的选题"。又表扬作者"不仅在考察层面上较以往有所突破，在研究手法上也更为周到、细腻"，"提出不少引人注目的新见"。杨振红研究员评价，"论文对河西汉塞吏卒首次进行了全面系统的研究。初次对河西边塞吏卒的情感生活、信仰世界、社会生态情况等进行了探讨。""论文在很多方面纠正了以往认识的不足和偏差。""论述条理清晰,层次分明,论证有力。""是一篇优秀的博士论文。"宋超编审在评阅意见中写道:"随着上世纪八十年代社会史研究的复兴,边塞吏卒的生活状况引起学界注意,并取得一定成果。然与已有成果相比,本选题的论述考证更为全面、系统,这应是其主要学术价值所在。另外,本选题在一些细节方面的考证也值肯定,如对吏卒的籍贯、罢卒等方面的研究,对已有成果或有纠误,或有补遗,结论更为可信。再次,以往研究涉及较少的问题,如吏卒的住宿状况,休沐与请销假的区别,吏卒的精神与情感生活,吏卒与边民的关系,都进行了具有一定深度的讨论。"孙家洲教授对这篇论文作了如下评论:"在史料的运用上,采用了传世史料、简牍、考古报告三大类;对前贤时哲之论的整理和借鉴,颇见功力。从多个方面对汉代河西塞防系统中的吏卒生活进行了全面、系统的研究。对若干问题的讨论,都有新的创获。其中关于吏卒生活的精神层面的讨论,汉代政府对边塞吏卒生活的关切体现出统治者拓边政策和意识的重要内容等方面的研究和论述,都能从具体问题入手,很有说服力。"黄朴民教授这样评述这一研究主题的学术意义和论文的学术价值:"全面、深入考察汉代边塞吏卒的社会生活状况,举凡吏卒的衣食住行、婚丧嫁娶、吏卒来源、赴役退伍、功过赏罚、陟黜迁转、医疗卫生、文化教育、情感活动、信仰观念等,做了最大努力的复原,并阐说了作者自己的认识,选题角度新颖,问题意识强烈,深化了汉代戍卒的研究,具有较重大的学术价值。"他肯定了作者"朴素认真的学风"，又写道：赵宠亮进行的工作，"较前人已有的成果，有所突破，有所推进。"比如，"增加了前人所较少涉猎的来源、复员、住宿条件、情感生活、信仰观念等的揭示与讨论；研究的深度在某些方面也有长足的进步，请销假制度的梳理与复原，就是具有一定代表性的例子。吏卒的学习以往也有学者关注讨论，但本文变换视角，从学习原因动机、学习内容、学习方式与效果切入，推陈出新，饶有新意。"

在博士学位论文答辩时，《河西汉塞吏卒生活研究》得到好评。答辩委员会主席彭卫研究员以及答辩委员会成员胡平生研究员、李均明研究员、吕宗力教授、宋超编审、宋杰教授和孙家洲教授，都给予赵宠亮的论文以肯定的评价，并提出了若干进一步修改的宝贵意见。后来因中国社会科学院简帛研究中心的鼓励和支持，《河西汉塞吏卒生活研究》又经认真的修正，列入"简帛研究文库"，得到出版机会。这是作者赵宠亮的幸运。作为导师，我也深心感谢促成这一学术机缘的朋友。同时，也感谢对赵宠亮的学业进步有指导之功的胡平生、李均明、吕宗力、刘华祝、宋超、马怡、孙家洲、徐世虹、彭卫、卜宪群、杨振红等诸位先生。而在秦汉史和简帛学研究方面曾经多有建树的高大伦先生的启示、鼓励和支持，对于这篇学位论文内容的修订乃至学术水准的提升，作用尤为重要。

大家都注意到，在若干高校得到战国秦汉简牍收藏和整理的机会之后，简牍学研究力量的分布形势发生了变化。原先若干专门研究机构及一些考古部门的优势地位有所改变。清华大学、北京大学、湖南大学等学校通过对一些因盗掘、走私而流散的战国秦汉简牍资料的保护、整理、研究，提升了简牍学的水准。一些攻读硕士学位研究生和攻读博士学位研究生在导师指导下直接参与整理，保证了工作效率，也有利于学术新人的成长。这一情形与复旦大学、武汉大学、西北师范大学等院校简牍学研究的相继兴起，显现出这一学科的新的生机。赵宠亮相继就读于河北师范大学、北京师范大学和中国人民大学。他积极参与北京大学的张家山汉简研读班、东牌楼汉简研读班、走马楼吴简研读班，中国人民大学的额济纳汉简研读班以及北京师范大学的居延新简研读班的活动，应是他取得学业成绩的重要因素。赵宠亮现在四川省文物考古研究院工作，承担日常工作颇为繁重，然而以接近考古发掘一线工作的有利条件，应当有新的学术体会。相信有类同学习和工作经历的青年学人，通过今后的学术努力，可以再度促进一些考古部门的简牍学研究的进步。四川省文物考古研究院以出版"四川省文物考古研究院博士文库"的方式鼓励赵宠亮这样的简牍研究学术新人，即体现出值得赞许的学术见识。

《行役戍备——河西汉塞吏卒的屯戍生活》选题有值得肯定的学术意义，作者努力追求前沿性和创新性，研究工作取得了值得肯定的成果。但是正如论文答辩时有的学者所指出的，相关主题还有进一步深化和拓展的空间。就这部已经加工完善的努力而问世的论著而言，学术眼光和学术方法也有待于新的进步。《书·盘庚中》有"往哉生生"语。宋代学者时澜《增修东莱书说》卷一一《盘庚中》解释说："又教之以'生生'。'生生'者，新新不已，振发懈怠废弛之意也。"《京氏易传》或题《京氏易略》曾有"新新不停，生生相续"的说法，后来易学家以及医学家多借用此语，形容自然的生机。所谓"生生""新新"之义，或许也可以看作中国学术生命力的象征。希望赵宠亮博士以"生生""新新"为志，持续努力，取得更多更精彩的学术成就。

王绍东《碰撞与交融——战国秦汉时期的农耕文化与游牧文化》序

　　农耕文化和游牧文化在历史进程中的差异、冲突、转换和融汇，是富有前沿性的研究主题。王绍东教授完成的《碰撞与交融——战国秦汉时期的农耕文化与游牧文化》，是这一学术领域新的研究成果。现在面世，值得学术界庆贺。

　　王绍东教授多年专攻秦汉史，多有学术创获。他选择这一研究方向，自然有得到内蒙古自治区社科规划课题"战国秦汉时期内蒙古地区的开发与区域文化研究"和教育部人文社科项目"秦汉时期农耕文化与游牧文化碰撞交融关系研究"支持的因素。如他自己所说，也与自己"从小生活的地区是蒙汉杂居区"的生存经历和社会体验有关。我们知道，因此得到的对经济形式、生活习俗、精神气质、心理习惯的真切细致的文化感觉，往往会超越书斋里的功夫，有利于对历史的深刻理解。当然，能够选定这一学术任务并取得推进的收获，更主要的在于作者敏锐的学术眼光和积极的创新意识。

　　战国秦汉时期，是社会经历激烈动荡，又实现了显著进步的历史阶段。在这一时期，民族的冲突和交融，以及王绍东教授所说的"农耕文化与游牧文化"的"碰撞与交融",确实显现出时代的光耀。当时社会最为关注,文献遗存中表现最热闹的方向,正是王绍东教授使用最多心力予以关注并从事研究的秦汉帝国的"北边"。

"北边"作为政治地理、军事地理和民族地理概念,大约战国时就已经使用。《史记》卷八一《廉颇蔺相如列传》:"李牧者,赵之北边良将也。常居代雁门,备匈奴。"自《荀子·王霸》所谓"虽在僻陋之国,威动天下,五伯是也","齐桓、晋文、楚庄、吴阖闾、越勾践,是皆僻陋之国也,威动天下,强殆中国"的时代起,中原以外原先处于边缘地方的"僻陋之国"迅速崛起。北方的秦国、赵国、燕国,都是在与草原游牧民族的矛盾和摩擦中逐步强盛起来,"威动天下"的。秦代处理"北边"民族关系,牵动全国力量,有人认为是导致王朝覆亡的重要因素。《汉书》卷二七下之上《五行志下之上》记载:"秦大用民力转输,起负海至北边,天下叛之。"《汉书》卷九四下《匈奴传下》"莽将严尤"谏语"秦始皇不忍小耻而轻民力,筑长城之固,延袤万里,转输之行,起于负海,疆境既完,中国内竭,以丧社稷,是为无策",也表述了同样的意思。汉武帝时代,汉文化实现了时人自谓"四夷服"(《史记》卷二四《乐书》)、"四夷尽服"(包头召湾出土瓦当文字)的突破四境的扩张。《史记》卷一一二《平津侯主父列传》说,元朔三年(前126),公孙弘任御史大夫,"是时通西南夷,东置沧海,北筑朔方之郡。弘数谏,以为罢敝中国以奉无用之地,愿罢之。于是天子乃使朱买臣等难弘置朔方之便。发十策,弘不得一。弘乃谢曰：'山东鄙人，不知其便若是，愿罢西南夷、沧海而专奉朔方。'上乃许之。"汉武帝在西南夷、朝鲜和北边同时采用进取政策，公孙弘期望放弃。汉武帝让朱买臣与公孙弘就置朔方郡的战略意义进行辩论，公孙弘十议十败，于是只坚持与西南夷和朝鲜方面取收缩政策，赞同全力支持朔方的军事建设。可知"北边"经营大体上是取得了全面支持的。《史记》卷三〇《平准书》写道："严助、朱买臣等招来东瓯，事两越，江淮之间萧然烦费矣。唐蒙、司马相如开路西南夷，凿山通道千余里，以广巴蜀，巴蜀之民罢焉。彭吴贾灭朝鲜，置沧海之郡，则燕齐之间靡然发动。及王恢设谋马邑，匈奴绝和亲，侵扰北边，兵连而不解，天下苦其劳，而干戈日滋。行者赍，居者送，中外骚扰而相奉，百姓抚弊以巧法，财赂衰耗而不赡。入物者补官，出货者除罪，选举陵迟，廉耻相冒，武力进用，法严令具。兴利之臣自此始也。"这里说到汉武帝决策于"两越""西南夷""朝鲜"和"北边"四个方向取积极进取的态势。而当时的"北边"经营，即主要表现为军防营造和战争谋划，如《汉书》卷五八《卜式传》所谓"北边有兴"者，不仅仅如汉文帝"事匈奴"时所谓"北边萧然苦兵矣"，也并非汉武帝"事两越，江淮之间萧然烦费矣"，"开路西南夷""巴蜀之民罢焉"，"灭朝鲜""燕齐之间靡然发动"，导致局部地方的经济压力，而是"天下苦其劳"。也就是说，"北边"战事牵动全局，导致了对全国全社会的深刻影响。"北边有兴"对正常经济秩序的"骚扰"，甚至最终导致了政治形势的败坏。同一语意，《汉书》的表述是"天下共其劳"。颜师古解释说："'共'犹

'同'。"《汉书》卷七七《盖宽饶传》："身为司隶，子常步行自戍北边。"颜师古注："苏林曰：'子自行戍，不取代。'"则从阶级层次方面反映了"北边"经营对社会上下的全面牵动。《汉书》卷九九中《王莽传中》："募天下囚徒、丁男、甲卒三十万人，转众郡委输五大夫衣裘、兵器、粮食，长吏送自负海江淮至北边，使者驰传督趣，以军兴法从事，天下骚动。"也记录了同样的情景。《汉书》卷二四上《食货志上》说王莽时代故事："莽乃遣使易单于印，贬钩町王为侯。二方始怨，侵犯边境。莽遂兴师，发三十万众，欲同时十道并出，一举灭匈奴；募发天下囚徒丁男甲卒转委输兵器，自负海江淮而至北边，使者驰传督趣，海内扰矣。"所谓"海内扰矣"，同样反映了王莽专政时期"北边"战事扰动全国社会秩序的情形。距离"北边"相当遥远的山东地方，画像石表现汉与匈奴战争场景的画面数量颇多，也可以体现"负海"地方民间社会对"北边"民族战争的深刻的心理印迹。

军事学家克劳塞维茨说，"战争是一种人类交往的行为"（《战争论》，中国人民解放军军事科学院译，解放军出版社1964年2月版，第1卷第179页），马克思和恩格斯也曾经指出："战争本身""是一种经常的交往形式"（《德意志意识形态》，《马克思恩格斯选集》，人民出版社1972年5月版，第1卷第26页）。战国秦汉时期"农耕文化与游牧文化"的关系情态复杂，形式多样。王绍东教授考察其"碰撞与交融"，应当说比较科学地关注到其"交往形式"的各个方面。

王绍东教授在"后记"中写道，他在研究中注意排除

"传统的大汉族主义与农耕文明优越论思想的影响",主张"换一个角度,站在民族平等,文化各有所长的立场上思考问题"。这样的理念,科学态度和历史主义的意义毋庸置疑,显然是值得尊敬的。

读《碰撞与交融——战国秦汉时期的农耕文化与游牧文化》书稿,可以看出有多篇专题论文精心整合的痕迹。这些论文应当是作者所承担课题"战国秦汉时期内蒙古地区的开发与区域文化研究"与"秦汉时期农耕文化与游牧文化碰撞交融关系研究"的前期成果和阶段性成果。以研究论文作为学术基础的专著,通常有更坚实的考论根底,有更优异的学术质量。当然,探索和说明战国秦汉时期"农耕文化与游牧文化"的"碰撞与交融",是一个宏大的题目。作者相关论题的研究,也许并不能完全覆盖这一主题之下的诸多方面。我们期待王绍东教授进一步的思考和论说,以不断深化相关认识。这显然有益于秦汉历史文化的理解,也有益于整个中国古代历史文化的理解。

《秦陇青泥古道与丝路茶马贸易研究》序

名将马援曾经"转游陇汉间"。他的名言"丈夫为志，穷当益坚，老当益壮"，就是在这里发表的。《后汉书》卷二四《马援传》记述其早年事迹，说到他对"边郡"的关注，以及"亡命北地"从事"田牧"的经历。后来则活动于"陇汉间"："援年十二而孤，少有大志，诸兄奇之。尝受《齐诗》，意不能守章句，乃辞况，欲就边郡田牧。……后为郡督邮，送囚至司命府，因有重罪，援哀而纵之，遂亡命北地。遇赦，因留牧畜，宾客多归附者，遂役属数百家。转游陇汉间，常谓宾客曰：'丈夫为志，穷当益坚，老当益壮。'因处田牧，至有牛马羊数千头，谷数万斛。既而叹曰：'凡殖货财产，贵其能施赈也，否则守钱虏耳。'乃尽散以班昆弟故旧，身衣羊裘皮绔。"马援"转游陇汉间"的交通行为或许是他后来实现军事成就的早期资质条件。刘秀西征隗嚣，"援因说隗嚣将帅有土崩之埶，兵进有必破之状。又于帝前聚米为山谷，指画形埶，开示众军所从道径往来，分析曲折，昭然可晓。帝曰：'虏在吾目中矣。'明旦，遂进军至第一，嚣众大溃"。马援"聚米"制作早期沙盘为刘秀说明两军形势，特别注重军事交通条件，"开示众军所从道径往来"，能够"分析曲折，昭然可晓"，终于致胜，与他通过"转游陇汉间"的实践所获得的交通地理知识有关。《后汉书》卷六〇上《马融传》记载，马融也曾经往复活动于"陇汉之间"："论曰：马融辞命邓氏，逡巡陇汉之间，将有意于居贞乎？"关于"陇汉之间"，李贤注："陇汉之间谓客于汉阳时。"

　　理解"陇汉间""陇汉之间"，也许应当特别注意"陇""蜀"交通格局。《后汉书》卷一七《岑彭传》写道：岑彭"与吴汉围隗嚣于西城"，盖延、耿弇围"公孙述将李育"于上邽。"（刘秀）勑彭书曰：'两城若下，便可将兵南击蜀虏。人苦不知足，既平陇，复望蜀。每一发兵，头须为白。'""得陇望蜀"故事体现的刘秀战略计划的设定，应当是考虑到"陇""蜀"之间的军事交通条件的。

　　"陇汉间""陇汉之间"似乎容易被理解为陇西、汉阳之间。李贤《马融传》注就以为"陇汉之间"即"汉阳"。然而"陇汉间""陇汉之间"更可能是指陇山与汉水之间，或陇水与汉水之间。有迹象表明，"陇汉间""陇汉之间"所指代地域是超越陇西、汉阳之间地方的。

　　《周书》卷四九《异域传上·氏》的记载说到"西夷""氏"军事活动的区域影响，指出对"陇汉之间"社会安定的危害："氏者，西夷之别种。三代之际，盖自有君长，而世一朝见。故《诗》称'自彼氏、羌，莫敢不来王'也。汉武帝灭之，以其地为武都郡。自沔、渭抵于巴、蜀，种类实繁。汉末，有氏帅杨驹，始据仇池百顷，最为强族。其后渐盛，乃自称王。至裔孙纂，为苻坚所灭。坚败，其族人定又自称王。定为乞伏乾归所杀。定从弟盛，代有其国。世受魏氏封拜，亦通使于江左。然其种落分散，叛服不恒，陇、汉之间，屡被其害。"标点虽有不同，但《周书》的"陇、汉之间"无疑就是《后汉书》的"陇汉之间"。此所谓"陇、汉之间"，是包括武都郡、仇池国的，甚至可以理解为"自汧、渭抵于巴、蜀"的较广阔的区域。

"自汧、渭抵于巴、蜀"的交通条件，对于西部地区的政治、经济、文化格局，具有重要的战略意义。在联系西北与西南的交通线路上，在特定的时代有一个代表性符号出现，这就是"青泥道"。"青泥道"是蜀道重要路径之一。李白《蜀道难》"青泥何盘盘，百步九折萦岩峦"的名句，将"青泥道"这一交通史上的重要名号深深地刻画在世代人心历史记忆之中。

除李白《蜀道难》"青泥何盘盘"作为诗人学者文化之旅的印痕之外，"青泥岭"作为军事交通重要节点的意义，也记录于史籍中。《旧五代史》卷一三《梁书·刘知俊传》说，"（刘知俊）署为泾州节度使，复命率众攻兴元，进围西县，会蜀军救至，乃退。"邵晋涵《旧五代史考异》："案《九国志·王宗鐬传》云：岐将刘知俊等领大军分路来攻，由阶、成路夺固镇粮，王宗侃、唐袭等御之，至青泥岭，为知俊所败，退保西县。会大雨，汉江涨，宗鐬自罗村得乡导，缘山而行数百里，与宗播会于铁谷，合军出汤头。知知俊自斜谷山南直抵兴州，围西县，军人散略巴中，宗鐬与宗播袭之。会王建亦至，遂解西县之围。"可知"青泥岭""青泥道"在"西县""兴州""巴中""蜀"交通格局中的重要地位。所谓"自斜谷山南直抵兴州",经由褒斜道。所谓"会蜀军救至",就是"会王建亦至"。所谓"铁谷",也许与"铁山"有关。又一有关"青泥岭"的历史军事地理与历史交通地理的信息,见于《旧五代史》卷一一五《周书·世宗纪》:"西南面招讨使王景奏,大破西川贼军于黄花谷。"邵晋涵《旧五代史考异》:"案《九国志·李廷珪传》:周师攻秦、凤,以廷珪为北路行营都统,高彦俦、吕彦珂为招讨。廷珪遣先锋指挥使李进以兵据马岭,分兵出斜谷,营于白涧,将腹背以攻周师;又遣染院使王峦将兵出唐仓,与周师遇,蜀师败走,王峦死之。而马岭、斜谷之兵闻之皆退奔,高彦俦与诸将谋退守青泥岭。由是秦、凤、阶、成之地,皆陷于周矣。""青泥岭""青泥道"对于"秦、凤、阶、成之地"交通形势的重要意义,也得以明白显现,

青泥道"又于经济生活与民族关系有显著作用。在茶马贸易兴起的时代,如《宋史》所见"川陕茶马"(卷二五《高宗纪二》、卷三七四《赵开传》、卷三七五《冯康国传》)、"川秦茶马"(卷一七四《食货志上二》、卷一八四《食货志下六》)、"秦蜀茶马"(卷三四七《吴时传》、卷三五三《程之邵传》)等管理职官设置的出现,体现这一地方交通贸易的繁荣。而"青泥道"作为"川陕""川秦""秦蜀"茶马古道的重要路段,研究者不可以忽视。

对于"青泥道与茶马贸易"这一学术主题,学界进行了多年的考察研究工作,其中尤以陇南的朋友们贡献为多。2015年10月,徽县成功举办"陇蜀古道——青泥道"学术研讨会,出版张承荣等主编《陇蜀古道:青泥道研究论文

集》。彭邦本先生、马强先生分别作序的这部论文集内容分为三组：陇蜀古道研究；青泥道研究；蜀道研究。2017年10月，徽县又成功举办"青泥古道与茶马贸易"学术研讨会。《秦陇青泥古道与丝路茶马贸易研究》就是此次学术研讨会论文的合集，就"丝绸之路与陇蜀青泥古道""青泥古道与丝路茶马贸易""蜀道申遗与陇蜀秦蜀交通""青泥古道与陇南地域文化"4个方面，组合论文51篇，涉及历史、文化、经济、地理诸多方面。研究方法，形成历史学、考古学、历史地理学、文学、艺术学、民俗学、军事学等多学科的综合交叉。《秦陇青泥古道与丝路茶马贸易研究》与《陇蜀古道：青泥道研究论文集》同样，会引起经济史、历史地理、交通史等学科方向的研究者和所有关心陇蜀历史文化的朋友们的广泛关注，必然会推进青泥道交通史、蜀道经济史以及陇南地方史研究的学术进步。

感谢《秦陇青泥古道与丝路茶马贸易研究》主编张承荣、蒲向明两位先生的主持筹划，感谢各位作者的辛劳付出。

预祝围绕"青泥道与茶马贸易"这一学术主题的全方位多视角的学术研究取得新的学术成就。

张承荣编著《图说徽县茶马古道》序

    中国古代文献中，有"通其交往"(《尉缭子》卷三《分塞令》）的说法。"交往"是文明生成与进步的基本条件。历史上社会群体之间、经济区域之间、民族及其他政治、文化实体之间"通其交往"，促进了文化沟通、经济联系和民族交融，成为社会发展与历史前进的积极动因。马克思和恩格斯在重视"生产"对于历史进步的意义的同时，还曾经突出强调"交往"的作用。他们在《德意志意识形态》中写道："而生产本身又是以个人之间的交往为前提的。这种交往的形式又是由生产决定的。"他们指出："各民族之间的相互关系取决于每一个民族的生产力、分工和内部交往的发展程度。这个原理是公认的。然而不仅一个民族与其他民族的关系，而且一个民族本身的整个内部结构都取决于它的生产以及内部和外部的交往的发展程度。"在论说"生产力"和"交往"对于"全部文明的历史"的意义时，他们甚至曾经取用"交往和生产力"的表述方式（《马克思恩格斯全集》，人民出版社1960年12月版，第3卷第24页，第56页至第57页）。"交往"甚至位于"生产力"之前。此处所说的"交往"，其实近似于人们今天平常所谓"交通"。

徽县所在的陇南地方，曾经是古代西北与西南交往的重要通道。秦人的先祖曾经在这里于黄河流域与长江流域之间往复移动，寻找更好的生存空间与发展路径。他们通过迁徙与交往表现出的机动性与进取性甚强的文化特性，对后来中国历史的走向形成了积极的影响。秦汉时期这里以及邻近地方"道"的设置，体现出这一区域民族关系的复杂以及交通道路的重要。在茶马贸易盛起的时代，所谓"川陕茶马"（《宋史》卷二五《高宗纪二》、卷三七四《赵开传》、卷三七五《冯康国传》）、"川秦茶马"（《宋史》卷一七四《食货志上二》、卷一八四《食货志下六》）、"秦蜀茶马"（《宋史》卷三四七《吴时传》、卷三五三《程之邵传》）等设置的出现，体现这一地方交通贸易的繁荣。

　　经由徽县的茶马道路，有久远的交通开拓基础，也有长期的养护维修成就。沿途壮美的自然地理风貌、丰富的人文活动遗存，见证了千百年来往来行进者的悲欢体验，记录了经济史、文化史以及民族关系史的复杂信息。通过这样的重要文化遗存认识历史，是有重要意义的工作。

　　我曾经在一篇小文中写道："交通考古的任务，包括古代车、船等交通工具，以及诸多交通动力形式的发现和研究，更应当首先重视古代道路、运河、津渡、桥梁、港口、仓库及交通管理机构等交通遗迹的考察。中国交通考古具有经典意义的收获，应当首推俞伟超先生参与主要工作的考古报告《三门峡漕运遗迹》（科学出版社1959年9月版）。""41年之后，山西省的考古学者为配合黄河小浪底水库工程建设，对三门峡以东的黄河北岸进行了详细的考古勘察，在山西平陆、夏县、垣曲沿河 98 公里区段内，发现古代黄河栈道遗迹 45 处。他们的工作总结，展示于《黄河漕运遗迹（山西段）》（科学技术文献出版社 2004 年 12 月版）一书中。这部考古报告，可以看作《三门峡漕运遗迹》问世 45 年之后又一部交通考古的成功论著。张庆捷、赵瑞民、郎宝利等先生进行的这项工作，自 1997 年春季至 2004 年夏季，历时数年，发现的栈道遗迹累计长 4517 米。栈道沿线的壁孔、底孔、桥槽、转筒以及历代题记等遗存形式繁多，数量丰富。这些实物资料大大充实了我们对于古代黄河漕运史以至中国古代交通史和中国古代工程技术史的认识。"[《交通考古学的成功实践——评〈黄河漕运遗迹（山西段）〉》，《中国文物报》2008 年 8 月 13 日] 从学术史的进步历程看，从俞伟超《三门峡漕运遗迹》到张庆捷等《黄河漕运遗迹（山西段）》，可以看到前人引导着后人，后浪推逐着前浪。关于这一工作的后续方式，还应当说到四川省文物考古研究院高大伦发起组织的多次古代道路的考察，其成果有《康巴民族考古综合考察》（天地出版社 2008 年 1 月）、《走进俄亚》（天地出版社 2008 年 9 月）、《川藏南线民族考古综合考察》（四川大学出版社 2011 年 9 月）、《寻踪五尺道》（科学出版社 2011 年 11 月）、《险行米仓道》（四川大学出版社 2012 年 12 月）、《阿坝藏羌文化走廊考古综合考察》（四川大学出版社 2014 年 12 月）、《觅证荔枝道》（四川大学出版社 2016 年 1 月）、《从长安到拉萨——2014 唐蕃古道考察纪行》（上海古籍出版社 2017 年 4 月）、《踏查达州古道》（四川大学出版社 2017 年 7 月）等。

然而，除了这种纵向的学术继承关系而外，还有另外一种横向的学术拓展的良好势头尤其值得我们欣喜。

比如，我们面前的这部《图说徽县茶马古道》，就是集结各方面学术力量，综合多学科观察视角与研究手段完成的交通史与交通考古的学术成果。

经由徽县的茶马古道有数量丰富的古代遗存。包括古栈道遗迹、包含丰富交通史信息的碑刻、相关遗址出土文物等。近两年来，徽县政协领导张承荣先生约合当地几位文史专家利用业余时间远行考察，历经西乡、汉中、南郑、略阳、徽县、天水，沿途不辞辛劳，跋山涉水，探寻古迹，走访老人，勘察测量，摄影绘图，发现并保留了许多珍贵的第一手资料。《图说徽县茶马古道》选择了其中重要资料，包括栈道古桥、摩崖碑记、山峡古木、历代民居，以及其他大量的重要文物，为我们认识徽县茶马古道的形制、走向与历史作用，提供了值得珍视的资料。沿途地形地貌以及生态形势，也可以因此得到直观的感觉。《图说徽县茶马古道》的作者对于这条古道的主要路段和重要枢纽，就他们的研究心得进行了介绍。对重要的摩崖碑刻题记文字也进行了释读点校，进行了必要的说明。全书图文并茂。茶马古道与蜀道交通史研究者，陇南地方史研究者，古代经济史与民族关系史研究者，都可以由《图说徽县茶马古道》得到直观印象与研究资料。

说到这里，我愿意引录徽县朋友王义《来自金徽大地的诗意表述》组诗中《河池碎片》的一节："青泥岭，李白醉倒的地方／也许是喝太醉／他在我们的城市／哑然失语／只是蓦然回首间，四顾茫然／'青泥何盘盘，百步九折萦岩峦'……"（张承荣主编：《陇蜀古道——青泥道文学作品集》，四川大学出版社2016年9月版，第194页）诗人通过辛苦考察，发现了青泥古道上的酒香、诗意与深澈的历史感觉的神秘关系，又以充满艺术感的韵律传递给我们。我们捧读《图说徽县茶马古道》，欣赏美文美图，如同踏着古路的泥尘，感受到千百年前道路创建者在青山密林之间开拓交通事业的雄心、远志、进取意识与牺牲精神。

感谢《图说徽县茶马古道》编著者的辛勤努力。

期待张承荣先生和他的朋友们在此学术基点上再进行新的学术开发，获得新的学术成就。

本书内容初刊信息

《轩辕传说与早期交通的发展》,《炎黄文化研究》第 8 期（炎黄春秋增刊, 2001 年 9 月）;

《昆仑神话与西王母崇拜》,《学习时报》2002 年 5 月 6 日;

《穆天子神话和早期中西交通》,《学习时报》2001 年 6 月 11 日;

《东海的"琅邪"和南海的"琅邪"》,《文史哲》2012 年 1 期;

《"匈奴西边日逐王"事迹考论》,《新疆文物》2009 年 3—4 期;

《秦"封"试探》,《秦陵秦俑研究动态》1997 年 2 期;

《古代交通与秦汉文明》,《光明日报》1995 年 1 月 9 日;

《中国历史上三次大的遣使外交》,《史论十三篇》（红旗出版社 2002 年 8 月）;

《古代西北地域の交通と長城》,《黄土高原とオルドス》（勉诚社 1997 年 10 月）;

《秦汉长城与丝绸之路》,《光明日报》2018 年 3 月 26 日 14 版;

《"勒功燕然"的文化史回顾》,《光明日报》2017年9月18日14版；

《匈奴高等贵族墓葬的文化内涵中有非常醒目的汉文化的构成》,《中国国家地理》2018年5期；

《新疆汉烽燧——西域英雄时代的纪念碑》,《文化学刊》2013年6期；

《丝路西来的"驴"》,《中华读书报》2022年7月20日13版"文化周刊"；

《秦交通考古及其史学意义》,《光明日报》2019年1月7日14版"史学"；

《康巴民族考古与交通史的新认识》,《中国文物报》2005年10月5日；

《河套地区是民族交往的走廊》,《巴彦淖尔日报》2005年8月26日；

《秦汉时期河套地区的历史文化地位》,《宁夏社会科学》2006年2期；

《丝绸之路贸易史上的汉匈关系》,《文史知识》2017年12期；

《〈史记〉中的"丝路酒香"》,《月读》2021年2期；

《考古学的文化新境——读李学勤先生〈比较考古学随笔〉》,《陕西历史博物馆馆刊》第6期,陕西人民教育出版社1999年6月版；

《中国古代文化交流史研究的力作——读罗丰著〈胡汉之间——"丝绸之路"与西北历史考古〉》,《中国文物报》2005年11月2日；

《评李大龙著〈汉唐藩属体制研究〉》，《中国史研究动态》2008年1期；

《早期草原丝路的文化地图——读纪宗安著〈9世纪前的中亚北部与中西交通〉》，《中国史研究》2009年1期；

《"博望"事业——〈中西文化关系通史〉》，《中华读书报》2021年7月28日13版；

《"瀚海"行程——评乌云毕力格的〈蒙古游牧图〉》，《人民日报》2017年9月19日副刊24版；

《文物研究和早期秦史的考察——读〈秦早期发展史〉》，《中国文物报》2004年10月13日；

《陇右风华：甘肃历史文化的魅力》，《中国社会科学报》2013年6月24日；

《感悟丝路精神——读〈丝路之魂：天府之国与丝绸之路〉》，《人民日报》2017年6月27日24版；

《居延汉简的系统研究——〈居延汉简簿籍分类研究〉》，《中国文物报》2004年4月7日；

《简牍学新裁——评张德芳著〈敦煌马圈湾汉简集释〉》，《光明日报》2014年4月15日16版；

《"居延新简"的新制新识——评张德芳主编〈居延新简集释〉》，《中国文物报》2017年3月21日6版；

《简牍学基础教育的新进步》，《中国文物报》2011年10月19日；

《〈秦汉马政研究〉序》，陈宁著：《秦汉马政研究》，中国社会科学出版社2015年5月版；

《〈行役戍备：河西汉塞吏卒的屯戍生活〉序》，赵宠亮著：《行役戍备：河西汉塞吏卒的屯戍生活》，科学出版社2012年11月版，《中国文物报》2013年1月25日4版；

《〈碰撞与交融——战国秦汉时期的农耕文化与游牧文化〉序》，王绍东著：《碰撞与交融——战国秦汉时期的农耕文化与游牧文化》，内蒙古大学出版社2011年12月版；

《秦陇青泥古道与丝路茶马贸易研究〉序》，《秦陇青泥古道与丝路茶马贸易研究》，四川大学出版社2018年9月版；

《〈图说徽县茶马古道〉序》，张承荣编著：《图说徽县茶马古道》，中国摄影出版社2018年11月版。

后　记

承刘进宝教授的信任和鼓励，疫中编定了这本随笔集。

上编收入短文 18 篇。下编收入书评 13 篇，书序 5 篇，合计也是 18 篇。这 36 篇文字，主题均是先秦秦汉西北草原丝路交通史。当然，所讨论的内容，也涉及民族关系史和文化交流史。作者所关心的论题，往往细碎，容易被瞩目宏观史学的大家指为"碎片化"，不能登大雅之堂。不过这是学术资质与学术视野多有缺失所限。这样的弱点，借用《三国志》卷四二《蜀书·谯周传》中话语，可以说其"习所专"，"既定，则难动"，"深根者难拔，据固者难迁"。改变已经不容易了。关于丝绸之路史，有几种拙著完成或即将完成，虽然结构可能稍显整齐，但是学术路径，还会是以具体问题的考论为主。

本书所收文字，在所附"本书内容初刊信息"中说明了起初发表时间和报刊。其中刊出最早的，在 1995 年。最晚的则在 2021 年。时差竟达 26 年。所把握的资料，所提炼的心得，自然先后有异。收入本书时，文字大都有修改、充实、更新。

刘进宝教授 11 月 22 日嘱我将一些学术短文编集此书。

现在始得完成，是因为 11 月 8 日和 16 日相继在成都经历了两次心血管手术。这段时间，许多朋友关心、慰问、照料。与本书有关的工作，中国社会科学院古代史研究所曾磊、中国人民大学国学院王泽提供了很多的帮助。四川大学历史文化学院孙兆华耽误了先后一个多月的时间于医疗看护、日常起居方面多所照应，非常辛苦。成都考古界、史学界、出版界、医学界诸多好友的关照，使得我 72 岁本命年时，虽在成都发病，亦在成都获救，在成都康复，在成都"开"心。初冬时节，天气转寒，而友情所见融融暖意，深铭于心。

今晚交稿。希望"天马来"这一体现积极意义的象征，也可以给执笔的已届衰年的老人提供某种激励。

王子今

2022 年 12 月 9 日

北京大有北里